21世纪
高等院校法学系列精品教材

婚姻家庭法

龙 俊 著

中国人民大学出版社
· 北京 ·

图书在版编目（CIP）数据

婚姻家庭法 / 龙俊著. --北京：中国人民大学出版社，2025.1. --（21世纪高等院校法学系列精品教材）. --ISBN 978-7-300-33560-5

Ⅰ. D923.9

中国国家版本馆 CIP 数据核字第 20258CU561 号

21 世纪高等院校法学系列精品教材

婚姻家庭法

龙　俊　著

Hunyin Jiating Fa

出版发行	中国人民大学出版社		
社　　址	北京中关村大街 31 号	**邮政编码**	100080
电　　话	010－62511242（总编室）		010－62511770（质管部）
	010－82501766（邮购部）		010－62514148（门市部）
	010－62515195（发行公司）		010－62515275（盗版举报）
网　　址	http://www.crup.com.cn		
经　　销	新华书店		
印　　刷	北京密兴印刷有限公司		
开　　本	787 mm×1092 mm　1/16	**版　　次**	2025 年 1 月第 1 版
印　　张	13.5 插页 2	**印　　次**	2025 年 1 月第 1 次印刷
字　　数	211 000	**定　　价**	59.00 元

作者简介

龙俊，清华大学法学院长聘副教授，博士研究生导师，副院长；全国人大常委会法制工作委员会“民法典编纂工作专班成员”；最高人民法院中国应用法学研究所客座研究员。全程参与民法典起草工作，被全国人大评价为“为我国制定一部科学的、符合社会需求的民法典做出了突出贡献”，荣获国家级二等功；深度参与最高人民法院民法典系列司法解释起草工作。在《法学研究》等核心刊物发表论文三十余篇，承担国家社会科学基金项目 2 项。荣获省部级以上奖励 7 次，于 2019 年、2023 年两度入选国家级人才项目。

简称说明

《中华人民共和国民法典》简称《民法典》；

《最高人民法院关于适用〈中华人民共和国民法典〉婚姻家庭编的解释（一）》简称《民法典婚姻家庭编解释（一）》；

《最高人民法院关于适用〈中华人民共和国民法典〉婚姻家庭编的解释（二）》简称《民法典婚姻家庭编解释（二）》；

《中华人民共和国婚姻法》简称《婚姻法》（已失效）；

《最高人民法院关于适用〈中华人民共和国婚姻法〉若干问题的解释（一）》简称《婚姻法解释（一）》（已失效）；

《最高人民法院关于适用〈中华人民共和国婚姻法〉若干问题的解释（二）》简称《婚姻法解释（二）》（已失效）；

《最高人民法院关于适用〈中华人民共和国婚姻法〉若干问题的解释（三）》简称《婚姻法解释（三）》（已失效）；

《最高人民法院关于贯彻执行〈中华人民共和国民法通则〉若干问题的意见（试行）》简称《民通意见》（已失效）；

《最高人民法院关于审理彩礼纠纷案件适用法律若干问题的规定》简称《彩礼规定》。

目　录

第一章　婚姻家庭法导论

第一节　我国婚姻家庭法及其发展历程

所谓婚姻家庭法，是指调整以婚姻关系为核心的亲属之间的人身关系和财产关系的法律规范的总称。由于历史原因，我国在立法中并没有直接使用大陆法系常用的“亲属法”的称谓，而是以“婚姻法”代之。新中国成立初期，我国的立法主要是学习和借鉴苏联的做法，受其影响，我国的立法传统一直把婚姻法作为一个独立于民法及其他法律的法律部门。长期以来，我国的婚姻法都是游离在民法体系之外，有关婚姻法的研究也基本上是在民法的体系之外进行的，也因此形成了很多独具特色的法律规则和制度，而随着《民法典》编纂工作的展开，这个局面有了巨大的转变：婚姻法和收养法合作一编，即“婚姻家庭编”，以分编的形式纳入了《民法典》，作为第五编，这也促使婚姻家庭法学重新回归民法学。由于婚姻法长期游离在民法体系之外，已经形成了彼此相对独立的格局，这次合并势必会产生各种观点、理念上的冲突和对撞，法律适用上也会形成新的疑难问题，这也是本教科书后面重点讨论的问题。

我们再来看我国婚姻家庭法的发展历程：1950 年，《中华人民共和国婚姻法》诞生，这是新中国成立后颁布的第一部具有基本法性质的法律，其主要进步意义包括：废除了包办婚姻等封建主义婚姻制度，实行婚姻自由、一夫一妻、男女平等、保护妇女和子女利益的新民主主义婚姻制度。改革开放以后，第二部婚姻法于 1980 年制定出台，在 1950 年《婚姻法》基础上增加了保护老人合法权益和实施计划生育的规定；对结婚条件进行了修改，包括提高了法定婚龄和明确旁系血亲禁止结婚的范围；扩大了家庭关系的法律调整，增加了兄弟姐妹以及祖孙间的权利义务等。2001年，《婚姻法》进行了修正，主要是增设了无效婚姻和可撤销婚姻的内容；改进完善了法定夫妻财产制；在离婚制度中，对准予离婚的法定理由增设了若干列举性、例示性的规定；专章规定了救助措施与法律责任；等等。《民法典》婚姻家庭编则以2001年《婚姻法》为核心，加入了收养法的内容，并对部分《婚姻法》的规定进行了修订和调整，包括增设了“离婚冷静期”，完善了离婚经济补偿规则，修改了夫妻共同债务规则和离婚损害赔偿规则等。这就是我国婚姻家庭法的主要发展历程。

第二节　当代婚姻家庭法遭遇的挑战

难点问题1：财产关系复杂化给婚姻家庭法带来的挑战

随着社会的发展和进步，老百姓手中的财富也越来越多，这无疑是好事。但在婚姻家庭法领域，财富积累所带来的挑战体现在方方面面，居于首位的便是财产关系的复杂化，既包括财产内容的丰富多变，也包括取得财产方式的复杂多样。这样的变化给我国婚姻家庭法带来的冲击其实是非常大的。很多在以前处理起来很简单的财产关系，如今变得极度复杂。四五十年前，老百姓离婚时并没有很多的财产需要处理或分割，而且那个时候离婚的情况也比较少见，因财产而产生的纠纷和矛盾非常少。而现在离婚案件中的情况则完全不一样。

（1）财产取得时间上的跨越性。

财产关系的复杂化首先体现在财产取得时间的跨越性上，它给婚姻家庭法带来了哪些挑战和影响？我们且不论那些复杂的离婚析产案件，即便是一些相对好处理的案件，分析和解释起来也并不容易。以现在社会中常见的按揭贷款买房为例，这类交易大部分老百姓都会涉及，它一旦和婚姻结合在一起，就会产生一系列的复杂问题。比如：甲和乙在1月1日相识并交往，2月1日，甲与开发商签订了买房协议并支付了首付款，同时和某银行签订按揭贷款协议，按揭贷款时间为20年。3月1日，甲与乙办理了结婚登记手续。4月1日，房屋产权登记办理完毕。5月1日，甲与乙因琐事产生矛盾导致无法共同生活，办理了离婚登记手续。可以说司法实践中涉及财产取得时间的离婚案件，有百分之七八十和这个案例的流程相似，只是每个节点之间间隔的时间长短不一样。离婚就涉及财产分割的问题，在上述案例中，甲婚前签订了房屋买卖合同并支付了首付款，但取得房屋的所有权是在婚姻关系存续期间。在通常情况下，我们说某个财产“归某人所有”指的是这个人取得了财产的所有权。那么上述案例中的房屋应该归谁所有呢?《民法典》婚姻家庭编对夫妻财产是这么规定的：

第一千零六十二条　夫妻在婚姻关系存续期间所得的下列财产，为夫妻的共同财产，归夫妻共同所有：

（一）工资、奖金、劳务报酬；

（二）生产、经营、投资的收益；

（三）知识产权的收益；

（四）继承或者受赠的财产，但是本法第一千零六十三条第三项规定的除外；

（五）其他应当归共同所有的财产。

夫妻对共同财产，有平等的处理权。

第一千零六十三条　下列财产为夫妻一方的个人财产：

（一）一方的婚前财产；

（二）一方因受到人身损害获得的赔偿或者补偿；

（三）遗嘱或者赠与合同中确定只归一方的财产；

（四）一方专用的生活用品；

（五）其他应当归一方的财产。

以上两个条文分别与《婚姻法》第 17 条和第 18 条的规定相对应。从这两个条文规定可以看出，我国法律确立的判断夫妻共同财产的基本标准是“婚后所得共有”。也就是说，结婚之后取得的财产属于夫妻共同财产，而婚前的财产则属于夫妻一方的个人财产。这意味着，如果当事人离婚，一方的婚前个人财产是不能作为夫妻共同财产分割的，能够进行分割的只包括婚姻关系存续期间所取得的财产。自第一部婚姻法公布实施以来，我国就对夫妻共同财产实行了“婚后所得共有”的制度安排，长期以来理论界和实务界都认为这是符合我国国情和现实需要的。而如今的《民法典》婚姻家庭编延续了这样的制度安排，大家也没有任何异议。那么，什么叫作“婚后取得的财产”？我们该如何判断财产是不是“婚后取得的”？

也许有人会觉得这些问题并不难解答，因为只需判断财产的取得是否是在婚姻关系存续期间即可。[①] 我国对婚姻关系的缔结或解除采取的是登记的公示制度，因此婚姻关系存续期间是很好判断的。而根据民法和物权法的规定，财产取得的时间也是可以确定的，比如不动产所有权取得的登记生效主义和动产所有权取得的交付等，这涉及物权变动的规则。只要把上述两个时间结合在一起，就可以判断财产是否为婚后取得的了。事实果真如此吗？在上述案例中，房屋所有权发生转移的时间为房屋产权登记的时间，即 4 月 1 日。而根据“婚后共有制”的规则，这套房在婚姻关系存续期间取得，因而属于夫妻共同财产。这意味着，即便甲是以自己的名义购买房屋并支付相关价款，但在 5 月 1 日离婚时，乙仍可以该房屋为婚姻关系存续期间取得为由主张分得房屋一半的所有权。假设，这套房屋价值 1 000 万元，甲婚前已经支付了 300 万元的首付款，还有 700 万元的按揭贷款分 20 年还清。在甲主张分得房屋，而乙只主张分得相应现金价值的离婚场合，乙可以直接要求分得房屋价值的一半，即 500 万元。再看此案的按揭贷款部分：根据合同相对性原则，房屋的 700 万元贷款是甲婚前以个人名义所负债务，因此属于甲的个人债务，但其在婚姻关系存续期间用于偿还部分贷款的收入却是夫妻共同财产。这意味着，甲除了要把房产的一半分给乙，还要另外向乙补偿其用夫妻共同财产偿还个人债务的那部分。这个结论在逻辑上似乎是无懈可击的，但根据它导出的处理结果却是显然不公平的。在司法实践中还出现过这样的案件：女方的父母为其购置了房屋，并登记在女方名下。婚后因为子女入学的问题，夫妻双方经商量决定把女方名下的房屋卖掉换一套学区房。但房屋刚卖出他们就离婚了，男方要求分割卖房款的一半。而根据法律关于夫妻共同财产“婚后所得共有”的原则，男方的诉求得到了法院的支持。这个案件的处理同样是在逻辑上堪称完美，但在现实中却极不公平。

---

① 我国有不少学者持该观点。参见薛宁兰，许莉. 我国夫妻财产制立法若干问题探讨. 法学论坛，2011 (2)：21 - 29.

如果上述逻辑能够成立，那么我们进一步推理会发现，何止房屋所有权，几乎一切财产权似乎都会因为在婚姻关系存续期间发生交易而转变为夫妻共同财产。如婚前有 1 万元现金，婚后存入银行，则属于在婚姻关系存续期间取得了对银行的债权，成为夫妻共同财产；或者婚前有 1 万元存款，婚后从银行取出，则属于在婚姻关系存续期间取得了货币所有权，也成为夫妻共同财产。

问题在于，这种夫妻共同财产的“取得”正当性何在呢？我国夫妻共同财产制的价值基础是推定夫妻二人对家庭的贡献相等。比如一方取得了 1 万元的工资收入或者奖金收入，我们可以推定配偶对这 1 万元的收入有贡献或者协力。但是婚前有 1 万元存款，婚后从银行取出，能推定配偶对这 1 万元货币的所有权取得存在贡献吗？

而且对这种夫妻共同财产的“取得”甚至也不能用“转化”理论来解释。1993 年最高人民法院《关于人民法院审理离婚案件处理财产分割问题的若干具体意见》第 6 条规定：“一方婚前个人所有的财产，婚后由双方共同使用、经营、管理的，房屋和其他价值较大的生产资料经过 8 年，贵重的生活资料经过 4 年，可视为夫妻共同财产。”这一规则被称为“转化”规则，于 2001 年《婚姻法》修改时被废弃。近年来有不少学者主张我国应该重新确立该制度。[①]即使依据“转化”规则，婚前财产转化为夫妻共同财产也是有条件的，需要婚姻关系存续达到一定时间方可。倘若婚姻关系只存续了 1 个月，在这 1 个月中将夫妻一方的婚前个人房屋出卖获得了 1 000 万元，即使我国重新确立转化规则，这 1 000 万元也不会被“视为夫妻共同财产”。但是如果依照前述“财产＝物权或者债权”的逻辑，既然这 1 000 万元的货币所有权是夫妻关系存续期间取得的，似乎就应该属于“夫妻共同财产”。

讨论至此，我想大家都已经发现：假如将“夫妻共同财产”中的“财产”解释为民法中的财产权如物权、债权等，导致的结果就是夫妻共同财产的取得规则完全形式逻辑化，与该制度背后的价值基础相矛盾，甚至重新启用已

① 马忆南. 离婚住房分割的法律规则的历史考察. 月旦民商法杂志，2012 (37)：243－245；杨晋玲. 夫妻财产转化的合理性思考. 云南大学学报（法学版），2013 (5)：126－133；贺剑. 论夫妻个人财产的转化规则. 法学，2015 (2)：50－62.

经被废弃的“转化”理论也解释不通。

上面举的案例是因取得房屋等不动产所有权产生的问题，动产所有权的取得同样存在类似的情况。比如，某人婚前在银行有100万元的存款，婚姻关系存续期间将这笔存款取出。这里需要说明的是，我们日常向银行存钱，是将货币的所有权转移给了银行，从而获得对银行的债权；当把存款取出时，相当于获得了与债权数额相当的货币的所有权。这不同于保管合同的情形。根据《民法典》第1062条的规定，这笔婚前存入银行的个人财产，因为婚后从银行取现而变成了夫妻共同财产。得出这样的结论显然不能叫人满意，也极易引发更多的争议和纠纷。如果法官都按照这样的思路处理案件，就是在“告诫”那些将要结婚或打算结婚的人：婚前的个人财产千万不要随意处置，也不要将银行里的存款随意取出，否则这些财产都将可能会被分走一半，因此只有使财产原封不动才是最安全的。但如果人人都这样做，社会中正常的市场交易便无法开展，财产无法流通亦无法实现其价值，最终也无益于家庭的维系和发展。

这些看似简单、普通的财产取得规则，与婚姻家庭结合在一起，就会产生很多令人不解的悖论。随着物质资源日渐丰富，物价特别是房价逐年变化，由这类案件引发的矛盾也越来越突出、越来越尖锐。这就引出了另一层思考：法律设立“婚后所得共有”制度的目的是什么？我们为什么要以夫妻共同财产制作为法定财产制？这样的制度安排会产生什么问题？而这些问题又将我们引到民法中更为本源的问题上来：夫妻共同财产中的“财产”，指的是物权吗？夫妻共同财产中的“共同”，指的是物权法意义上的共同共有吗？

最高人民法院正是认识到了上述矛盾，指出，“如果仅仅机械地按照房屋产权证书取得的时间作为划分按揭房屋属于婚前个人财产或婚后夫妻共同财产的标准，则可能出现对一方显失公平的情况”[①]，于是在《婚姻法解释（三）》中制定了备受争议的第10条［《民法典》通过后被《民法典婚姻家庭编解释（一）》第78条所吸收］：

夫妻一方婚前签订不动产买卖合同，以个人财产支付首付款并在银行贷

① 最高人民法院民事审判第一庭. 最高人民法院婚姻法司法解释（三）理解与适用. 北京：人民法院出版社，2011：9.

款，婚后用夫妻共同财产还贷，不动产登记于首付款支付方名下的，离婚时该不动产由双方协议处理。

依前款规定不能达成协议的，人民法院可以判决该不动产归产权登记一方，尚未归还的贷款为产权登记一方的个人债务。双方婚后共同还贷支付的款项及其相对应财产增值部分，离婚时应根据婚姻法第三十九条第一款规定的原则，由产权登记一方对另一方进行补偿。

该条规定显然没有以不动产登记的时间是否在婚姻关系存续期间确定该不动产是否属于夫妻共同财产，也不是简单地以登记的名义人确定房屋是否属于夫妻共同财产，而是着眼于购置不动产的资金来源："房屋的购置资金由以下两个或者三个部分构成：第一部分，购房者于婚前购房时交纳的首付款以及其个人于结婚前偿还的贷款。所对应的部分属于购房者个人的婚前财产。第二部分，购房者结婚后，于婚姻关系存续期间，夫妻双方共同偿还贷款部分。所对应的部分属于夫妻共同财产。第三部分，如果离婚时贷款尚未还清，则离婚后需要由取得房屋所有权的一方继续向银行偿还。所对应的部分亦不属于夫妻共同财产。"①

其实既然夫妻双方已经把离婚的事闹到法院去了，也就基本不存在《婚姻法解释（三）》第 10 条第 1 款所说的"协议处理"的情形，重点在于依据第 2 款法院如何判决。回到前述甲乙离婚的案例中，根据上述司法解释的规定，房屋是甲于婚前以个人名义购置的，且房屋的产权也登记在甲的名下，因此该房屋属于甲的婚前个人财产。这意味着离婚时，乙并不能主张分割这套房屋。由于甲在婚姻关系存续期间也按期偿还了部分按揭贷款，而用于偿还按揭贷款的收入按照"婚后所得共有"规则仍然是夫妻共有财产，因此，在甲与乙离婚时，甲需要针对此部分对乙进行补偿。按揭贷款是 700 万元，贷款期限为 20 年，甲在婚姻关系存续期间的两个月内向银行偿还了 5.8 万元贷款，因此需要补偿乙 2.9 万元。如果在婚姻关系存续期间内，这套房屋的价值增加了 10%，甲就房价增长的部分也需要对乙进行补偿。若不考虑贷款利息，甲还需补偿乙 0.29 万元（2.9 万元×10%）。也就是说，离婚时，乙可

---

① 最高人民法院民事审判第一庭. 最高人民法院婚姻法司法解释（三）理解与适用，北京：人民法院出版社，2011：161.

以分到的财产是约 3.19 万元。可见，根据该条所得出的这个处理结果与之前按照婚姻法作文义解释的处理结果有天壤之别。

最高人民法院回避了房屋所有权是否是夫妻共同财产的问题，而是根据房屋购买资金来源分别确定每个部分是否是夫妻共同财产。如果我们从夫妻共同财产制的价值基础角度来看，这种做法无疑最契合制度本旨。婚前交付的首付款无论如何也推定不出配偶方有何贡献或者协力，所以属于个人财产范畴；而婚姻关系存续期间的还贷部分，无论是用哪一方的收入在还贷，因为婚姻关系存续期间任何一方的收入都推定有另一方一半的贡献或者协力，所以属于共同财产范畴；至于尚未还清贷款的部分，当然推定不出来有何贡献或者协力，所以不属于共同财产范畴。

在婚姻法学界，曾有许多学者[①]对《婚姻法解释（三）》所作出的改变提出了质疑，甚至对它表示出反感和排斥。这些学者认为《婚姻法解释（三）》的规定缺乏理论的基础，曲解了婚姻法确立的夫妻财产制和“婚后所得共有”制度的立法本意：因为按照婚姻法的观念，婚后取得的财产就应该认为是夫妻共同财产，而根据《婚姻法解释（三）》第 10 条的规定，如果是婚前签订购房协议并支付首付款的房屋就只能是婚前个人的财产。还有学者批评最高人民法院出台的这些司法解释，把离婚时财产的处理规定得过于公式化，对财产的分割过于简单和明确，使离婚的成本大大降低，反而不利于婚姻和家庭的维系。似乎在婚姻法学界，大家更倾向于维护婚姻和家庭的紧密性，而不希望看到离婚这么一个结果。所以有学者认为，离婚时的“不公平”不见得是坏事，正是有这样的“不公平”存在，才使得离婚的代价提高，人们才不愿意轻易离婚，因此婚姻家庭关系也会更为稳固。甚至还有学者激烈地批评《婚姻法解释（三）》在“解构中国的婚姻”。

但客观来说，《婚姻法解释（三）》的规定对化解司法实践中焦灼的夫妻财产分割矛盾是起到了积极作用的。也许《婚姻法解释（三）》并没有做到与民法、物权法、婚姻法之间逻辑上的完美衔接，但它实际上真正解决了亟须解决的问题。毕竟对当事人而言，与逻辑上的滴水不漏相比，财产的公平分

---

① 强世功. 司法能动下的中国家庭：从最高法院关于《婚姻法》的司法解释谈起. 文化纵横，2011（1）：24－30；俞江. 家产制视野下的遗嘱. 法学，2010（7）：93－114.

配才是更为重要的。而从司法实践中对这个司法解释的反馈来看，它确实在化解矛盾纠纷、公平分配财产等问题上取得了较好的效果，当事人也更愿意接受。但《婚姻法解释（三）》确实存在一些“硬伤”。首先，理论基础不明确，为何可以将房屋所有权拆解为三个不同部分分别判断归属？三个部分究竟是什么意思？其次，权利归属规则过于复杂化，第三人如何判断该房屋所有权的归属？交易安全如何保护？最后，该规则过于就事论事，仅规定了类似于前述房屋登记在首付方名下的情形，如果房屋没有登记在首付方名下该如何处理？卖掉婚前房产购置学区房后离婚的情形如何处理？房产以外的其他财产如何处理？等等。是不是又要根据物权、债权的取得时间确定是否属于夫妻共同财产？

尽管《婚姻法解释（三）》在处理离婚时财产分割的问题上存在诸多“硬伤”，但总比没有规则要好很多。很多学者只提出批评，却不谈如何“建设”，对探索如何更好地处理离婚析产案件恐怕并没有多大的帮助。有一些人认为：调整婚姻家庭关系的法律规定应该“笼而统之”，越少越好，如何处理交给法官自由裁量就足够了。而最高人民法院出台的婚姻法解释把离婚的规则写得太细太具体，甚至比合伙企业法的规定都“复杂”，怕是使劲使错了地方。但通过考察很多国家和地区的民法典我们可以发现，婚姻家庭法在整个民法典体系中的地位非常重要，几乎都是单独成编的。在体例上婚姻家庭法的内容也占据了民法典的重要地位，所占的篇幅往往也很多，甚至比关于合伙企业的规定要多得多。而且很多国家并没有合伙企业法甚至公司法，这些内容都被放在了合同或债的框架内。反观我们的民法体系，婚姻家庭法的法律规定并不多，这并不是好的现象。好像是商法规则就要复杂一些，婚姻家庭法的规则就要少一些、简单一些，但这恰恰是因为我们长时期以来对这些规则的不重视，才造成了这样一个局面。

近年来，我国的离婚率逐年攀升。对于这个现象，有人指责是我们的婚姻法以及相关司法解释的规定把离婚的门槛降低了，以至于到处都充斥着离婚、分割财产的声音。因此有学者认为[①]，《民法典》婚姻家庭编的规定脱离

① 赵晓力. 同居共财是中国的家庭现实. 社会观察，2011（3）：28.

了家本位或集体本位：总是强调财产归夫妻哪一方所有，而不是关注整个家庭。甚至有人认为：婚姻法关于夫妻财产的规定应当回到中国古代传统的家族财产制上去，不仅不区分夫妻之间的财产，也不区分其他家庭成员的财产。在这样的家族财产制度下，家庭成员紧密地团结在一起，自然也不会有什么离婚、分割财产的问题了。这些学者认为：用现代民法的观念去理解父母给子女买房等问题是不恰当的，因为这种现象古已有之，是数千年来的传统，是“天经地义”的。无论是父母的财产，还是子女或其他家庭成员的财产，都是这个家庭的共同财产。按照现代民法的观念，父母为子女买房，相当于父母的夫妻共同财产转移为子女的夫妻共同财产，产生了代际财产的流转。对于这类代际财产的流转，通常用赠与等制度来解释。而这些学者则认为这样解释是“脱离了家庭本位”的，因为按照中国古代的家族财产制，这些财产始终属于整个家族，根本就不存在所谓的代际流转。用现代民法中诸如物权变动等理论去解释这些问题既显得毫无家庭伦理的是非观念，也探求不到问题的实质，纯属“庸人自扰”。那么，如果回到中国古代传统的婚姻家庭法律制度，是不是就能皆大欢喜了呢？

那我们就需要考察中国古代的婚姻家庭法律制度是不是这些学者口中的“好的”制度，适不适合我们当今的社会。就离婚而言，与今天的法律制度相比，中国古代的人想要离婚确实没那么容易，因为离婚的权利只掌握在少数人手里。婚姻家庭似乎确实更为稳定，不那么容易解体。可以看出，中国古代的婚姻家庭法律制度是把维系家庭的牢固和稳定作为目标。但这就是我们建立婚姻家庭法律制度的目标吗？这就是判断婚姻家庭法律制度好坏的唯一标准吗？对中国历史稍有了解的人大概都知道，在古代，妻妾或是赘婿是几乎无法主动提出离婚的。因为中国古代法律对离婚的限制是非常多的，尤其是对于在家族中处于较低层级的家庭成员而言。即便是费尽千辛万苦离婚成功了，他们也会被驱逐出家族，不但带不走任何财产，还会被剥夺很多身份、资格和荣誉。[①] 比如，他们将失去作为子女的父或母的资格、被剥夺姓氏、取消获得某些社会福利的资格等。但在今天境况就大不一样了，国家倡导男女

---

① ［日］滋贺秀三. 中国家族法原理. 张建国，李力，译. 北京：法律出版社，2003：426.

平等、家庭成员平等，无论长幼都可以参与家庭事务的决策。如果实在过不下去要离婚，夫妻双方都有权进行财产的分割。与古代的婚姻家庭法律制度相比，在今天，至少夫妻双方在实现离婚的问题上是相对自由的，也可以对财产的分割进行讨价还价。就这一点而言，那些宣扬婚姻家庭法律制度要回归中国古代传统的观点就是不切实际的。

我们的家庭美满和睦时，也就没有突出而尖锐的矛盾和纠纷需要法律解决，因此也就没有婚姻家庭法的"用武之地"。从婚姻家庭法的本质来看，它的目的不是教会大家如何把婚姻家庭经营好，而是希望在矛盾和纠纷出现时，进而这些矛盾和纠纷不可调和而上升到法律层面时，它来解决这些矛盾和纠纷。我们当然希望每个家庭都美满幸福，但分歧和矛盾又是无法避免的。学习婚姻家庭法的目的在于，当遇到这些分歧和矛盾时，知道如何去分析和处理问题。如果只想学习如何把婚姻家庭经营好而不是如何解决纠纷，这本婚姻家庭法教科书可能不是最佳的学习资料，那些家庭伦理剧可能更为适合。

(2) 财产的名实分离化。

在现实生活中，财产的实际出资人和财产名义上的所有权人时常是分离的，具体而言，包括以下几种情形：

第一种是夫妻间实际出资人与财产名义所有权人的分离。比如，夫妻一方以自己的个人财产实际出资购买房产，但是房产登记在双方的名下或者只登记在另一方的名下。更为复杂的情况还包括并非一次性付清房款而是通过按揭贷款的方式购买房产的情形等。各种各样的问题交错在一起，应该如何处理？又应该如何判断双方对房产所各自享有的份额呢？

第二种是父辈与子辈间实际出资人与财产名义所有权人的分离。比如，父母实际出资购买房产，但房产登记在自己子女或者子女夫妻双方，甚至对方的名下。针对这一类名实分离的情况，司法实务界与理论界一直以来都存在较大的分歧，特别在涉及房产这类重要的财产时：所有权归实际出资的父母享有，还是归登记的名义人享有？关于这个问题存在几种不同的观点：有的人认为按照出资来确定，谁出资归谁；有的人认为名义也能用来确定，登记在谁名下就是谁的；还有人认为应该按照婚姻法"婚后所得共有"的理论来判断。到底哪一种观点是正确的？法官又该如何抉择呢？

这个问题一直困扰着理论界与实务界。但如何分析和判断，恐怕还是要回到民法的基本原理上来，进行更仔细的思考，去找出合适的标准和规则。

针对财产名实分离的问题，最高人民法院的司法解释中的观点出现了有趣的变化。2003 年出台的《婚姻法解释（二）》第 22 条规定：

当事人结婚前，父母为双方购置房屋出资的，该出资应当认定为对自己子女的个人赠与，但父母明确表示赠与双方的除外。

当事人结婚后，父母为双方购置房屋出资的，该出资应当认定为对夫妻双方的赠与，但父母明确表示赠与一方的除外。

由此可见，《婚姻法解释（二）》判断房产归属的核心思路是以“结婚”作为分界点。婚前父母出资购买的房产推定为对自己子女的赠与，婚后父母出资购买的则是对（子女）夫妻双方的赠与。这个模式乍看是比较合理的。结婚之前及谈恋爱阶段，结不结婚还说不定，这个时候为子女购房只能认为是对自己子女的赠与；而子女婚后，夫妻双方成为一个共同体，所以此时为子女购房就应该视作对夫妻双方的赠与。

而 2011 年最高人民法院出台的《婚姻法解释（三）》则改变了上述规则，其中第 7 条是这么规定的：

婚后由一方父母出资为子女购买的不动产，产权登记在出资人子女名下的，可按照婚姻法第十八条第（三）项的规定，视为只对自己子女一方的赠与，该不动产应认定为夫妻一方的个人财产。

由双方父母出资购买的不动产，产权登记在一方子女名下的，该不动产可认定为双方按照各自父母的出资份额按份共有，但当事人另有约定的除外。

可以看出，这条规定打破了《婚姻法解释（二）》第 22 条所确立的规则。因为按照《婚姻法解释（二）》第 22 条的规定，原则上结婚之后父母为子女购买的房屋应该就是对夫妻双方的赠与，但是按照《婚姻法解释（三）》第 7 条的规定，即便是婚后父母为子女购买的房屋，只要是登记在其中一人名下，就应当认为是父母对该子女一方的赠与，而不是对夫妻双方的赠与，故只能认定为夫妻一方的个人财产而非夫妻共同财产。

由此产生了很多不同的看法。有人认为这完全改变了《婚姻法解释（二）》第 22 条的规定，甚至有人认为这是打破了婚姻法所确定的“婚后所得共有”的基本规则：按照《婚姻法解释（三）》第 7 条的规定，婚后所得的房产不再是夫妻共有财产，而变成了夫妻一方的个人财产。也有观点认为，《婚姻法解释（三）》并未改变《婚姻法解释（二）》的规定，因为《婚姻法解释（二）》第 22 条第 2 款有“父母明确表示赠与一方的除外”的但书条款。那么该如何理解所谓的“明确表示”呢？比较典型的做法包括父母在购房时与子女一方签订赠与合同，明确约定所购买的房屋只是对夫妻一方的赠与。有人指出还得把夫妻的另一方也找来一起签这个赠与合同，要其知晓自己对此房产“没份儿”才能够得上“明确表示”的标准。这样理解未免过于严格，也不利于家庭关系的和谐，实际上堵住了父母仅向夫妻一方进行赠与的路径。还有人认为，婚前的财产本就属于个人财产，也就是说夫妻一方婚后依然可以保持个人独立的财产，因此基于特殊的原因婚后依然可以获得新的个人财产。至于何谓“明确表示”，只要达到“意会”的标准即可，无须非要“言传”。比如，将房产登记在受赠的子女一方名下即可。这样就可以证明出资人仅向夫妻一方进行赠与，而非夫妻双方。如果按此理解，其实《婚姻法解释（三）》第 7 条并没有打破《婚姻法解释（二）》第 22 条所确立的规则。

要说明《婚姻法解释（二）》和《婚姻法解释（三）》为什么会产生这么大的分歧，需要考察当时的社会背景。在 2003 年前后，中国住房商品化改革刚刚起步，尽管父母出资为子女购买房产的情况也比较普遍，但房产的价值并不高，矛盾也不那么突出。而从 2003 年到 2011 年，中国社会发生了巨大的变化，各个大中城市的房价飙涨，许多父母倾其所有，出资为子女买房，子女一旦离婚就可能上演房产争夺大战。而这些纠纷把父母也卷了进来，与养老等问题纠缠在一起，引发了很多的社会矛盾。到了 2011 年，这类问题已经成为司法实践中无法忽视的存在，必须加以解决。

但同时，《婚姻法解释（三）》第 7 条内部所隐含的紧张关系被很多人忽视了。根据第 7 条第 1 款的规定，我们似乎可以通过反对解释的途径得出这样的结论：如果父母出资购房登记在夫妻双方甚至是子女的配偶的名下，那么就是对夫妻双方或子女的配偶的赠与。而第 2 款则规定，由双方父母出资购买的不动产，产权登记在一方子女名下的，该不动产可认定为双方按照各自父母的出资份额按份共有，但当事人另有约定的除外。这二者之间就出现了矛盾：如果双方父母协商共同为夫妻购买婚房，但因为各种原因只登记在了夫妻一方的名下，按照该条第 1 款的反对解释来理解，就应当视为对方父母对该夫妻一方的赠与，即便认为是对夫妻双方的赠与，其份额也不是按出资比例来认定。而按照第 2 款的规定来理解，父母出资买房其实登记在谁的名下都不重要，因为按出资比例所确定的那部分房产就是属于自己子女的份额。那么，《婚姻法解释（三）》第 7 条到底应该如何去理解？第 1 款与第 2 款之间又是什么样的关系？抛开《婚姻法解释（三）》第 7 条的理念争议不谈，它的条文设计其实体现了最高人民法院对此类问题思考方式的复杂性。《民法典婚姻家庭编解释（一）》第 29 条在此基础上进行了修改：

当事人结婚前，父母为双方购置房屋出资的，该出资应当认定为对自己子女个人的赠与，但父母明确表示赠与双方的除外。

当事人结婚后，父母为双方购置房屋出资的，依照约定处理；没有约定或者约定不明确的，按照民法典第一千零六十二条第一款第四项规定的原则处理。

这涉及夫妻财产制的根基所在：为什么婚后财产要变成夫妻共有？在什么情况下应当认定财产属于夫妻共有？我们作出判断的标准是什么？很多人认为，结婚以后取得的财产就应该被推定为夫妻共同所有，那么这个规则又是从何而来？而且推定也存在被推翻的可能性，基于何种理由可以推翻这种推定？而一旦涉及第三人的权利又该如何协调？这些问题同样涉及对夫妻财产制的根基的探寻，针对这些问题的思考和回答将在“婚姻的财产效力”一章中展开。

（3）财产种类的多元化。

财产种类的多元化也给现代亲属法带来了巨大的挑战。就房产而言，除了典型的商品房，还出现了各种保障性住房，比如以成本价购买的房改房、经济适用房、两限房等，它们在离婚时也会出现需要分割的情形。而这类房产往往只能登记在夫妻一方的名下，比如以成本价购买单位的房改房或单位给职工的福利分房，通常只能登记在作为分房单位职工的夫妻那一方的名下，其中往往涉及大量的福利性的因素。如果这类房屋是婚后取得的，离婚时应该如何处理？我们应该把这种福利性的因素视为是给夫妻双方的还是只给职工个人的？

除了房产，司法实践中的争议焦点还包括夫妻一方名下的企业投资权益的分割问题。比较简单的是对上市公司股权的分割，而相对复杂的包括对有限责任公司股权的分割、合伙企业份额的分割等。以有限责任公司股权的分割为例，如果直接按出资比例来分割，就有可能让不直接参与公司经营的一方变成公司的股东，而此时无论是直接经营公司的股东还是其他股东或许并不希望不熟悉或者没有共过事的人参与到公司经营中来。实践中出现过这样的案例：夫妻双方离婚后，平分了一方对某公司所持有的60%的股权，因此双方各持有30%的股权而成为公司的股东。结果每次召开股东会议进行决议，双方都互相掐架投反对票，而其他小股东的票数都不及二人而无力与之抗衡，因此严重影响了公司的经营。

此外还有近年来产生的新型权利——期权该如何分割的问题。比如，在某企业董事长结婚之前，公司董事会批准了针对公司董事长的一项为期10年的期权激励计划。根据该计划，董事长每年的基本工资为1元人民币，且没有任何现金奖励，但其被授予1 000万份股票期权。在该10年期限内，公司不得再向董事长授予额外的股权。这个计划本身并不存在什么问题，现在很多公司都会签，尤其是高精科技型公司。因为可以通过签订此类期权激励计划的方式，激励职工特别是高级管理人员尽力经营好公司，而不是每年拿着高薪只看短期的利益而无心考虑长期发展：如果公司经营得好，股票的行权价也会很高；但如果经营得不好，这些股票期权也就相当于成了废纸。在这个案例中，某企业与其董事长签订期权激励计划恰好在董事长结婚前，而计划的期限又长达10年。假如董事长的婚姻并没有撑到10年，对方能否分享这些期权呢？如果严格按照婚姻法的“婚后所得共有”制度来分析，显然对方是无法得到这些期权的。因为，这份期权激励计划是董事长婚前与公司签订的，而获得期权则是在离婚之后，因此完美地绕过了“婚姻关系存续期间”这个时间段。因此一旦离婚分割财产与期权交织，势必产生非常复杂的问题。这些问题也是2001年《婚姻法》修改时立法者所没有料想到的。

以上是关于对积极财产的分割，那么对消极财产，也就是债务，该如何处理呢？哪些债务应被认为是夫妻共同债务，而哪些债务应被认为是夫妻一方的个人债务？如何考虑共同债务的偿还方式？这些问题也同样困扰着理论界和实务界。最高人民法院对这些问题也非常关注。关于夫妻共同债务，《婚姻法》第41条作了如下规定：

离婚时，原为夫妻共同生活所负的债务，应当共同偿还。共同财产不足清偿的，或财产归各自所有的，由双方协议清偿；协议不成时，由人民法院判决。

按此规定，判断债务是夫妻共同债务还是个人债务的标准在于判断债务的用途是什么，有没有用于夫妻共同生活。这本是一个非常简单的规定，但在司法实践中产生了非常大的问题：债权人很难掌握债务的具体用途，也无从判断其是否被用于夫妻共同生活。债务人如果主张债务并未被用于夫妻共同生活，就没有办法主张这是夫妻共同债务而要求债务人的配偶承担连带清偿责任。因此，2001年《婚姻法》修改之后，现实生活中出现了很多“假离婚，真逃债”的案件，债务人与丈夫或妻子离婚，财产也全部给对方，自己则没有任何财产可供还债，因此给债权人带来了极大的风险和不利因素。

针对《婚姻法》第41条所产生的问题，最高人民法院于2003年出台了《婚姻法解释（二）》，其中第24条规定如下：

债权人就婚姻关系存续期间夫妻一方以个人名义所负债务主张权利的，应当按夫妻共同债务处理。但夫妻一方能够证明债权人与债务人明确约定为个人债务，或者能够证明属于婚姻法第十九条第三款规定情形的除外。

通过该规定，最高人民法院实际上改变了《婚姻法》第41条关于夫妻共同债务的认定，因为根据《婚姻法解释（二）》第24条的规定，虽然是夫妻一方以个人名义所负债务，只要发生在婚姻关系存续期间，就应当被认定为夫妻共同债务，除非存在《婚姻法》第19条第3款规定的“夫妻分别财产制”的情形。但实际上这个“除非”是没有任何实际意义的，因为在司法实践中几乎没有哪个债权人在签订借款协议过程中会刻意地作出诸如“该笔债务只需债务人个人偿还而不需要债务人的配偶共同偿还”或者“债务人不偿还债务其配偶可以免责”的约定。而我国虽然有分别财产制，但它并不需要进行公示，因此在现实生活中，即便有夫妻采取了分别财产制，但也基本上不会被包括债权人在内的外人所知晓。从某种意义上来说，《婚姻法解释

(二)》第24条真正能够产生实际效力的是它的第一句话。当然，问题也就由此产生了。

在《婚姻法解释（二)》出台后的十多年间，随着改革开放的步伐进一步加快，越来越多个人参与到投资和经营活动中来，国家也逐步放开了对民间借贷的管制，民间借贷市场日渐繁荣。而《婚姻法解释（二)》第24条引发的矛盾也逐渐激化。司法实践中出现了这样的案件：某企业家和妻子在法院诉讼离婚。尽管妻子只是照顾家庭并没有实际参与丈夫的企业经营，但法院根据婚姻法规定的“婚后所得共有”规则判决夫妻各分一半财产。但在财产分割之后，女方隔三岔五就收到法院传票或律师函，很多人自称是该企业家的债权人，要求女方承担清偿债务的责任，因为这些债务是婚姻关系存续期间发生的债务，因此属于夫妻共同债务。这些“债权人”还拿出了与该企业家所签订的借款合同作为证据，而企业家也一一自认，因此法院根据《婚姻法解释（二)》第24条判决女方需要对这些债务承担连带清偿责任。女方从此不停地还债，生活陷入困境，甚至无法维持正常的生活开支。后来根据一些线索，公安机关介入此案进行调查，这才发现所有的所谓“债权人”和“债务”都是该企业家与他人恶意勾结虚构的，只是为了报复陷害他的前妻。类似的案件在司法实践中不断地涌现，而最终被公安机关介入调查的却是极少的一部分。很多案件的事实和证据真假难辨，而法官的精力也有限，因此绝大多数案件中的债务都是按照《婚姻法解释（二)》第24条的规定被认定为夫妻共同债务。围绕着这一条的矛盾如此之突出，以至于受其影响的人集结在一起，组成了所谓的“反24条联盟”。这是新中国成立以来，首次出现的针对某一个法律条文形成的群体性组织，而且其成员数量非常庞大。他们不断地向妇联、法院、检察院等部门反映问题，引起了社会各界广泛的关注。基于此，最高人民法院于2017年针对《婚姻法解释（二)》第24条出台了一个补充规定。这个补充规定是这么规定的：

在《最高人民法院关于适用〈中华人民共和国婚姻法〉若干问题的解释（二)》第二十四条的基础上增加两款，分别作为该条第二款和第三款：

夫妻一方与第三人串通，虚构债务，第三人主张权利的，人民法院不予支持。

夫妻一方在从事赌博、吸毒等违法犯罪活动中所负债务，第三人主张权利的，人民法院不予支持。

该补充规定虽然出发点是好的，但收效甚微。很多人认为这个补充规定是“正确的废话”，因为无论是对债权人来说还是对债务人的配偶来说，证明债务是虚构或违法的是非常困难的。因此这个补充规定实际上仍然改变不了现状。于是在2018年，最高人民法院出台了《最高人民法院关于审理涉及夫妻债务纠纷案件适用法律有关问题的解释》（以下简称《夫妻共同债务司法解释》）。它对夫妻共同债务的认定，与《婚姻法解释（二）》第24条相比，来了一个180度的大转弯：

第一条　夫妻双方共同签字或者夫妻一方事后追认等共同意思表示所负的债务，应当认定为夫妻共同债务。

第二条　夫妻一方在婚姻关系存续期间以个人名义为家庭日常生活需要所负的债务，债权人以属于夫妻共同债务为由主张权利的，人民法院应予支持。

第三条　夫妻一方在婚姻关系存续期间以个人名义超出家庭日常生活需要所负的债务，债权人以属于夫妻共同债务为由主张权利的，人民法院不予支持，但债权人能够证明该债务用于夫妻共同生活、共同生产经营或者基于夫妻双方共同意思表示的除外。

该司法解释对夫妻共同债务的认定确立了“共债共签”和“日常家事代理”规则，只有夫妻双方共同签字认可或一方事后追认的债务，以及为家庭日常生活所负的债务才属于夫妻共同债务。除此之外，主张债务为夫妻共同债务的，需要债权人举证证明。这个举证要求是非常高的，而债权人也无法对债务的用途和流向进行实时监控。《夫妻共同债务司法解释》等于是倒逼债权人在与债务人签订协议时，必须把债务人的配偶也找来一起签字，否则债务只能是夫妻一方的个人债务。

最高人民法院在认定夫妻共同债务的问题上态度反复，也从侧面反映出它所处的两难境地：如果保护了配偶，则很可能对债权人有所不公，比如“假离婚，真逃债”问题；而如果保护了债权人，配偶又可能受到伤害，比如债务人与债权人合谋虚构债务。而在《夫妻共同债务司法解释》中我们可以看出，最高人民法院再一次将天平倾向了配偶这一方。在合同之债的场合，债权人还可以通过夫妻共同签字来主张债务为夫妻共同债务；但在侵权、不当得利、无因管理等债的发生的场合，债权人就更难主张债务为夫妻共同之债了。即便是合同之债，除了借款合同，还有种类繁多的其他合同会产生金钱之债，难道都得找夫妻双方共同签字才能认定为夫妻共同债务吗？尽管《夫妻共同债务司法解释》的规定可能隐含更多的问题，但它较好地平息了"反 24 条联盟"的愤怒，而且在司法实践中得到了不错的反响，于是《民法典》婚姻家庭编将其吸收，形成了《民法典》第 1064 条的规定。因此，《民法典》在对待夫妻共同债务的问题上，也是倾向于保护家庭、保护配偶的，代价就是在一定程度上牺牲了债权人的利益。一些逃避债务的当事人可能连"假离婚"都不需要了，可以直接依据《民法典》第 1064 条的规定主张无责。因为，只要债权人要求执行财产，债务人就能以财产为夫妻共同财产作为抗辩。可以预见，在今后的夫妻债务案件中，执行难的问题将继续存在，并且难度会继续加大。正因为《民法典》吸收了《夫妻共同债务司法解释》的规定，夫妻财产可能会呈现出这样的状况：结婚之后夫妻双方所获得的财产会变成共有财产，但所负的债务只能是各自的个人债务。这种财产状况显然是有失均衡的。比如，甲打算创业，其与投资人签订了一份对赌协议，约定如果甲的公司未来能够上市，自然是皆大欢喜；如果未能上市成功，甲就需要回购投资人当初作为出资所购买的股份，以弥补投资人的损失。在一般情况下，投资人只需与甲本人签订这个对赌协议即可，但在《民法典》实施之后，投资人可能面临这样的问题：如果甲创业失败，公司没能顺利上市，他欲要求甲回购当初的投资股份时，甲的配偶就可以以其没有在对赌协议上签字，且夫妻双方婚后财产为共有财产为由拒绝回购。或者，如果甲去世了，那么甲的配偶在继承甲的遗产后仍可以以其没有在对赌协议上签字为由拒绝回购股份。债权人可能会通过寻找甲的配偶实际参与了经营的蛛丝马迹来证明债务为夫妻共同债务，但无疑要付出巨大的努力和高昂的代价。如果甲的配偶确实没有参与过甲的公司的经营，或者投资人无法证明甲的配偶参与过经营，那么投资人恐怕一分钱都拿不回来了。在司法实践中，这类案件已经大量出现，很多当事人及其代理人都将大量的精力投入围绕《民法典》第 1064 条的规定去寻找证据或进行防范。

从制度设立的层面来看，《民法典》第1064条的规定恐怕并不是合适与恰当的，因为它给当事人带来了巨大的交易成本，也给案件的执行造成了很多阻碍。在《民法典》正式实施之后，面对这些问题，最高人民法院也通过《民法典婚姻家庭编解释（一）》第33条、第34条进行了应对。当然，最高人民法院在寻找新的解决方案的过程中，依然面临着两难：站在执行的角度，当然是希望对债权人尽可能给予保护；但如果对债权人保护过度，又极有可能陷入当初《婚姻法解释（二）》第24条的境况，再度引发“反24条联盟”这样的群体运动。

难点问题2：价值观的多元化给婚姻家庭法带来的挑战

（1）对“情妇”的遗赠或赠与是否违反公序良俗？

改革开放前，中国人的价值观基本上都比较一致，夫妻双方在婚姻家庭生活中也没有什么过多的想法。而随着经济社会的发展和物质生活水平的提高，人们的观念受到不同文化和思潮的影响，反映在婚姻家庭领域便是恋爱、婚姻和家庭等观念的改变。比如，涉及“小三”、外遇、情夫或情妇等现象的案件激增，给法律带来了诸多难题。法律对于婚姻中的配偶应该保护到何种程度，如何去保护？而对于那些出轨者或者“小三”等，法律又该如何处理，是否应该给予惩罚？对这些问题的解答，可以从著名的“泸州遗赠案”说起。

“泸州遗赠案”又被称为“中国公序良俗第一案”，主要的案情为：四川省泸州市某厂职工黄某斌与本案被告蒋某芳于1963年登记结婚，婚后夫妻关系较好，但未能生育子女，后抱养一子。1990年，被告蒋某芳因继承父母遗产，取得了泸州市的一套房屋。1995年，因城市建设该房屋被拆迁，拆迁单位将位于泸州市的一套住宅房屋作为补偿安置房给了被告蒋某芳，并以蒋某芳个人名义办理了房屋产权登记手续。1994年，黄某斌与本案原告张某英结识并发展为婚外情关系，1996年开始二人以“夫妻”名义在外同居生活。2001年，黄某斌罹患癌症住院治疗，由张某英照料。2001年4月18日，黄某斌立下遗嘱，将其与蒋某芳所有的房屋的一半及其他财产留给张某英。2001年4月20日，泸州市纳溪区公证处对该遗赠出具了公证书。后黄某斌去世。因蒋某芳拒绝承认遗嘱，张某英遂将蒋某芳诉至法院，要求按黄某斌的遗嘱执行。

本案的争议焦点在于，死者黄某斌对婚外同居者张某英的遗赠是否违反公序良俗。本案被告，即黄某斌的配偶蒋某芳主张黄某斌对原告张某英的遗赠无效，因为它公然违反了社会道德和家庭伦理。一审法院支持了被告蒋某芳的诉请，以该遗赠违反公序良俗为由认定其无效。张某英不服，提起上诉，二审法院认为黄某斌的遗赠行为虽然是其真实的意思表示，但因为该遗赠的内容和目的违反了法律规定和公序良俗，损害了社会公德，破坏了公共秩序，应属于无效的民事行为。因此，二审法院驳回张某英的上诉，维持了一审法院的判决。这便是我国历史上第一个以“违反公序良俗”为由判决民事行为无效的案件。在这个案件判决之后，很多人为之叫好，认为法院的处理结果是正确的。也有很多人抨击和指责本案原告张某英“争夺家产”的行为。但也正是因为这个案件，在我国法律界引发了一次大规模的论争。有意思的是，法律界对这个案件判决的批评声较多，尤其是民法学界，对此判决持批评态度的占绝对主流。学者为什么会批评法院对此案的判决？他们的依据和理由又是什么？

仔细研究这些批评声，会发现他们的依据来源于比较法上的继受，而比较法继受的源头则是《德国民法典》的有关规定。[①] 学者们通过将本案判决与德国类似的判例进行比较，都认为本案法院处理得过于粗糙，不甚令人满意。按照德国法的做法，法官在处理此类案件时，首先要进入一个非常精细的法律问题的思考过程中：当谈论违反公序良俗和法律行为无效的问题时，我们所评判的对象到底是什么？是在评判婚外同居的行为违反了公序良俗吗？是在评判找“小三”的行为违反公序良俗吗？也许有人会说“是”，但德国的法官不这么认为。德国法官认为，要先区分行为和法律行为，找“小三”的行为不是我们评判的对象，婚外同居的行为也不是。我们需要解决遗赠是否有效的问题，因此我们需要评判的对象是遗赠的行为是否违反公序良俗，而不是婚外同居的行为有没有违反公序良俗。因为我们是在评判一个法律行为是否违反公序良俗，再根据这个评判结果来判断法律行为是否有效。因此，

① [德] 梅迪库斯. 德国民法总论. 邵建东，译. 北京：法律出版社，2000：138.

法官的注意力应该放在遗赠上，而不是黄某斌与张某英的婚外同居行为上。

接下来进行第二步，如何判断黄某斌的遗赠行为是否违反公序良俗。针对这个问题，学者们分为了两派：一派是“行为内容”派[①]，即必须是遗赠行为的内容违反公序良俗，才能认定该遗赠行为无效。当我们判断一个法律行为是否违反公序良俗的时候，我们只能看这个法律行为本身，法律行为本身就是法律行为的内容。而法律行为的核心是当事人的意思表示，而意思表示的表示意思和行为意思都是中性的，只有效果意思能反映法律行为的内容。也就是说，法官必须判断法律行为的效果意思是否违反了公序良俗。因此有人认为，如果黄某斌在遗赠中言明进行遗赠的目的是维持婚外同居关系，或者将维持婚外同居关系作为条件进行遗赠，这就相当于把违反公序良俗的因素“写”进了法律行为里，是典型的意思表示的内容违反公序良俗。因此在这种情况下，法律行为当属无效。反之，如果当事人没有把违反公序良俗的因素“写”进法律行为里，就不能认为当事人的意思表示违反公序良俗，即便实际上当事人确实是以维持婚外同居关系为目的而作的遗赠，我们也只能把它当作“动机”，而“法律不问动机”，因此在这种情况下，不能认为法律行为无效。如果按照这样的标准，只要立遗嘱或遗赠的人不“作”，他的遗嘱或遗赠就永远不可能违反法律或公序良俗，因此也不会基于这些原因被宣告无效。当然这种观点并非主流，也显得过于机械。另一派是主流的观点[②]，认为虽然在一般情况下法律不会考虑动机，但是在是否违反公序良俗这个问题上，如果不考虑动机的话，绝大部分法律行为都可以绕开公序良俗的管辖。因此，一旦有涉及公序良俗的问题，必须将动机考虑在内。那么我们应该如何证明当事人的动机可能有悖于公序良俗呢？其核心问题在于证明当事人的动机违反公序良俗的证明责任归于谁呢？是由主张法律行为违反公序良俗的一方当事人来证明，还是由主张不违反公序良俗的一方当事人来证明？德国法学家和德国的绝大部分判例都认为，在此情况下，我们需要对当事人为法律行为的动机作“善意的推定”。在正常情况下，都应该推定当事人的动机是

---

① 孙维飞. 遗赠、婚外同居与公序良俗. 交大法学，2024（1）：29－38；刘耀东. 公序良俗在情人遗赠纠纷中的适用：基于私法与基本权利冲突理论的二元视角. 交大法学，2024（1）：39－49.

② 谢鸿飞. 公序良俗原则的功能及其展开. 探索与争鸣，2020（5）：29－31；于飞. 公序良俗原则与诚实信用原则的区分. 中国社会科学，2015（11）：146－162＋208－209.

不违反公序良俗的，而由主张其动机违反公序良俗的一方当事人举证来证明该动机确实存在问题。这是符合逻辑的做法。但德国法学家和德国的判例同时又认为，单纯的婚外同居，并不能直接推定当事人的动机违反公序良俗。因为他们认为，婚外同居与遗赠这两种事实的共同发生，有各种各样的原因及可能性。当事人为遗赠并不一定是为了酬谢或者维持婚外同居关系，也可能是基于其他的原因，比如受遗赠人对当事人进行了照顾等。即便是有婚外同居关系，也并不能直接推导出做出遗赠的动机是不良的或违反公序良俗的判断结论。因此，需要由主张遗赠存在违反公序良俗的动机的一方来证明除酬谢婚外同居关系或维持婚外同居关系外，不存在其他合理理由。在这种观念下，德国这类案件中的绝大多数，当事人的动机都被推定为不违反公序良俗，因此即便是对婚外同居者的赠与或遗赠，德国法院也会予以支持。除了德国法是这样的做法，日本[①]的法院也是按照这样的思路来裁判的。我国的许多学者也接受了这样的观点，认为对法律行为的判断就应该像剥洋葱一样，一层一层把问题分析到位。而在“泸州遗赠案”中，法院的做法显然过于简单，缺乏德国法院的精致和细腻。[②] 但德国法院这样精致而细腻的思考方法是唯一的吗？在“泸州遗赠案”中，法院的处理真的存在问题吗？

社会的发展给立法技术带来了巨大的挑战，其中社会观念的多元化、价值观的多元化体现在亲属法领域最明显的特征之一就是情妇现象的激增对我国亲属法造成了前所未有的冲击。其中“泸州遗赠案”便是由这一现象引发的典型案例。在这个案件中，一审法院和二审法院都认为黄某斌遗赠的行为损害了社会公德，应属无效的民事法律行为，因此张某英不得依遗赠内容主张相关财产的所有权。但这样的处理结果在绝大多数民法学者看来是存在问题的。很多民法教科书或者学术论文在引述“泸州遗赠案”时都是持批评态度，主要的依据和参照则是德国法对公序良俗案件的思路和做法。他们认为，法院在处理此类案件时，第一步应该区分行为与法律行为。在“泸州遗赠案”中，法院需要判断的不是黄某斌的婚外同居行为是否违反公序良俗，而应是

① 梁慧星. 民法解释学. 北京：中国政法大学出版社，2003：314.

② 苏力. 判决书的背后. 法学研究，2001（3）：17.

黄某斌对婚外同居对象张某英进行遗赠的行为是否违反公序良俗，本案中一审法院和二审法院均犯了相同的错误，即搞错了判断的标的。第二步则是在对一个民事法律行为是否违反公序良俗进行判断时，应该考虑当事人为此民事法律行为的动机是否违反公序良俗。尽管德国法认为，对大多数案件的处理应遵循“法律不问动机”之法谚，但对违反公序良俗的案件则需要考虑动机。只有把动机纳入考察范围，对民事法律行为进行综合分析，才能判断该民事法律行为是否违反公序良俗。尽管在很多涉及遗赠或赠与的案件中，当事人是婚外同居关系，但遗赠人作出遗赠并不一定是为了奖励或者酬谢对方与其进行婚外同居，也可能是出于对对方的付出和照顾的感谢，或者留下些资产对他们所养育的非婚生子女进行照顾等其他善良的目的。在“泸州遗赠案”中，法院只考虑了遗赠这个行为的内容本身，却没有对作出遗赠的动机加以分析。此外，法院在对当事人的动机进行判断的时候，还应该对动机违反公序良俗的证明责任进行科学的分配。在德国法中，一般认为应由主张动机“不良”的一方当事人承担举证责任，因此在绝大多数案件中法官会要求遗赠人或赠与人的配偶来证明遗赠或赠与的动机违反公序良俗。如果主张动机“不良”者无法证明其主张，法院则推定案件中对婚外同居者的遗赠或赠与是出于“善良”的动机。换言之，仅仅证明存在婚外同居关系尚不能得出对婚外同居者进行遗赠或赠与的行为违反了公序良俗的结论，也不能当然地将遗赠式赠与认作无效。反观在“泸州遗赠案”中，黄某斌对张某英作出遗赠是出于酬谢婚外同居关系，还是为了感谢张某英在其卧病时对其进行的照顾，抑或还有其他动机，法院均未予以查明。而事实上，张某英的确在黄某斌癌症晚期时对后者进行了精心的照料，如果黄某斌是基于此原因向张某英作出遗赠的话，就不应被认为具有违反公序良俗的动机。一审法院和二审法院均没有考察这些因素径直推导出该遗赠行为违反公序良俗而无效，这样的推导不仅不精确而且有失公允，是一次粗糙的法律技术的运用。

而司法实践中诸如“泸州遗赠案”的案件还有很多。如果法院都是按照上述德国法的做法对此类案件进行处理，则可能会导致主张遗赠或赠与行为违反公序良俗的一方当事人几乎无法胜诉的情况发生。因为在这种场合，即便对存在婚外同居事实证据“确凿”，法院仍应当对遗赠人或赠与人的动机作善意的推定。而若想推翻这种推定，则需要由主张遗赠或赠与的动机违反公序良俗的一方当事人举证证明，这实际上是一项非常艰巨的任务。在实务中，几乎没有人会在遗赠或赠与中言明自己是出于对婚外同居者的奖励或酬谢而为此遗赠或赠与（当然，一些包含所谓“青春补偿费”等内容的遗赠或赠与可以认为动机违反了公序良俗）。如果仅因当事人无法举证证明动机违反公序良俗，就认定对“第三者”的遗赠或赠与有效，这种结果恐怕与大众“朴素的正义观”相违背，因此不能被人民群众所接受。关于这个问题，笔者每年都会在课堂上对学生进行调研，调研的结果是大多数的意见为不接受德国法的思路和做法。也有很多学生不理解，为什么德国法会在判断民事法律行为是否违反公序良俗的问题上作如此复杂细致的区分。我们可以对德国的判例学术发展的历程进行历史的考察。从罗马法的继受到学说汇纂，再到《德国民法典》的编纂，德国法始终延续着一种精确、深邃而抽象的风格。立法者重视法律条文在用语、逻辑、结构和概念上的严丝合缝，对其意欲得到的每一个结论都极为严谨和慎重。其实在 20 世纪上半叶，德国法院对此类案件的处理方案一直在变化中。曾经在很长时间内与“泸州遗赠案”中一、二审法院的做法几乎一致，直接认为对婚外同居者的遗赠或赠与行为因违反公序良俗而无效。而从 20 世纪六七十年代开始，德国法院对此类案件的态度逐渐发生了转变。这一时期的德国学术界开始严格区分行为和法律行为，考虑动机对法律行为效力的意义，并对法律行为的动机做善良推定进而影响证明责任的分配在学说的影响下，法院也逐步转向现在这个思路来处理对婚外同居者进行遗赠或赠与的案件，从广泛地认定遗赠或赠与行为无效转变为广泛甚至绝大多数地认定遗赠或赠与行为有效，这无疑是一个大转向。① 关于我们该如何看待这个大的转向，不同的人有不同的观点。一种观点认为②，这种大转向是德国法学技术发展的体现，因为此前德国法从未对这类问题进行如此精致、细腻的分析和思考，这个大转向将德国的民法带上了一个新的高度。持这种观点的学者认为我们的民法应当见贤思齐，从德国法引入这种区分行为与法律行为的做法，并以更高的标准来要求法院进行裁判并进一步带动民

① ［德］维尔纳·弗卢梅. 法律行为论. 迟颖，译，米健，校，北京：法律出版社，2013：430－449.
② 王泽鉴. 民法总则. 北京：中国政法大学出版社，2001.

法学理论的发展。还有一种观点认为[①]，理论的发展和法院判决的转向只是一种表象，而其背后是德国整个社会伦理基本理念、家庭观念、对个人幸福的追求与家庭稳定二者之间的波动，以及整个社会的思潮发生了变化。而德国法之所以在20世纪六七十年代产生这样的大转变，是因为在处于西方“性解放运动”背景下的德国社会中，人们的观念从趋于对家庭稳定的维护转向对个人幸福的追求。人们开始意识到，无论是组建家庭还是婚外同居都是个人追求幸福的方式，而家庭的存在是以幸福为前提的。如果一个人的家庭生活不幸，他就不应该被拴在家庭中。随着这种观念逐渐占据主流地位，人们也对婚外同居现象变得更加包容。如果从这个角度来看，法学技术的应用只是结果而非原因。按照上述观点，无论是理论上的变迁还是司法实践中的转向，都是社会发展进步、基本观念改变这一根本原因的结果。赞成此观点的学者认为，理论和法院判决上的大转变并不是法学技术发展的结果，而是社会观念变迁产生了需要才导致了法学技术的改变。将目光转向我国境内，如果想要引入德国法的思路和做法，首先需要考察我们是否也具备了这样的时代背景，是否也发生了社会观念的巨大变迁。就“泸州遗赠案”而言，其距今已有二十多年。当时的中国社会对婚姻家庭、出轨以及婚外同居等的观念与现在相比保守得多，大多数群众对搞外遇、婚外情等行为报以强烈的否定和谴责态度，不接受对婚外同居者进行遗赠而不顾自己家庭的做法。如果将这个案件放在今天的中国，会不会出现与当年法院判决不一样的处理结果？答案未必是肯定的。受传统文化和道德的影响，中国人的婚姻家庭观念仍然相对保守，中国的社会环境似乎也尚未达到德国法所处社会环境的水平。当然，这两种观点各有其道理，很多学者就它们也产生了很多争辩，但我们并不应该轻易地断言孰对孰错，而需要辩证、客观地看待。

(2) 若对情妇的遗赠或赠与构成违反公序良俗，是否会构成不法原因之给付？

如果我们认为对情妇的遗赠或赠与的民事法律行为因违反公序良俗而无效，那么就产生了向情妇遗赠或赠与的财产能否被“拿”回来的问题。现在

① 郑永流.道德立场与法律技术：中德情妇遗赠案的比较和评析.中国法学，2008 (4)：179－189.

很多法院在处理这类案件时，似乎存在一种本能的思维：如果遗赠或赠与不违反公序良俗，则作出遗赠或赠与的民事法律行为有效，因此接受遗赠或赠与者当然可以取得财产的所有权；如果遗赠或赠与违反公序良俗，则作出遗赠或赠与的民事法律行为无效，因此产生返还遗赠或赠与财产的问题。但是，遗赠或赠与的民事法律行为因违反公序良俗而被宣告无效，财产就可以当然地被“拿”回来了吗？答案并非肯定。这里涉及一个有意思的理论，即“不法原因之给付，不得请求返还”。

对“不法原因之给付，不得请求返还”，可以通过关于行贿受贿的行为来帮助理解。比如，甲对乙行贿 1 000 万元以谋求通过高考作弊进入某大学就读的资格。在民法上，甲对乙的行贿表现为附有目的的赠与合同，而此目的是具有“不良”动机的。显然，甲谋求通过作弊的方式获得就读某大学的资格的动机既违反了法律法规也违反了公序良俗，因此按照《民法典》第 143 条第 3 项之规定属于无效的民事法律行为。在一般情况下，若甲已经将 1 000 万元的行贿款交给了乙，而二人之间的赠与合同又被认定为无效，则会发生“不当得利的返还”，因此甲对乙享有 1 000 万元的不当得利返还请求权。应注意的是，不当得利的返还还存在例外，即如果是基于“不法”原因的给付，即使构成了不当得利，也不得请求返还。《德国民法典》《日本民法典》等都对不当得利返还设置了上述的例外情形。在上述案例中，甲因为行贿而交给乙 1 000 万元，虽然二人之间的赠与合同被认为无效，但由于该行贿行为违反了法律规定和公序良俗，因而构成“不法”原因，因此甲不能要求乙返还 1 000 万元。关于“不法原因之给付，不得请求返还”的理由，有不同的学说对其进行了论证。一是惩罚说，即对为不法给付行为者进行惩罚，使其无法要回财产。[1] 这个学说的问题在于无法将惩罚及于受贿者乙。二是拒绝保护说，即行贿者不能基于因受非难的行贿行为所产生的债权向法院主张保护，否则将严重地浪费司法资源。三是一般预防说，即如果允许行贿者把行贿财产“拿”回的话，将无法对潜在的违法者产生震慑作用，因此不允许行贿者请求返还。

---

① Vgl. RGZ 99，161（167）；RGZ 105，270；RGZ 161，52（58）.

关于违反公序良俗导致民事法律行为无效与“不法原因之给付，不得请求返还”的关联，王泽鉴教授在其所著的《民法总则》中举了这样一个教学案例①：

已婚的甲男与乙女婚外同居。甲男为维持同居关系，赠与乙女一套房屋，并已办理房屋所有权移转登记。甲男的妻子丙知晓后，前往乙女处哭诉自己作为“糟糠之妻”与甲男一同创业的艰辛以及甲男负心后的痛苦。乙女深受触动，于是再三向甲男表示断绝同居关系。甲男勉强表示同意，并与乙女签订赠与协议，载明向乙女赠与200万元用于其生活所需，该赠与协议办理了公证。半个月之后，甲男反悔，希望与乙女继续同居，乙女拒绝。试问：1. 甲男是否可以请求乙女返还赠与之房屋？2. 乙女是否可以向甲男请求支付200万元？

针对问题1，根据德国法的思路和做法，甲男显然可以请求乙女返还房屋，因其赠与的动机“为维持同居关系”违反了公序良俗，因而赠与的法律行为无效。因为我国台湾地区“民法”也存在“不法原因之给付，不得请求返还”的理论，王泽鉴教授认为甲男“为维持同居关系”对乙女的给付构成了“不法”，因此得出“虽然赠与合同无效，但此案同时成立不法原因之给付，故甲男不能主张乙女返还房屋”的结论。针对问题2，根据德国法的思路和做法，甲男对乙女赠与200万元的动机并不违反公序良俗，同时该赠与合同经过了公证，故甲男丧失了“反悔”的权利，因此乙女可以要求甲男向其支付200万元。上述结论从违反公序良俗导致民事法律行为无效与“不法原因之给付，不得请求返还”理论的概念上看似乎非常圆满，但仔细一想却并非如此。第一，在司法实践中，当事人为民事法律行为的真实动机难以探查。第二，该案例在理论上仍有较大的争议：甲男向乙女赠与房屋并办理房屋所有权移转登记，但赠与合同被认定为无效，这里构成了乙女的不当得利。但甲男对乙女赠与房屋的行为是否真的构成“不法原因之给付，不得请求返还”？换言之，甲男为维持同居关系而向乙女赠与房屋的行为是否“不法”？“不法”是不是等同于违法？很多学者对此持有不同的见解。

---

① 王泽鉴. 民法总则. 北京：中国政法大学出版社，2001.

在合同法领域，合同违法或违反公序良俗则应被认定为无效。合同被认定为无效后，通常发生“返还已经给付内容”的效力，而此处的返还应当为不当得利的返还。[①] 如果“不法原因之给付，不得请求返还”中的“不法”等同于违法，将导致民法的整个制度设计都无法达到目的，即在所有涉及违法或无效的民事法律行为的情况下，已给付的财产都不能要求返还。但主流观点认为[②]，“不法”不等于违法，前者的范围大于后者。换言之，只有“强”违法或“强”违反公序良俗的情形，才可能构成“不法”。民事法律行为因违法而无效的目的是把民事法律行为的效力否定掉，而“不法原因之给付，不得请求返还”的目的是阻止已经给付的财产返还，两个制度的目的不同。如果简单地将二者等同，将产生很多非常“恐怖”的问题，特别是在“法”被解释为法律和行政法规以及政策的情况下。以购买房屋为例：双方当事人签订了房屋买卖协议，且买房者已经按协议约定缴纳了部分房款甚至是全部房款，但因为违反当地“限购”政策，于是房屋买卖协议被认定为无效。如果我们将违反“限购”政策认为是“不法”原因，则买房人无法向卖房人要求返还已支付的房款。这显然是非常不公平也不合常理的，因此不能将“不法”与违法混为一谈。

如前所述，为了行贿所为的赠与违反了法律法规以及公序良俗，显然属于“不法”，因此行贿人不能主张返还。但那些恶劣程度尚不及行贿的行为，比如托人找关系解决子女“入学”“入园”等问题的行为，能否构成“不法”？按照经典理论，对于“不法原因之给付，不得请求返还”中的“不法”与违法无效中的“违法”，二者的判断依据是不尽相同的。对于“不法”，我们应锚定达到了“拿不回也活该”的程度作为判断标准，比如行贿。而对于王泽鉴教授所举教学案例中甲男对乙女赠与房屋因构成“不法原因之给付，不得请求返还”而无法主张房屋的返还的观点，笔者持保留意见。在《民法典》编纂过程中，不少学者就应不应该吸收“不法原因之给付，不得请求返还”产生了争辩，而笔者认为将“不法原因之给付，不得请求返还”制度纳入

---

① 王泽鉴. 不当得利. 北京：北京大学出版社，2009：101.

② 杨立新. 合同法. 北京：北京大学出版社，2013：24；崔建远. 合同法. 北京：北京大学出版社，2012：87－89.

《民法典》的必要性尚不足。尽管最终《民法典》并未规定这项制度，但依然还是有很多民法学者钟情于它。

(3) 对情妇的赠与是否构成无权处分？妻子或者丈夫能否请求情妇返还财产？

在讨论这两个问题时，应注意前提条件为赠与人所赠与的财产并非其个人财产，而是夫妻共同财产。对于夫妻一方将夫妻共同财产赠与第三者，另一方能否请求返还财产，有以下三种观点：1）可以请求返还。2）不可以请求返还。3）只能请求返还一半。因为赠与的财产是夫妻共同财产，夫妻各占一半的份额，因此只能主张第三人返还一半。如果财产不能进行分割，则应返还相当于财产价值一半的现金等。以上观点都涉及什么是夫妻共同财产的问题。如果认为夫妻共同财产是夫妻双方共同共有，则夫妻任何一方都不得单独处分，否则构成无权处分，而一方配偶可以基于对方的无权处分要求第三人返还财产。如果按照夫妻各自名下的财产归各自所有的观点来理解，则配偶一方无权要求第三人返还另一方向该第三人赠与的名下财产。在不同的观点之下，对夫妻财产制度的维护该如何进行？这一系列问题将在"婚姻的财产效力"部分具体展开。

(4) 妻子对于情妇能否基于侵权法主张损害赔偿？

在丈夫出轨或与他人婚外同居等场合，关于妻子能否以婚姻关系受到伤害为由，依据侵权法的相关规定向情妇或第三者主张损害赔偿的问题，也有很多不同的观点。有些学者认为①，家庭或家庭关系也应该成为侵权法所保护的客体，因此第三者破坏他人的家庭或家庭关系也构成民法意义上的侵权。或者说，第三者插足他人婚姻家庭的行为侵害了另一方配偶基于家庭产生的"配偶权"，另一方配偶可以以"配偶权"受到侵害为由主张第三者进行损害赔偿。当然也有观点认为婚姻家庭不能成为侵权法所保护的客体，因此配偶不能以第三者破坏其家庭为由主张损害赔偿。关于家庭是否是侵权法所保护的客体、第三者破坏家庭属不属于侵权行为等问题，笔者将在"婚姻的人身效力"的内容中予以展开。

---

① 杨立新. 民法总则重大疑难问题研究. 北京：中国法制出版社，2011：437.

(5) 各种夫妻忠诚协议的效力难题。

为了未雨绸缪，提前应对婚姻家庭生活中可能出现的种种问题，有许多夫妻会签订所谓的“夫妻忠诚协议”。这类协议有的是在结婚后夫妻协商签订的，有的则是在婚前就签订好了的，内容大多是约定夫妻双方保持相互忠贞，不得出轨、有外遇等行为，否则出轨或有外遇等行为的一方当事人将给予另一方一定的“损害赔偿”。这类“夫妻忠诚协议”的内容往往涉及人身性质的内容，因此关于它们能否作为合同法意义上的协议而受合同法的管辖和保护的问题，存在诸多争议。

“夫妻忠诚协议”按性质划分，可分为纯人身性质的协议和纯财产性质的协议，以及二者兼具的协议。比如，双方当事人约定“一方如果发生婚外情，必须同意另一方提出的离婚请求，并无权监护孩子，也无权探视孩子”，其构成要件和内容均不涉及财产，因此属于纯人身性质的协议。若双方当事人约定“一方婚外情导致离婚的，应赔偿另一方 100 万元”或者“一方搞不正当男女关系的，离婚时应放弃所有财产，净身出户”等，因其只对违反协议的财产分配或赔偿事宜进行了约定，而没有约定涉及人身的事项，因而属于纯财产性质的协议。还有的当事人约定：“夫妻婚后一定要相敬相爱，彼此忠诚，白头偕老，谁也不许提出离婚。婚后一方若提出离婚，则净身出户。女方若提出离婚，则放弃分割男女所有的房产的权利；男方若提出离婚，则将其婚前拥有的一处房产归女方所有。”这类协议既涉及人身事项的安排也涉及财产的分割等问题，因此属于二者兼具的协议。按协议签订的时间划分，“夫妻忠诚协议”可分为婚前签订的忠诚协议、婚姻关系存续期间签订的忠诚协议以及离婚后签订的忠诚协议。婚前和婚姻关系存续期间签订“夫妻忠诚协议”的情况比较常见，对于双方离婚以后签订的此类协议应该如何认定，应结合个案进行分析。比如，甲乙离婚后签订协议：若乙一年内不与其他人结婚，则甲支付乙 1 万元。这就是离婚后签订的忠诚协议，但问题也由此产生：后乙果然一年内未婚，能否向甲主张 1 万元？甲乙所签的协议是否是合法有效的协议呢？我们需要进行深入的分析才能得出答案。法律应该如何认定这些“夫妻忠诚协议”，对它们进行效力判断的根据到底是什么呢？曾经有很多学者认为，“夫妻忠诚协议”带有人身因素，因此不应该由合同法律制度加以调整，也不应具有法律效力。因此在相当长的一段时期，人民法院在审理这类案件时，将此类包含了人身因素的协议一概认定为无效。而《民法典》编纂对合同编所作的重大修改之一，就是在第464条第2款规定："婚姻、收养、监护等有关身份关系的协议，适用有关该身份关系的法律规定；没有规定的，可以根据其性质参照适用本编规定。"在《民法典》生效之后，我们该如何把握这类"夫妻忠诚协议"的效力问题？进行判断的关键点是什么？对于这些问题，笔者将在后面具体展开。

到此，婚姻家庭法的导论部分结束。导论的作用和目的在于提出问题，让读者带着问题一边阅读一边思考。

第二章　亲属关系

第一节　亲属及其分类

亲属是指基于婚姻、血缘或者法律拟制而产生的人与人之间的社会关系。[1] 在学习亲属及其分类之前，我们应了解亲属和亲戚、家属、家庭成员等其他相关概念的区分，还应进一步了解这些概念之间的区别和联系。

应当明确的是，无论是亲戚还是家属、家庭成员等，都并非标准的法律概念，而是在日常生活中所惯用的词语。与此相对的是，亲属是亲属法上的概念，法律规定了它的内涵和外延，与亲戚、家属、家庭成员等概念具有不同的范围。以亲戚为例：一般而言，亲戚是不包含家庭成员的，比如我们不会称呼自己的父母为亲戚，也就是说父母不属于亲戚的范畴，但属于亲属的范畴。亲属不仅包括亲戚，还包括家庭成员。因此，二者的区别在于亲戚不是严格意义上的法律概念，其外延也要比亲属的外延小得多。

亲属这个概念，包括了三个层面的内容：一是配偶，二是血亲，三是姻亲。配偶是男女双方因结婚而形成的亲属关系，血亲是指具有血缘关系的亲属，而姻亲则是指以婚姻关系为中介而产生的亲属，但是不包括配偶。其中，血亲可以分为自然血亲和拟制血亲。自然血亲指的是出于同一祖先，有自然血缘联系的亲属，包括生父母与子女、同胞兄弟姐妹、祖父母与孙子女等。拟制血亲指的是本无自然血缘联系，但法律确定其地位与血亲相同的亲属，包括养父母与养子女、继父母与继子女等。

值得注意的是，学者间对于姻亲概念的界定以及姻亲的范围应该多大存

---

① 金眉. 我国“亲属”法律概念的变迁探析. 江苏社会科学，2017（1）：144－151.

在着争议。考察比较法的经验，对姻亲的划分有以下几种模式。

（1）两分法：姻亲的范围包括血亲的配偶和配偶的血亲。比如，血亲的配偶包括嫂子、弟妹、姐夫、妹夫等，而配偶的血亲包括岳父母、公婆等。德国、瑞士、日本等国的亲属法是按两分法对姻亲进行划分的。

（2）三分法：姻亲的范围包括血亲的配偶、配偶的血亲、配偶的血亲的配偶。血亲的配偶和配偶的血亲，前面已作说明，而配偶的血亲的配偶则包括妯娌（兄弟的妻子之间的称呼）、连襟（姐妹的丈夫之间的称呼）等。

（3）四分法：姻亲的范围包括血亲的配偶、配偶的血亲、配偶的血亲的配偶、血亲的配偶的血亲。其中，血亲的配偶的血亲可能稍微复杂，具体而言包括儿媳的父母、女婿的父母（我们常说的亲家）等。韩国的亲属法就是按四分法对姻亲进行划分。

在《民法典》编纂过程中，有学者主张借鉴上述对姻亲的划分法并择一写入《民法典》婚姻家庭编，但最终并未被采纳，原因在于：一般在法律中详细规定了姻亲的划分和范围的国家，往往有大量的姻亲关系需要调整。而我国民法所调整的姻亲范围非常狭窄，当需要对某一种姻亲关系进行调整时，法律会直接点明具体的姻亲，比如儿媳、女婿等。而且，对姻亲关系的调整只限于少数特别、特殊的场合，比如丧偶的儿媳或女婿在对公婆、岳父母进了主要赡养义务的情形下可作为第一顺序继承人继承公婆或岳父母的遗产等。因此从立法技术的角度来看，在《民法典》中专门就姻亲的概念、范围等内容进行规定的意义并不大。

第二节 亲系与亲等

所谓亲系，是指亲属之间的联系。亲系可以分为：（1）直系亲和旁系亲。这个划分依据的是亲属之间有无一直处于出生与被出生的纽带中，如果是，则为直系血亲。比如，父母与子女之间、父母与祖父祖母或外祖父外祖母之间、子女与祖父祖母或外祖父外祖母之间等，都是直系血亲的关系。旁系血亲指的是，虽然没有出生与被出生关系，但可以溯及同源祖先的亲属。所谓同源祖先，比如兄弟姐妹的同源祖先就是父母，因此兄弟姐妹之间为旁系血亲关系。再比如，叔侄的同源祖先为爷爷，因此叔侄之间也是旁系血亲关系。（2）父系亲和母系亲。这是根据亲属之间的关系是基于父亲那边的血缘关系还是基于母亲这边的血缘关系所作的划分。比如子女与祖父母之间属于父系亲，与外祖父母之间则属于母系亲。再如叔侄之间是父系亲关系，舅甥之间则是母系亲关系。（3）男系亲和女系亲。男系亲指的是与某个亲属之间，所有的血缘纽带都是男性关系，而中间只要出现了一个女性，就叫女系亲。比如，姑侄均属于父亲的亲属，因而姑侄之间属于男系亲。而舅甥均为母亲的亲属，因此舅甥之间属于女系亲。父系亲和母系亲、男系亲和女系亲的划分看上去有点相似，那它们之间是什么关系呢？一般认为，母系亲一定是女系亲，但父系亲不一定是男系亲。比如，姑侄之间属于父系亲，也属于男系亲。而侄与姑姑的儿子之间虽然也属于父系亲，却是女系亲关系，因为他们之间出现了姑姑这一个女性纽带。男系亲和女系亲又称宗亲和外戚，这类亲属划分在中国古代封建社会有着极为重要的作用。判断是男系亲或女系亲最为简单的方法就是看亲属之间是否同姓，男系亲一定是同姓的，而女系亲则不同姓，这也是女系亲被称为外戚的原因。比如，姑侄之间是同姓，因此他们属于男系亲；而侄与姑姑的儿子并不同姓，因此他们属于女系亲。

所谓亲等，是指计算亲属关系亲疏远近的标准单位。一般而言，我们所说的亲等的计算方法主要包括四种，即罗马计算法、寺院计算法、我国古代计算法以及我国现行立法的计算法。其中，罗马计算法是在世界范围内影响最广的一种亲等计算法，它的特点是计算简单、清晰易懂，只需数亲属之间出生与被出生关系的次数，出现了几次出生与被出生关系，就是几等亲关系。比如，甲生了乙，他们之间存在一次出生与被出生关系，因此甲乙之间为一等亲直系血亲。乙生了丙，因此乙与丙之间也是一等亲直系血亲。而甲与丙之间则是二等亲直系血亲。若丙再生丁，则甲与丁之间为三等亲直系血亲。依此类推。若甲不仅生了乙，还生了戊，则乙和戊之间有两次出生与被出生关系，因此二人为二等亲旁系血亲。丙与戊之间因为有三次出生与被出生关系，因此二人为三等亲旁系血亲。丁与戊之间则为四等亲旁系血亲。依此类推。罗马计算法的特点是，无论亲属之间的血缘纽带相隔多遥远，都可以算出亲等。

寺院计算法是从中世纪的欧洲流传下来的亲等计算方法，它与罗马计算法有一定的相似之处。在计算直系血亲的亲等时，寺院计算法与罗马计算法一致，都是有多少次出生与被出生关系，就是几等亲直系血亲。但在计算旁系血亲的亲等时，寺院计算法则并不数亲属之间出生与被出生关系的次数，而是先溯源到同一个祖先，再比较各自到同源祖先的出生与被出生关系的次数，取大的数字为亲等数。因此，若按照寺院计算法，丁与戊之间属于三等亲旁系血亲。

我国古代计算法主要体现为我国古代的丧服制度，大家可能在学习法制史的过程中有所了解。

（1）斩衰。这是最重的丧服，是儿子为父亲服丧而穿的衣服。全套丧服是不缝边的粗麻衣裳、麻带、木杖、麻编帽、草鞋等。斩衰之服丧期为三年，实际是二十五个月。对居丧期间的行为有严格规范：一开始就不再正式吃饭，既殡之后可以食粥，百日卒哭后，可以“疏食水饮”。一年小祥后，可以“食菜果”；两年大祥后，可以用酱醋调味；禫祭后丧满除服，才能饮酒食肉。住在倚庐中，要睡草垫子、枕土块，睡觉时不脱孝服。服丧期间，不能婚娶，不得赴宴，不得听音乐，不得游戏嬉笑；三月不沐，夫妇不能同居。

（2）齐衰。这是第二等丧服，本身又分为四个等级：齐衰三年（丧期也是三年）、齐衰杖期、齐衰不杖期（两者丧期均为一年）、齐衰三月（丧期三个月）。这也是为较亲近的人服丧的等级，丧服的质料剪裁比斩衰较为细致。

（3）大功。这是次于齐衰的丧服，是为有一般亲戚关系的人服丧的等级，丧期为九月，丧服的质料剪裁比齐衰更好些。初丧时三餐不食，起居饮食稍有节制，三月既丧后恢复正常。

（4）小功。这是次于大功的丧服，是为关系较远的亲戚服丧的等级。丧期为五个月，丧服的质料剪裁比大功更好些，起居饮食制约更少。

（5）缌麻。缌麻是最轻一等的丧服，是为有一些亲戚关系的人服丧的等级。丧期为三个月，丧服的质料剪裁更好些，缌是一种麻制的比较稀疏的布。除初丧时有一两餐不食、丧期内不饮酒食肉，没有其他特别的规定。

关于我国现行的亲等计算法。其实我国现行亲属法在大部分情况下不考虑亲等的计算，比如在继承的场合，法律并不是按亲等顺序来确定继承人的范围，而是直接将继承人罗列在法律条文中。而且我国的继承顺位较少，只有第一顺位的继承人配偶、父母、子女以及第二顺位的继承人祖父母、外祖父母、兄弟姐妹，没有划分亲等的必要。在我国，真正涉及亲等是在确定禁止结婚的近亲范围时。《民法典》第 1048 条和《婚姻法》第 7 条都规定了直系血亲或者三代以内的旁系血亲禁止结婚，否则婚姻无效。我国现行的亲等计算方法是新中国成立以后在学理上和实践中通用的做法，它与寺院计算法相近，只不过在寺院计算法的基础上把自己这一代也算进去，也就是在依寺院计算法得出的结果上再加一，就得出了依我国现行亲等计算法得出的亲等数，也就是我们所说的“代”。前面的例子中，如果按照我国现行的亲等计算方法，丁与戊之间就属于四代以内旁系血亲。

亲属身份法律关系之间可能会发生重叠，即在亲属之间套用不同的亲等计算方法可能会得出他们属不同的亲等等级，这个时候我们就需要用“就近原则”来确定他们之间到底是几等亲。

第三节 亲属关系的发生和消灭

一、配偶关系的发生和终止

一般情况下，结婚导致配偶关系的发生，离婚或者配偶死亡导致配偶关系的终止。其中，死亡包括自然死亡和宣告死亡。在自然死亡的情况下，配偶关系终止是毫无疑问也没有争议的，但在宣告死亡的场合，问题就没那么简单了，因为：被宣告死亡的一方，可能真的死亡了，也可能只是下落不明，一旦这个人重新出现，就要涉及对他的死亡宣告的撤销问题。根据《民法典》第 50 条之规定，“被宣告死亡的人重新出现，经本人或者利害关系人申请，人民法院应当撤销死亡宣告”。因为宣告死亡会导致配偶关系的终止，所以一旦死亡宣告被撤销，可能对配偶关系再次产生影响。

《民通意见》第 37 条规定，“被宣告死亡的人与配偶的婚姻关系，自死亡宣告之日起消灭。死亡宣告被人民法院撤销，如果其配偶尚未再婚的，夫妻关系从撤销死亡宣告之日起自行恢复；如果其配偶再婚后又离婚或者再婚后配偶又死亡的，则不得认定夫妻关系自行恢复。”2017 年通过的《民法总则》第 51 条吸收了《民通意见》第 37 条的内容，规定：“被宣告死亡的人的婚姻关系，自死亡宣告之日起消灭。死亡宣告被撤销的，婚姻关系自撤销死亡宣告之日起自行恢复，但是其配偶再婚或者向婚姻登记机关书面声明不愿意恢复的除外。”而《民法典》第 51 条也仅在上述文字基础上稍作改变，使其表述更加严谨：“被宣告死亡的人的婚姻关系，自死亡宣告之日起消除。死亡宣告被撤销的，婚姻关系自撤销死亡宣告之日起自行恢复。但是，其配偶再婚或者向婚姻登记机关书面声明不愿意恢复的除外。”

原则上，关于死亡宣告和婚姻关系的问题应按照《民法典》第 51 条的规定来处理，但仍然存在两个有争议的问题需要进一步厘清。

难点问题 3：被宣告死亡者的配偶与他人再婚，但是再婚的一方或双方为恶意时，原婚姻关系是否恢复？

这个问题涉及法律是优先保护因被宣告死亡而消灭的婚姻，还是被宣告死亡后建立的新的婚姻。从《民通意见》开始，我国的司法实践就确立了优先保护新的婚姻的做法。但这样的做法有无必要的前提，或者说需不需要设置某种前提？有的学者认为：这里应该存在一个默认的前提，即再婚的一方配偶是善意的，或者再婚的双方至少有一方是善意的。[①] 当再婚的一方或者双方都是恶意的时候，就产生了哪一个婚姻更值得法律去保护的问题。比如，妻子明知在外工作的丈夫未死亡而向法院申请宣告其死亡，从而与新人再结婚，对这个新的婚姻是否应该保护？在严格意义上说，这种行为已经构成了重婚，但就法律程序而言，丈夫已经被宣告死亡，妻子有再婚的自由。如果某日丈夫回来了，按照《民法典》第 51 条的规定，死亡宣告之前的婚姻已经不复存在，法律保护的是新的婚姻关系。那么，这种明知配偶未死亡却申请宣告其死亡，以从之前的婚姻关系中解脱出来的做法，应不应该被法律默许或纵容？在这种情况下，法律到底应该保护哪个婚姻？这些问题在比较法上也是争议颇多的。当然，争议较小的情形为再婚的双方均为恶意，显然此时原婚姻更值得法律保护。在这种情况下，当被宣告死亡的一方重新出现时，

① 翟远见. 论宣告死亡及其撤销在婚姻上的效力. 中国法学，2021（2）：42－60；娄爱华. 论无效婚姻中的无过错方保护. 苏州大学学报（哲学社会科学版），2023（5）：104－115.

原婚姻可以被恢复。德国法明确了这一点。但如果再婚的一方为恶意，或者再婚的另一方为恶意，法律又该如何取舍？对于这种情况尽管争议较多，但总体而言，法律会从保护善意的婚姻相对人的角度出发，更倾向于保护新婚姻。而且在对法律进行解释的过程中，如果没有特别重大的理由，都应该采取文义解释的方法，遵循法律条文的文字的本来含义去处理两个婚姻的关系。因此在这种场合下，应该按照《民法典》第51条的规定，认定死亡宣告之前的婚姻不自动恢复。唯一可能需要对《民法典》第51条进行论理解释或者法律漏洞填补的情形，就是再婚双方均为恶意的场合：新的婚姻因为构成重婚而丧失了法律保护的价值，而原婚姻应该自行恢复。这样的处理方式可能更为妥当一些。

难点问题4：被宣告死亡者因为事实上尚生存，又与他人结婚，在撤销死亡宣告后，原婚姻关系是否恢复？

在回答这个问题之前，我们应当思考死亡宣告制度设置的目的和意义究竟是什么，我们需要通过它来解决什么问题。显然，死亡宣告制度并不是为了通过推定死亡来使被宣告人的权利能力归于消灭，而是为了清理被宣告人在原住所地的各类法律关系。当一个实际上生存的人被宣告死亡时，他的权利能力和行为能力并不受死亡宣告的实质影响，比如他仍然可以缔结买卖合同、劳务合同、赠与合同等，而这些合同的效力完全不受死亡宣告的影响，既不是无效合同也不是效力待定合同，而是完全有效的合同。只有在被宣告人的原住所地，他才能被认为是“死亡”的。如果被宣告人在其生活的地方与他人再结婚，在死亡宣告被撤销后，原婚姻是否能自动恢复？在这种情况下，如果法律选择保护新的婚姻而不恢复原婚姻的话，可能会产生更大的问题，因为当事人可以通过“玩消失”的方式脱离原婚姻而与他人再婚，这实际上是变相地鼓励重婚。因此原则上恢复原婚姻更为合适，而被宣告人新缔结婚姻关系的行为应被认为构成重婚。

然而世界之大无奇不有，很多情况下问题并不这么简单和好判断，以一个真实案例为例：林某因与其妻孙某不和，于1996年年初离家出走后，杳无音信。2001年年初孙某向法院申请宣告林某死亡。2002年年初法院依法判决宣告林某死亡。当年5月孙某即另嫁他人。林某离家出走之后，到某地靠打工为生，其间与某女相识，二人逐渐产生感情。2002 年年底林某制造了假证件与该女结婚。2004 年年初，林某与该女返回家乡。林某要求孙某返还在二人婚姻关系存续期间自己应得的财产，而孙某却要求追究林某重婚罪的刑事责任，并要求分割林某在外地的财产。

在这个案件中，林某离家出走以后，孙某向法院申请了宣告林某死亡，之后原婚姻双方都另行组建了新的家庭。如果林某不回到原住所地，大家都可能相安无事。但他回来了，对他的死亡宣告也被撤销，由此引发了一系列问题。这里面其实存在三个婚姻关系，分别为林某与孙某的原婚姻关系、林某在外地新缔结的婚姻关系以及孙某在原住所地新缔结的婚姻关系。其中哪一个或哪几个是有效的婚姻关系？法律又该保护谁呢？对于孙某来说，丈夫林某离家出走，音信杳无，她在向法院申请宣告林某死亡后与他人另行缔结新的婚姻关系，无论是按照法律规定还是依据民法理论，这个新的婚姻关系毫无疑问是合法有效的。这里也不存在恶意的情形需要考虑。而对于林某来说，尽管他在原住所地被宣告死亡了，但他在现居地从事和各种民事法律行为的效力并不受影响，他仍然是一个完全民事行为能力人和民事权利能力主体，同时他仍然是一个有婚姻在身的人。通常情况下，如果孙某在原住所地没有再婚，林某在外地另行缔结婚姻关系的行为构成重婚，这个新的婚姻也归于无效。然而孙某在原住所地已经另嫁他人，这也是本案争议的症结所在。很多人认为，无论孙某是否再婚，林某只要在外地缔结了新的婚姻关系就构成了重婚，因为此时他对自己被宣告死亡的事情并不知情，且在自己已有婚姻在身的情况下仍与他人结婚，具有主观的恶意。一旦认为林某的行为构成重婚，则其与孙某的婚姻有效，而其新缔结的婚姻无效。笔者的观点是，如果林某被宣告死亡之后，孙某在原住所地并没有再婚，在这种情况则法律可以基于保护原婚姻的立场认定林某的行为构成重婚，因此林某的第二段婚姻无效。而在孙某已经另行再婚的情况下，如果还认为林某的行为构成重婚，就可能会产生如下悖论：法律认为构成重婚的结果是前婚姻有效，而后婚姻无效，但林某与孙某的婚姻已不会再因林某的死亡宣告被撤销而恢复。虽然法律要保护前婚姻，但该前婚姻事实上随着孙某的再婚已经不复存在了，即法律所需要保护的法益已经消灭。为了保护这个已经不复存在的婚姻而把林某的第二段婚姻认定为无效，恐怕有本末倒置之嫌。所以笔者个人的看法是，在这类案件中不妨将双方各自新缔结的两个婚姻都认定为有效的婚姻。这样处理起来，效果可能会更好一些。

二、血亲关系的发生与终止

血亲包括自然血亲和拟制血亲，因此血亲关系发生与终止应分别在自然血亲和拟制血亲的情形下分别讨论。

（一）自然血亲关系的发生与终止

自然血亲关系发生与终止的情形比较简单，即始于出生、终于死亡。在此不多赘言。

（二）拟制血亲关系的发生与终止

1. 拟制血亲关系的发生

从发生来看，拟制血亲关系的发生包括基于法律行为发生和基于事实行为发生两种情形。前者指基于收养这一典型的民事法律行为形成养父母与养子女关系。而后者指基于父母再婚形成继父母与继子女关系。

特别需要注意的是，父母再婚并不当然导致形成继父母与继子女关系，即便平日双方都以父母子女相互称呼。父母的再婚只是一个小前提，能不能形成法律意义上的继父母与继子女关系取决于有没有抚养教育事实，只有存在抚养教育的事实，才能认定当事人之间形成了继父母与继子女关系。《民法典》第1072条第2款规定："继父或者继母和受其抚养教育的继子女间的权利义务关系，适用本法关于父母子女关系的规定。"仅是单纯的父母再婚，并不会导致形成继父母与继子女关系，即便双方都认为对方是自己的继父母或继子女。比如，某子女已经年满18周岁并已经经济独立，不需要家庭供养，其父母离婚后各自再婚。此时父母各自再婚的对象与该子女之间并没有抚养教育事实，因此也不会形成继父母与继子女关系。而判断是否存在继父母与继子女关系，在某些场合是非常有必要的。比如，在子女未成年的情况下会产生父母的监护权和监护义务的问题。除此之外，如果一旦继父母与继子女关系形成，当事人之间的权利义务就适用法律关于父母子女关系的规定，因此就会产生父母的赡养以及父母与子女之间财产继承的问题，而在这些问题上，继父母、继子女与生父母、生子女的地位是完全相同的。因此，我们可以发现，父母一方再婚，而再婚的对象与子女之间形成了抚养、教育关系时，将会在他们之间产生一种非常强大的联系。但问题同样存在，因为从《民法典》第1072条的规定来看，它只是规定了有抚养教育事实即能成立继父母与继子女关系，却未说明这种抚养教育应达到何种程度、持续多长时间、需要符合什么标准等。它和生父母与生子女之间的抚养教育差别非常大，对后者而言，子女的出生和成长往往伴随着父母的抚养教育。而它和养父母与养子女之间的抚养教育也不同，因为一旦收养关系成立，养父母与养子女之间的关系变得非常清晰，但继父母与继子女之间的关系没有办法做到这么明确，因为它需要存在抚养教育事实这么一个抽象的判断前提。如果继父母对继子女只教育、只抚养了一天，能不能认为存在抚养教育的事实？是否就意味着今后继子女对继父母就有赡养的义务？继父母与继子女之间就可以互为法定的第一顺位继承人？在《民法典》编纂过程中，最高人民法院就此问题提出了一个建议：把抚养教育的标准明确化，比如需要对继子女抚养教育达到3年或5年以上，才能认为具有抚养教育的事实，因此才可形成继父母与继子女关系。但《民法典》最终还是没有对这个问题进行明确，于是判断是否存在抚养教育事实的任务依然由人民法院承担。于是，最高人民法院在《民法典婚姻家庭编解释（二）》第18条规定："对民法典第一千零七十二条中继子女受继父或者继母抚养教育的事实，人民法院应当以共同生活时间长短为基础，综合考虑共同生活期间继父母是否实际进行生活照料、是否履行家庭教育职责、是否承担抚养费等因素予以认定。"虽然规定的标准仍然模糊，但是至少提供了一个指引。

2. 拟制血亲关系的终止

拟制血亲关系的终止的情形也非常多样化，其中最简单的情形是基于自然事件，比如某一方死亡而终止。还有基于法律行为而终止，比如因解除收养关系养父母与养子女之间的权利义务关系消灭等。

特别值得说明的是继父母与继子女关系的终止。继父母与继子女关系会因为一方死亡而自然终止，没有疑问，但是是否会因为继父母与自己的亲生父母离婚而终止呢？在我国就此曾经长期没有相关规定。由此就会导致一个问题，比如 A 未成年时其母亲结过三次婚并都离婚，于是 A 就有可能与三位继父 B、C、D 都存在抚养教育事实，形成了法定的父母子女关系。这也就意味着如果有一天这三位继父去世，A 都是其第一顺位的法定继承人。大家想想：这符合 B、C、D 他们自己以及他们家人的预期吗？恐怕除了精通法律的专业人士，其他人都想不到需要提前准备遗嘱预防这种情况的发生吧。为消除上述法律漏洞，《民法典婚姻家庭解释（二）》第 19 条第 1 款规定："生父与继母或者生母与继父离婚后，当事人主张继父或者继母和曾受其抚养教育的继子女之间的权利义务关系不再适用民法典关于父母子女关系规定的，人民法院应予支持，但继父或者继母与继子女存在依法成立的收养关系或者继子女仍与继父或者继母共同生活的除外。"

三、姻亲关系的发生和终止

姻亲关系是基于婚姻产生的亲属关系，其发生的原因自然就是结婚。关于姻亲关系的终止，存在以下争议。

（1）姻亲关系是否因离婚而终止。比较法上有两种不同的立法模式：一是姻亲关系因离婚而终止，即当事人离婚后，基于婚姻产生的岳父母、公婆、儿媳女婿等关系自动终止。日本采取这种模式。① 二是姻亲关系并不随着离婚而终止。目前德国、瑞典等国持此说。② 在我国，尽管法律并未对姻亲的终止作出规定，但很多学者主张离婚终止说，他们认为可以从仅有的少量关于丧偶儿媳、丧偶女婿的规定推定出法律并不调整离婚后的儿媳、女婿和公婆、岳父母之间的关系，因此可以认为在我国姻亲关系基于离婚而终止。

（2）姻亲关系是否因配偶一方死亡而终止。关于这个问题比较法上同样存在不同的立法模式：一是任意主义，即当事人可以选择终止或者继续保持姻亲关系。这种模式的代表性国家为日本。③ 二是有条件终止主义，即夫妻一方死亡，生存配偶再婚时，原姻亲关系终止，若生存配偶未再婚，则姻亲

---

① 《日本民法典》第 728 条第 1 款规定："姻亲关系因离婚而终止。"日本民法典．王爱群，译．北京：法律出版社，2014：116.

② 《德国民法典》第 1590 条规定："即使建立姻亲关系的婚姻已经解除，姻亲关系仍继续存在。"德国民法典．杜景林，卢谌，译．北京：中国政法大学出版社，1999：366.

③ 日本民法典．王爱群，译．北京：法律出版社，2014：116.

关系存续。旧日本民法典曾采取这种模式，但随着《日本民法典》的修订这种模式在日本已被废弃。[①] 三是不终止主义，即姻亲关系并不随着一方配偶的死亡而终止。意大利采取的是这种模式。[②] 我国对待这个问题的态度具有明细的社会主义家庭观念的特点。如《继承法》第 12 条规定：丧偶儿媳对公、婆，丧偶女婿对岳父、岳母，尽了主要赡养义务的，作为第一顺序继承人。

《最高人民法院关于贯彻执行〈中华人民共和国继承法〉若干问题的意见》第 29 条规定：丧偶儿媳对公婆、丧偶女婿对岳父、岳母，无论其是否再婚，依继承法第十二条规定作为第一顺序继承人时，不影响其子女代位继承。

我们可以看出，法律希望丧偶的儿媳或女婿继续与公婆或岳父母保持良好的关系，并以作为第一顺位继承人的方式鼓励前者对后者进行照顾和赡养。而这些规定也为《民法典》所继承，《民法典》第 1129 条规定如下：丧偶儿媳对公婆，丧偶女婿对岳父母，尽了主要赡养义务的，作为第一顺序继承人。

可见在我国，法律唯一需要调整的姻亲关系的情况体现在丧偶儿媳、丧偶女婿能否成为公婆或岳父母的第一顺位继承人。换言之，姻亲关系并不随着配偶的死亡而终止，如果生存的一方对公婆或岳父母尽了主要赡养义务，他可以作为第一顺位继承人继承公婆或岳父母的遗产。

---

① 法国民法典. 罗结珍，译. 北京：北京大学出版社，2010：66.

② 意大利民法典. 费安玲，丁玫，译. 北京：中国政法大学出版社，1997：32.

第三章　婚姻的成立和效力评价

第一节　婚姻的成立

婚姻的成立，也就是结婚，是指男女双方按照法律规定的条件和程序，确立夫妻关系的法律行为。根据法律规定，缔结婚姻关系需要满足一些要件，包括实质要件和形式要件。

一、结婚的实质要件

《民法典》第 1046 条规定："结婚应当男女双方完全自愿，禁止任何一方对另一方加以强迫，禁止任何组织或者个人加以干涉。"从上述规定可以看出，在我国结婚所应具备的实质要件有二：其一，双方当事人为一男一女；其二，双方就结婚达成一致，出于完全自愿。

就第一个要件而言，就在《民法典》编纂过程中，有很多人提出要取消对结婚为"男女双方"的限制，但《民法典》并未采纳。考察比较法会发现，确实有一些国家和地区承认了同性婚姻，但从世界范围来看这仍属少数。特殊群体的需要可以通过其他制度得到满足，而非只能通过婚姻来实现。[①] 我国历来不歧视同性恋，也不反对同性之间的结合。但是婚姻制度不仅涉及当事人如何缔结婚姻关系，还是整个社会观念和传统文化的反应，所以《民法典》在这个问题上依然坚持传统的异性婚姻制度，并未将同性婚纳入。

---

① 笔者认为：同性之间若想实现类似于婚姻的法律效果，可以通过各种有名合同、无名合同以及遗嘱的组合来实现。例如可以通过订立合伙购房协议、附条件的赠与合同等，实现类似于夫妻共同财产的效果；通过相互订立遗嘱指定对方为第一顺位继承人，实现夫妻互为第一顺位继承人的效果；等等。民法原本就以意思自治作为底色，这些协议只要没有违反公序良俗（同性恋关系本身并不违反公序良俗），即为有效。

就第二个要件而言，对这里的“完全自愿”应该和作为合同成立要件的“达成合意”作同一解释，也就是说它指的是外观意义上的达成合意，并不苛求当事人内心真意完全一致。原因在于，如果在婚姻成立层面就要求双方内心真意完全一致，那么任何意思表示瑕疵都有可能导致婚姻不成立①，这会与后文将详细介绍的我国立法设定的婚姻效力评价规则相矛盾。

二、结婚的形式要件

结婚的形式要件，就是结婚所需要履行的法定程序，在我国是进行结婚登记。

《民法典》第 1049 条规定：要求结婚的男女双方应当亲自到婚姻登记机关申请结婚登记。符合本法规定的，予以登记，发给结婚证。完成结婚登记，即确立婚姻关系。未办理结婚登记的，应当补办登记。

以上是关于结婚需要履行登记义务的规定，而进行结婚登记仅是婚姻关系缔结的形式要件。若双方当事人不具备结婚登记的形式要件，但符合结婚的实质要件，应该如何处理？当事人没有办理结婚登记，但以夫妻名义共同生活，一般人也认为是夫妻的，对这种关系该怎么认定？效力又如何？这就涉及所谓“事实婚姻”的问题。事实婚姻区别于同居，二者在构成要件上存在明显的差异。单纯的同居指当事人只是共同生活在一起，若要构成事实婚姻还需当事人以夫妻名义共同生活、一般人也把他们看作是夫妻。

难点问题 5：事实婚姻的效力问题

事实婚姻是指没有配偶的男女，未办理结婚登记，即以夫妻名义同居生活，一般人也认为是夫妻的“婚姻关系”。

从比较法上进行考察，以立法所赋予的法律效力是否与婚姻的效力有关为标准，可以分为两种立法主义。其一是肯定的立法主义。它是指在非婚同居具备法律所要求的要件时，适用或准用夫妻之间的权利和义务。采用这种立法主义的国家（地区）有美国的 13 个州和华盛顿哥伦比亚特区、日本。其二是否定的立法主义。它是指为了解决同居双方在同居关系终止时的财产调

---

① 近来我国部分学者有采取这种解释的倾向，然而这种解释路径实际上是向古老的“意思欠缺”回归，与 20 世纪以来民事法律行为理论的发展方向背道而驰。

整和双方子女的扶养、一方死亡时的继承、同居期间的家庭暴力以及同居一方与第三人的关系等纠纷时，适用现有法律体系中相近的法律或法律原则。采用这一立法主义的是英国、德国、澳大利亚的新南威尔士州以及美国不承认普通法婚姻的州。其中，肯定的立法主义以婚姻的效力的范围为标准，可以细分为两种立法主义。其一是广泛的适用主义。它是指对于得到法律认可的同居几乎全部适用婚姻的规定。采用这种立法主义的是日本。其二是狭隘的适用主义。它是指对于同居为某一或某些特定的目的而适用部分婚姻的规定。采用这种立法主义的是美国的13个州：通常仅仅为了保护基于该关系所生育的子女，使他们免于承受非婚生子女的身份，法院会倾向于认定合法的普通法婚姻存在。

为处理事实婚姻问题，我国先后制定了指导思想并不相同甚至完全相反的若干司法解释和行政规章，包括：最高人民法院1956年颁布的《关于未登记的婚姻关系在法律上的效力问题的复函》、1957年《关于男女双方已达婚龄未进行登记而结婚的一方提出离婚时应如何处理问题的批复》、1979年《关于贯彻执行民事政策法律的意见》、1984年《关于贯彻执行民事政策法律若干问题的意见》、1989年《关于人民法院审理未办理结婚登记而以夫妻名义同居生活案件的若干意见》，以及1994年2月1日民政部门颁行的《婚姻登记管理条例》。2001年修正的《婚姻法》新第8条规定“……未办理结婚登记的，应当补办登记”。

我国法律对待事实婚姻的态度主要经历了以下几个阶段：

第一个阶段就是新中国成立初期到1989年11月。在此期间，司法实践中承认符合结婚条件的事实婚姻。

第二个阶段是从1989年11月到1994年2月1日。在此期间司法实践中有条件地承认事实婚姻，但在认定标准和构成要件上比第一阶段更加严格。

第三个阶段从1994年2月1日《婚姻登记管理条例》开始施行到现在，只有履行了婚姻登记程序的当事人之间才被认为有婚姻关系。未办理结婚登记以夫妻名义同居生活的，认为仅存在非婚同居关系，不具备婚姻的法律效力。原则上，从这个时间点开始，我国法律不再承认事实婚姻。

就上述发展历程来看，我国法律对事实婚姻的认定是逐步收紧的，而1994年2月1日之后取消了事实婚姻。但这并不说明事实婚姻在法律上就失去了意义。在解决历史遗留问题方面，法律对于1994年2月1日之前形成的事实婚姻关系，还是作为婚姻处理的。《民法典婚姻家庭编解释（一）》第7条规定：

未依据民法典第一千零四十九条规定办理结婚登记而以夫妻名义共同生活的男女，提起诉讼要求离婚的，应当区别对待：

（一）1994年2月1日民政部《婚姻登记管理条例》公布实施以前，男女双方已经符合结婚实质要件的，按事实婚姻处理。

（二）1994年2月1日民政部《婚姻登记管理条例》公布实施以后，男女双方符合结婚实质要件的，人民法院应当告知其补办结婚登记。未补办结婚登记的，依据本解释第三条规定处理。

但无论是《婚姻法》第8条还是《民法典》第1049条的规定，都留了一句耐人寻味的话，即"未办理结婚登记的，应当补办登记"。于是，很多学者对什么是补办登记、补办登记将产生何种法律效果等问题产生了争论。有学者则认为，当事人的婚姻关系应从补办登记时开始起算，因为从这时起才具备了结婚的所有实质和形式要件。而有学者认为，补办登记所针对的是已经符合结婚实质要件的，因此补办之后婚姻关系从双方当事人符合结婚实质要件时起算。也有很多人不理解法律为什么要规定"补办登记"：如果当事人没有办理结婚登记则属未婚，他们直接走结婚的程序就好了，为何还要他们补办登记？如果法律区分了结婚登记和补办登记，是否补办登记隐含了特殊的意义？所谓补办登记就是补正之前事实婚姻的效力，即当事人在补办登记前已经像夫妻一样共同生活了，进行补办登记相当于把之前的共同生活阶段追溯为有效婚姻了。基于这种理解，《民法典婚姻家庭编解释（一）》第6条规定：

男女双方依据《民法典》第1049条规定补办结婚登记的，婚姻关系的效力从双方均符合《民法典》所规定的结婚的实质要件时起算。

试举一案例来说明。甲男与乙女于2000年1月1日开始以夫妻名义共同生活，共同生活了10年。二人于2010年1月1日这天到民政部门去领结婚证。如果认为甲男与乙女领结婚证的行为是补办结婚登记，那么他们的婚姻关系应从2000年1月1日起算，民政部门也应该给他们出具登记时间为2000年1月1日的结婚证。但事实上，无论甲男和乙女什么时候去领证，民政部门都是以他们来领证的时间作为结婚登记和发给结婚证的时间。因此甲男和乙女的结婚证上的结婚时间是2010年1月1日，而不是2000年1月1日。如果甲男乙女于2012年1月1日离婚，那么哪些财产是夫妻共同财产，能够进行分割呢？比如，在2005年，甲男做生意赚了100万元，这笔钱是甲男婚前的个人财产，还是其与乙女的夫妻共同财产呢？若按照《民法典婚姻家庭编解释（一）》第6条的规定，甲男与乙女的婚姻关系应从2000年1月1日起算，所以这100万元应属于甲男与乙女的夫妻共同财产，乙女可以主张分割一半。但补办登记这一规定给法院处理案件带来了极大的麻烦：当事人可以凭结婚登记前的某些共同生活痕迹来推翻民政部门办理的结婚登记的效力。很多人把恋爱期间同居的一些资料当作证据，比如在信件中和聊天时互称“老公”“老婆”，恋爱期间同居生活等，主张双方已经以夫妻名义共同生活，从而要求分割对方在补办登记或结婚登记前的财产。这显然是不可取的。1994年实施《婚姻登记管理条例》的目的就是逐步规范婚姻登记制度，否定事实婚姻。但《婚姻法》第8条的规定把问题重新带回到事实婚姻的认定上，相当于法院不得不承认这些事实婚姻，而如今的《民法典》第1049条也没有改变这种状况。其实以当年参与《婚姻法》立法的同志来看，“应当补办登记”并没有使婚姻具有溯及既往的效力的意思，它更多的是一种倡导性条款，提醒和鼓励人民群众主动办理结婚登记。但这样规定确实产生了歧义，也与婚姻法对事实婚姻逐步收紧的趋势不相符。《民法典婚姻家庭编解释（一）》第6条正是基于这种有歧义的理解而产生的。虽然可能并不符合制度设计初衷，但是在我国运行多年，已经成为“新传统”。所以，虽然我国法律原则上不承认事实婚姻，但是仍可以通过补办登记的溯及既往效力赋予登记前的这段事实婚姻以法律效力。

难点问题6：婚姻登记瑕疵问题

婚姻登记瑕疵是指结婚登记程序中，由于实质要件或者形式要件不符合法律规定而产生的瑕疵。结婚登记的瑕疵一般被分为实体要件欠缺型的瑕疵和形式要件欠缺型的瑕疵。

（1）实质要件欠缺型婚姻登记瑕疵。

所谓实质要件不符合规范，是指婚姻登记机关需要通过审查当事人提供的身份证、证明材料来审查当事人是否已经达到法定婚龄、结婚是否出于双方自愿等结婚的实质要件，如果当事人伪造这些材料，就会造成登记瑕疵。本质上，所谓的“实质要件不符合的登记瑕疵”实际上指的是婚姻成立或者生效要件的欠缺，它并非一个独立的问题，可能分别是婚姻不成立或者婚姻无效或者婚姻未生效等问题。

关于婚姻无效，《婚姻法》第10条规定：有下列情形之一的，婚姻无效：“（一）重婚的；（二）有禁止结婚的亲属关系的；（三）婚前患有医学上认为不应当结婚的疾病，婚后尚未治愈的；（四）未到法定婚龄的。”

《民法典》第1051条规定：“有下列情形之一的，婚姻无效：（一）重婚；（二）有禁止结婚的亲属关系；（三）未到法定婚龄。”

这意味着，如果当事人意欲主张婚姻无效，他只能在《婚姻法》第10条规定的四种情形中或《民法典》第1051条规定的三种情形中找到理由，否则法院将驳回其诉讼请求。但《民法典婚姻家庭编解释（一）》第17条规定：

当事人以民法典第一千零五十一条规定的三种无效婚姻以外的情形请求确认婚姻无效的，人民法院应当判决驳回当事人的诉讼请求。

当事人以结婚登记程序存在瑕疵为由提起民事诉讼，主张撤销结婚登记的，告知其可以依法申请行政复议或者提起行政诉讼。

虽然《婚姻法》第10条和《民法典》第1051条对婚姻的效力作了封闭式的规定，但《民法典婚姻家庭编解释（一）》第17条给当事人提供了一个更广阔的空间。因此在司法实践中出现了这样的情况：一方当事人想摆脱婚姻，但因不符合《婚姻法》和《民法典》规定的几种情形，他就转而起诉婚姻登记机关颁发结婚证的程序存在瑕疵，进而主张撤销结婚登记。由此导致实践中很多原本应该通过婚姻不成立或者婚姻无效来解决的纠纷，只能通过婚姻登记瑕疵程序解决，即进入行政复议或者行政诉讼程序。所以我国实践中，婚姻登记瑕疵案件涉及了很多实质要件缺乏的婚姻。下举一例加以说明。

2004年，张红与李黄之弟李蓝同居生活，生有二女。2006年，张红欲到民政部门申请补办结婚登记。因李蓝未到结婚年龄，张红隐瞒事实真相，在李黄及李蓝均未到场的情况下，找他人冒名顶替到场签字，并以李蓝之兄李黄的名字申请办理了结婚登记。2008年6月，张红向法院起诉，请求判决与李黄离婚。后申请变更诉求为宣告婚姻无效。2008 年 11 月，民政部门根据张红的申请撤销了张红和李黄的结婚登记，收缴了结婚证。据此，法院裁定终结诉讼。

这是一个典型的通过撤销婚姻登记来解除婚姻关系的案件。本案争议的焦点在于，张红与李蓝之间是否存在婚姻关系。从表面上看，二人以夫妻名义共同生活并生有子女，符合事实婚姻的外观。按照《民法典婚姻家庭编解释（一）》第 6 条的规定，若张红与李蓝补办结婚登记，婚姻的效力是可以溯及二人同居期间的。但真正与张红补办登记的是李黄，而不是李蓝。换言之，张红与李蓝之间存在事实婚姻关系，却没有办理结婚登记。此案发生在 1994 年之后，我国法律不再承认事实婚姻，因此张红和李蓝之间没有婚姻关系。再看张红和李黄之间：尽管二人办理了结婚登记，但是冒名顶替办理的，他们之间并不存在结婚的意思表示，根本不成立婚姻关系。在我国，并没有"婚姻不成立"的诉由，根据《婚姻法》第 10 条的规定当事人也无法主张婚姻无效。因此张红只能通过撤销婚姻登记来达到目的。若要撤销婚姻登记，则本案的被告就不再是李黄，而是作为婚姻登记机关的民政部门。本案中的民政部门根据张红的申请撤销了张红和李黄的结婚登记，收缴了结婚证。但在司法实践中，这种情况非常少，很多"被结婚"的当事人往往先要申请行政复议程序再提起行政诉讼，而行政诉讼中他们败诉的可能性极大，因此他们便一直没有办法结婚。而这类由"被结婚"、实质要件欠缺型的登记瑕疵引发的案件，在司法实践中已经出现了很多。

（2）形式要件欠缺型婚姻登记瑕疵。

形式要件欠缺型婚婚姻登记瑕疵，又被称为程序要件欠缺型婚姻登记瑕疵。通常情况下，程序要件欠缺型婚姻登记瑕疵并不影响婚姻的效力，比如双方在非户籍地的婚姻登记机关办理结婚手续，虽然从程序上看是存在瑕疵的，但并不影响婚姻的效力。但如果存在较为重大的程序瑕疵，问题就不简单了。试举著名的"胡某招与张某娣案"为例。

"胡某招与张某娣案"又被称为"千亿遗产案"，具体案情是：浙江人胡某招于 2000 年 3 月在上海成立新 7 股投资发展有限公司，注册资金为人民币 3 000 万元，胡某招占 70％的股份。2002 年 2 月，胡某招与张某娣登记结婚，后生下女儿胡某春。同年10月，胡某招去世。因生前未留遗嘱，其妻张某娣、女儿胡某春、母亲郑某菊以及胡某招与前妻所生之子胡某飞之间就所谓“上亿”遗产分割问题发生争议。该案成为当时上海最大的遗产纠纷案。

本案争议的焦点问题就是胡某招与张某娣之婚姻的效力问题。2002年张某娣和胡某招办理结婚登记时，胡某招因为与结婚登记员发生纠纷而离去。之后，胡某招的堂兄胡某定拿来胡某招的离婚证、张某娣的婚姻状况证明，以及胡、张两人的身份证等证件，并在结婚登记申请书中代胡、张两人签名，代领了两人的结婚证。另外，胡、张二人于2001年在胡家举行了订婚仪式，双方父母及亲朋好友都到场。胡死后，胡的墓碑上刻有胡、张二人的名字。

本案的问题在于，若二人的婚姻关系合法有效，则张某娣可以作为第一顺位继承人参与遗产的分割；若婚姻关系无效，张某娣就不能作为胡某招的继承人分配遗产。这个案件引起了法学界的高度关注，各派学者争议颇大。审理此案的法院也拿不准主意，只好向浙江省高级人民法院请示，而浙江省高级人民法院又向最高人民法院请示。最高人民法院对此案作出批复，大致意思为：若当事人没有结婚的实质意思，且欠缺结婚的形式要件，则婚姻应属无效。然而本案中虽然结婚程序存在重大瑕疵，但胡某招与张某娣具有结婚的实质意思，因此最后法院判决程序瑕疵不影响婚姻的效力，张某娣与胡某招的婚姻关系是有效的。也是从这个案件开始，我国司法实践中逐渐形成了这么一项处理原则：通常情况下，形式上的瑕疵不影响婚姻的效力。

难点问题7：婚约问题

所谓婚约，是指男女双方以结婚为目的而作的事先约定。订立婚约的行为，被称为订婚。婚约的当事人俗称未婚夫妻。婚约的效力经历了一个演变的过程。在古代，婚约曾经是婚姻行为本身不可缺少的部分。在近现代，订立婚约已经不是婚约的成立要件。即使订立了婚约，不仅在当事人之间不发生身份关系，也不得请求强制执行。

关于婚约的性质，有契约说[①]和非契约说[②]两种观点。而现在世界各国主流的观点大多支持非契约说，认为婚约具有一定的道德约束力，但不具有法

① 李永军. 婚姻属性的民法典体系解释. 环球法律评论，2021 (5)：102-115.

② ［德］迪特尔·施瓦布. 德国家庭法. 王葆莳，译. 北京：法律出版社，2010：25.

律约束力。我国现行法对婚约未加规定，属于“既不提倡也不反对”，宜认为婚约只是一种具有道德拘束力的协议，属于“情谊行为”，因此应采取非契约说。因此，单纯地解除婚约并不会产生任何的法律后果，违背婚约的后果基本上是道德上的谴责。但是如果存在故意以违反善良风俗的方法侵犯对方利益时，比如，通过订立婚约的方式来骗取对方的财物等，则可能构成侵权。

难点问题 8：彩礼问题

1. 新中国彩礼制度的发展历程

对彩礼可以定义为拟建立婚姻关系的当事人一方（主要指男方）及其亲属依据习俗向对方（主要指女方）及其亲属给付的钱物。依据收受主体的不同，它可以分为“女方获得的彩礼”和“女方亲属获得的彩礼”。依据财产的表现形式不同，它可以分为“贵重物品式的彩礼”和“金钱式的彩礼”。但是，一方在节日、生日等有特殊纪念意义时点给付的价值不大的礼物、礼金，一方为表达或者增进感情的日常消费性支出，其他价值不大的财物，不属于给付彩礼。[①]

对结婚前或者结婚时给予对方金钱或者其他财物这一行为的性质，该如何认定？我国立法的态度经历了从严格控制到逐渐放任的一个转变过程。在新中国成立初期，聘金或聘礼的性质被分为买卖婚姻性质、变相买卖婚姻性质以及赠与性质三类。法律对其中前两类严格打击，一经发现就将相关财产予以没收。改革开放以来，随着人们思想和社会观念的逐步转变，法律逐步将给付彩礼、聘金或聘礼原则上都推定为赠与，并不再对三者进行明确区别，不再一味地对当事人施以处罚、没收财物。这也是目前司法实践中处理彩礼纠纷的基本现状。

虽然允许给付彩礼了，但是此后司法实践中出现的新问题是，给付彩礼后可能因为婚没有结成或者虽然形式上结婚了但是没有共同生活或者彩礼给付人生活困难等情形，彩礼给付人主张返还彩礼。为了应对这一现实问题，最高人民法院于 2003 年发布《婚姻法解释（二）》于第 10 条规定：

当事人请求返还按照习俗给付的彩礼的，如果查明属于以下情形，人民

① 参见《彩礼规定》第 3 条第 2 款。

法院应当予以支持：

（一）双方未办理结婚登记手续的；

（二）双方办理结婚登记手续但确未共同生活的；

（三）婚前给付并导致给付人生活困难的。

适用前款第（二）、（三）项的规定，应当以双方离婚为条件。

该条成为我国长期以来处理彩礼返还问题的基本规则，并被《民法典》通过后的《民法典婚姻家庭编解释（一）》第5条吸收。

然而，随着时代的发展，该规则因为过于刚性而逐渐不能适应社会的变化，实践中又出现了很多新的争议性问题，例如：双方结婚后虽然共同生活了，但是共同生活的时间非常短，能否请求返还彩礼？再如：虽然没有结婚但是共同生活了，尤其是生育了子女的，能否请求返还彩礼？

因此，最高人民法院于2023年11月出台了《彩礼规定》，并在其中引入了动态系统论，以尽可能涵盖更多的情形。其中第5条规定："双方已办理结婚登记且共同生活，离婚时一方请求返还按照习俗给付的彩礼的，人民法院一般不予支持。但是，如果共同生活时间较短且彩礼数额过高的，人民法院可以根据彩礼实际使用及嫁妆情况，综合考虑彩礼数额、共同生活及孕育情况、双方过错等事实，结合当地习俗，确定是否返还以及返还的具体比例。""人民法院认定彩礼数额是否过高，应当综合考虑彩礼给付方所在地居民人均可支配收入、给付方家庭经济情况以及当地习俗等因素。"第6条规定："双方未办理结婚登记但已共同生活，一方请求返还按照习俗给付的彩礼的，人民法院应当根据彩礼实际使用及嫁妆情况，综合考虑共同生活及孕育情况、双方过错等事实，结合当地习俗，确定是否返还以及返还的具体比例。"

2. 彩礼给付行为是否具有对价性

《彩礼规定》不仅将过错因素引入彩礼返还的条件当中，改变了《民法典婚姻家庭编解释（一）》当中规定彩礼返还不问过错的裁判立场，还将动态系统论作为彩礼返还的具体审判方法，打破了《民法典婚姻家庭编解释（一）》在彩礼返还具体审判方式上采取构成要件论的僵化局面。新的规定显然更加符合社会主义核心价值观，有利于形成良好的社会风尚，但是也带来了解释论上的疑问：《彩礼规定》看起来似乎将彩礼的给付作为共同生活、孕育子女的对价，那么这一变化是否改变了其赠与的性质？

正如前文所述，我国立法对彩礼的态度经历了从严格控制到逐渐放任的一个转变过程，将给付彩礼界定为赠与是新中国允许这个制度存在的前提。然而，在这一现状下，民法理论界关于彩礼的性质为何产生了新的争议，其核心问题就是：给付彩礼是否为普通赠与？大部分学者认为，给付彩礼并不是普通赠与，在承认涉及婚姻的赠与并非普通赠与的情形下，不能直接适用合同法关于普通赠与的规定。那对这个“不普通”又该如何理解？即彩礼的效力强于普通赠与还是弱于普通赠与呢？在这个问题上，学者们有着较大的分歧，而最终这些分歧往往走向了两个截然不同的方向，其中一种观点认为，给付彩礼比普通赠与的效力要强。① 换言之，给予彩礼的一方不能像赠与人那样享有任意撤销权。有学者主张：彩礼的给予并非赠与，而应该被解释为一种独立的合同类型。这类合同具有对价性，支付彩礼的对价包括对方愿意同你结婚、愿意为家庭付出等。因此，这类合同具有很强的拘束力，应该根据中国传统习俗确立例外情形下的返还规则（如“女方悔婚则返还彩礼”），而不能简单地适用合同法中赠与合同任意撤销权的规定。② 另一种观点则认为，给付彩礼的效力不及普通赠与的效力。③ 换言之：一方面，彩礼给付前的任意撤销权不受影响；另一方面，在某些特定条件下即使彩礼给付后，仍可以索回。依据《民法典婚姻家庭编解释（一）》第 5 条、《彩礼规定》第 5 条和第 6 条的规定，在满足一定条件的情况下，彩礼给予的一方仍可以要回当初已经交付的彩礼。因此，彩礼给予的效力显然弱于普通赠与的效力。

从我国司法实践对聘金、聘礼的态度转变可以看出，法律对彩礼、聘金或聘礼管制逐步放开的前提在于法律将它作为赠与。如果我们承认彩礼、聘金或聘礼具有对价性，相当于回到否定其具有赠与性质的态度。而法律对于具有对价性的彩礼、聘金或聘礼是严格控制的。2021 年以来，“中央一号文件”连续三年次对治理索要“天价彩礼”在内的不良社会风气提出要求。这是因为近些年来，因结婚索要高昂彩礼的现象已经引发了很多社会问题。特

① 王利明，郭明瑞，方流芳. 民法新论：下. 北京：中国政法大学出版社，1988：70.

② 金眉. 论彩礼返还的请求权基础重建. 政法论坛，2019（5）：149－158.

③ 史尚宽. 债法各论. 北京：中国政法大学出版社，2000：138；王泽鉴. 民法总论. 北京：北京大学出版社，2009：335.

别是在经济欠发达的地区，很多家庭条件本就不好的人为了结婚，不得不全家负债甚至借高利贷来筹备彩礼。且这种风气有愈演愈烈之势。它不仅使当事人背负沉重的经济负担和思想负担，也为婚姻家庭生活的不稳定以及日后矛盾的激化埋下了隐患。在《民法典》编纂的过程中，也有不少学者主张在《民法典》中明确禁止这类索要彩礼的行为，并采取“没收”等手段作为处罚。这些观点虽然一定程度上反映了民意，但是因为手段超出了民法的调整方法范围，最终并未被《民法典》采纳。但总体而言，对于过于高昂的彩礼，国家仍旧持否定态度，并正在通过政策和行政手段加以控制。因此主张将给付彩礼的效力往双务有偿的方向推进，使之具有对价性和拘束力，不仅容易激化社会矛盾，还与国家的政策方向相背离。可能在目前，我们并没有特别好的手段和方法全面遏制索要“天价彩礼”这一社会现象，但最起码不应该推波助澜，为其提供理论基础。因此，笔者赞同给付彩礼并不是普通赠与的观点，但应向其效力弱于普通赠与效力的方向进行理论构建。

3. 彩礼给付行为应被解释为附解除条件的赠与合同

那么给付彩礼究竟是何种性质的赠与？由《彩礼规定》第 1 条可知给付彩礼是以婚姻为目的的赠与，那么对此处的“以婚姻为目的”该如何理解？该目的仅仅是单纯的动机还是结婚的条件、义务抑或行为基础呢？若将该目的理解为单纯的动机，那么通常而言，单纯的动机并不影响赠与的效力，因此没有探讨的必要。那么该目的究竟是结婚的条件、义务还是行为基础呢？对此学界形成了附条件的赠与说①、附义务的赠与说②和以结婚为行为基础的赠与说③三种观点。关于附条件的赠与说和附义务的赠与说，在给付彩礼的场合考察，二者的本质区别在于，如果把结婚设定为一种义务，那么接受彩礼的一方不愿意结婚的话，给予彩礼方是可以强制对方履行结婚义务的。依附义务的赠与说，结婚是一个必然的结果。而依附条件的赠与说，结婚是一

① 林诚二. 民法债编各论. 北京：中国人民大学出版社，2003：224；金眉. 论彩礼返还的请求权基础重建. 政法论坛，2019（5）：149－158；刘彬彬. 彩礼返还制度基于民法典精神的反思与重构. 天津法学，2021（2）：53－60.

② 周辉斌. 论附负担赠与合同的含义及效力. 时代法学，2006（6）：44－50.

③ 罗师. 论彩礼返还. 北京：清华大学，2023：183；夏静宜. 原因欠缺导致赠与财产返还的原理和规则. 交大法学，2024（1）：64－80.

个或然性问题，它受条件是否成就影响。比如，把结婚作为附生效条件的赠与，那么只有在结婚这个条件成就时，彩礼给付作为赠与才生效。没有结婚的话，给付彩礼的赠与合同就无法生效。但如果把结婚作为一项义务，那么一方当事人接受了彩礼，他就背负着与对方结婚的义务。换言之，如果把给予彩礼认定为附义务的赠与，那就相当于接受彩礼的一方有一个与给予方结婚的义务，而这项义务是可以被接受方强制履行的。然而这种理解显然违反了婚姻自由原则，我国法律也不承认婚姻具有人身强制性，因此把给予彩礼视为附义务的赠与是不可取的。虽然这种观点曾经在我国封建社会时期占据主导地位，婚约往往具有强制执行力，但在现代社会，附义务的赠与说已经被人们抛弃，不再具有学说竞争力了。

目前，理论界对附条件的赠与说和以结婚为行为基础的赠与说两种学说讨论较多。附条件的赠与说有两种分支学说，其中一种观点认为，所附的条件为生效条件①，而另一种观点则认为所附条件应为解除条件。② 关于附条件的法律行为，《民法典》第158条和第159条进行了系统规定。这两种观点的区别在于，条件成就之时所产生的法律效果是合同的生效还是合同的解除。通常认为，在给付彩礼的场合，当事人是以结婚为目的的。如果交付了彩礼却没结成婚，势必会产生给付彩礼的返还问题。如何构造给付彩礼返还的理论结构，涉及给付彩礼到底是附生效条件的赠与还是附解除条件的赠与的问题。如果我们将它理解为附生效条件的赠与，那么只要当事人没有结婚，关于彩礼的赠与合同就一直未生效，这就意味着接受了彩礼的一方须向对方返还这些彩礼。如果我们将它理解为附解除条件的赠与，那么只要当事人给予了彩礼，赠与合同即告生效。一旦当事人没有结成婚，导致该赠与合同的解除条件成就时，便产生标的物返还即彩礼返还的效果。从最终的效果来看，这两种观点的结论是一致的。但从学说竞争的角度来看，二者之间仍然存在高下。具体而言，虽然这两种观点指向的结论是一致的，但在从给予彩礼到缔结婚姻关系的中间状态的性质认定上，附解除条件的赠与说显然更具说服

① 林诚二．民法债编各论．北京：中国人民大学出版社，2003：224.

② 金眉．论彩礼返还的请求权基础重建．政法论坛，2019（5）：149－158；刘彬彬．彩礼返还制度基于民法典精神的反思与重构．天津法学，2021（2）：53－60.

力，因为：如果采附生效条件的赠与说，在此中间状态下，接受彩礼的一方占有这些财产没有任何法律依据，进而引出诸如无权占有、不当得利等更多的问题需要解决。而若采附解除条件的赠与说，则接受彩礼的一方当事人在正式缔结婚姻关系前保有这些财产是具有法律依据的，是天经地义的，也更符合中国的传统和社会观念。

近年来，也有不少学者主张学习德国法的经验，引入“行为基础丧失理论”①。该理论主张，当事人在缔结合同时存在一个共同的行为基础，一旦此基础丧失，就会导致合同效力减弱、合同被变更甚至被解除的后果。主张此理论的学者认为，给付彩礼和接受彩礼的当事人之间存在一个共同的行为基础，即结婚。如果这个基础不复存在，则关于彩礼赠与的合同便无存在的意义了，因此可以被解除或者变更。这种理论与附解除条件的赠与说的区别在于，前者把结婚作为彩礼赠与合同的行为基础或交易基础，而后者把结婚不成功作为彩礼赠与合同解除的条件。主张前者的学者往往批判后者中的解除条件是“想象”的，当事人并没有在合同中言明“不结婚就解除彩礼赠与合同”，所谓的解除条件只不过是旁人对他们意思作的“拟制”。但是如果仔细思考，行为基础同样是“拟制”的，当事人在合同中并未约定何为双方订立合同的基础。笔者认为，“行为基础丧失理论”是德国法学家为了解决《德国民法典》上包括共同错误（主观行为基础丧失）以及情势变更（客观行为基础丧失）等问题在内的制度漏洞而发展出来的，最终也被吸收进《德国民法典》。② 而我国《民法典》仅仅部分吸收了“客观行为基础丧失理论”，即在第533条规定了情势变更规则，而对于其他内容则并没有在条文中写明。在解释上宜认为这是立法上有计划的取舍，对“主观行为基础丧失”的问题可以通过重大误解（双方共同错误）解决③，对其他客观行为基础丧失的问题可以通过法律行为的解释，如法律行为附条件等理论分别解决。此外“行为基础丧失理论”类似于诚实信用、公序良俗等制度，具有高度的抽象性，在某

① 杨代雄. 法律行为基础瑕疵制度：德国法的经验及其对我国民法典的借鉴意义. 当代法学，2006（6）：68－74；王葆莳. 德国婚姻赠与返还制度研究. 中国应用法学，2020（3）：145－163.

② 关于“主观行为基础丧失”和“客观行为基础丧失”的区分，参见［德］卡尔·拉伦茨. 德国民法通论. 王晓晔，邵建东，程建英，徐国建，谢怀栻，译. 北京：法律出版社，2003：509.

③ 龙俊. 论意思表示错误的理论构造. 清华法学，2016（5）：117－133.

种程度上具有“向一般条款逃逸”的意味，反倒不如通过对具体的规则的解释解决此类问题。尽管有部分彩礼返还的情形符合《民法典》第533条规定的情势变更要件，但是更多情形并非在“订立合同时无法预见”。例如给付彩礼一方原本就不富裕，给付高额彩礼后生活困难几乎是必然的，显然是可以预见的。因此作为“行为基础丧失理论”在我国的具体体现的情势变更制度并不能覆盖所有彩礼返还的理论基础问题。

综上所述，笔者认为，在我国现行法律制度的框架下，将彩礼给付解释为附解除条件的赠与合同是合理的。《民法典婚姻家庭编解释（一）》第5条以及《彩礼规定》第5条和第6条都是在赠与合同的框架下，基于公序良俗、婚姻自由等原则对法律行为所附解除条件的拟制。

4. 彩礼返还中的过错要素

《民法典婚姻家庭编解释（一）》第5条在彩礼返还的条件构造当中未考虑过错因素，而《彩礼规定》第5条和第6条在对彩礼返还进行条件构造时，却将过错因素考量在内。那么，在彩礼返还当中是否应将过错因素考量在内呢？现实生活中的彩礼返还纠纷往往伴随着男女一方或双方有过错而导致婚约解除或离婚的情形。[①] 其实，在《彩礼规定》颁布、实施之前，虽《民法典婚姻家庭编解释（一）》第5条未将过错因素考虑在内，但是在彩礼返还案件的审判当中考量过错因素的做法越来越多。[②] 若对彩礼返还的认定不考虑过错因素的话，会产生如下三个问题：首先，有违公平原则。当男方存在明显过错导致婚约解除或离婚时，在男女双方已经存在一段共同生活事实的前提下，若不考虑男方过错要求女方返还彩礼的话，会对女方明显不公。其次，有违公序良俗原则。当男方存在重大过错，男方要求解除婚约并行使彩礼返还请求权时，法律不予考量该重大过错而径直允许解除婚约并返还彩礼的话，则与传统的善良风俗不符，不利于构建文明有序的婚约、彩礼秩序。最后，与《民法典》第1079条和第1091条的立法意旨相冲突。《民法典》第1079条规定在一方有法定的重大过错的情形下法院应当直接判决“准予离婚”；同

---

① 郑思清. 论彩礼返还的裁判困境与规则完善. 时代法学，2024（1）：86-94.

② 河北省沧州市中级人民法院（2017）冀09民终6820号民事判决书；浙江省温州市中级人民法院（2020）浙03民终7187号民事判决书；内蒙古自治区赤峰市中级人民法院（2022）内04民终304号民事判决书。

时《民法典》第1091条明确了无过错方可基于过错方的重大过错情形请求离婚损害赔偿。那么对于先行于婚姻的彩礼给付行为，同样应参照过错责任进行具体数额返还的认定。其实，关于彩礼返还在我国法制史上存在过错责任归责原则。《唐律疏议·户婚律》《大明律·户婚》《大清律例·户律·婚姻》均在婚约解除的问题上考虑过错，均会对过错方进行惩罚。可见，婚约解除方面采过错责任原则是我国古已有之的惯例。既然双方选择将给付彩礼这一习俗作为缔结婚姻的前提，那么在产生彩礼返还纠纷时，也应参照作为习俗的责任承担规则进行责任分配。我国台湾地区的婚约解除赔偿理论也认为应考虑婚约解除的过错及损失的范围，综合确定对无过错方的物质利益和精神利益赔偿。[①] 因此，若一方存在过错，导致婚约解除的，可以据此决定彩礼是否返还以及返还的比例，从而使过错方得到相应的惩罚，并在一定程度上对无过错方的利益进行保护。

那么在彩礼返还当中引入过错因素之后，该过错行为是什么呢？首先，单纯地解除婚约或者离婚行为本身并不属于过错。该行为是婚姻自由的一种表现，应被认定为权利的行使而非义务的违反，仅仅是男女双方感情彻底破裂之后所必然产生的结果。如果将它认定为过错则与婚姻自由原则相违背。其次，一般生活意义上的过错不应被考虑在内。如一方存在脾气暴躁、多愁善感等性格问题，或者一方存在作息不规律、好吃懒做等生活恶习之类，均不应作为过错考量因素进入彩礼返还条件当中。理由在于：一方面，国家法律不宜过多地介入婚姻家庭日常生活；另一方面，这些所谓的“过错”在裁判中也难以认定。最后，笔者认为，对彩礼返还中的过错可参照《民法典》第1091条关于离婚中过错方的重大过错情形予以认定。[②] 也就是说，一方存在重婚、与他人同居、实施家庭暴力，或者虐待、遗弃家庭成员等行为，或者达到类似程度的行为（如“与他人发生性关系并生育子女”[③]）时，可以被认定为彩礼返还中需要考量的过错。

---

① 史尚宽. 亲属法. 北京：中国政法大学出版社，2000：162.

② 胡云红，宋天一. 彩礼返还纠纷法律适用研究：以全国法院158份问卷调查和相关裁判文书为对象. 中国政法大学学报，2022（6）：5-27.

③ 广东省广州市中级人民法院（2023）粤01民终22907号民事判决书，河北省沧州市东光县人民法院（2023）冀0923民初92号民事判决书。

需要特别说明的是，《彩礼规定》并未规定在任何情形下都考虑过错，而是限定在“双方已办理结婚登记且共同生活”以及“双方未办理结婚登记但已共同生活”这两种情形。也就是说，存在共同生活是考虑过错的前提。并且《彩礼规定》只规范了彩礼给付后是否返还的问题，不涉及彩礼尚未给付时是否有给付义务的问题。这意味着：(1) 如果彩礼尚未给付，则无论是否存在过错，都不影响赠与合同的任意撤销权；(2) 如果双方没有共同生活，则无论是否存在过错，都不影响彩礼的返还。只有在彩礼已经给付且双方至少存在一段时间的共同生活的前提下，过错因素才会影响彩礼返还的判断。

5. 酌情返还的理论构造

《民法典婚姻家庭编解释（一）》第 5 条规定，只要满足所列三个条件当中的一个，男方便可主张彩礼返还请求权，要求女方全额返还彩礼。简而言之就是：满足条件，全额返还；不满足条件，不返还。可见，该条将“构成要件—法律效果”模式作为彩礼返还纠纷案件的裁判方法。此种方法被称为构成要件论。而《彩礼规定》第 5 条和第 6 条规定，彩礼返还应在通盘考量彩礼实际使用及嫁妆情况、共同生活及孕育情况、双方过错等多种因素的基础上，确定是否返还以及返还的具体比例。这种酌情返还的模式属于动态系统论的构造，即“构成要素—法律效果”模式：对各影响因素进行综合考量，最终根据各因素之间的位阶排序和互补作用确定某种法律后果。那么动态系统论与传统构成要件论相比是否具有特别优势呢？影响彩礼返还的动态因素包括哪些？各因素的作用力大小及位阶排序又如何呢？

(1) 动态系统论的特别优势。

奥地利学者威尔伯格于 20 世纪 40 年代提出动态系统论思想，其基本构想是调整特定领域法律关系的法律规范包含诸多构成因素，但在具体法律关系当中，相应规范所需因素的数量和强度有所不同，最终所形成的法律后果是多种因素的协同作用。[①] 动态系统论与传统构成要件论最大的区别是，构成要件论采取“构成要件—法律效果”的模式，秉持“全有全无”的原则[②]，

---

① ［日］山本敬三. 民法中的动态系统论：有关法律评价及方法的绪论性考察. 解亘，译//梁慧星. 民商法论丛. 第 23 卷. 香港：金桥文化出版（香港）有限公司，2002：177.

② 王利明. 民法典人格权编中动态系统论的采纳与运用. 法学家，2020 (4)：1-12.

即满足所有构成要件，则产生某种法律后果；不满足某一构成要件，则不会产生某种法律后果。面对彩礼返还纠纷案件本身的复杂多样，法官在审理各类彩礼返还纠纷案件时，若采用这一机械单向性思维进行司法裁判往往难得妥适判决结果。而动态系统论采“构成要素—法律效果”模式，强调对各影响因素进行综合考量，并对各因素进行位阶排序，最终根据各因素之间的位阶排序和互补作用产生某种法律后果。在具体的案件当中，对各个影响因素及其强度进行综合考量，并不要求每一个影响因素满足到什么程度，也不要求一定具备所有因素。甚至当某一个影响因素以特别强烈的方式出现时，就可以满足某种法律后果。故相较于传统的构成要件论，动态系统论考虑的因素更加广泛，能够更好适应复杂多变的法律关系，使裁判更具灵活性；通过预先规定法官需要考虑的具体因素，能够实现法律的确定性，从而提升判决的可预见性，限制法官的自由裁量权。① 随着《民法典》第998条在人格权益侵害的判定上明文引入了动态系统论，这一思路被我国学界和实务界全面接纳，不再限于人格权益侵害问题，各项制度的细则中都有体现。《彩礼规定》第5条和第6条将动态系统论引入彩礼返还案件的审判当中，能够更好适应彩礼返还案件的复杂多变。

（2）动态系统论的具体展开。

那么我们该如何建构彩礼返还当中的动态系统？动态系统论的基本构想是通过揭示要素与要素之间的动态协动关系来论证法律效果的正当性。② 因此，动态系统的建构主要包括以下两个步骤：一是选定系统内的各因素，二是厘清因素与法律效果之间以及各因素之间的协动关系。③ 结合彩礼返还制度进行分析，所谓选定系统内的各因素，是指确定彩礼返还中发挥评价作用的各种因素有哪些。所谓厘清因素与法律效果之间以及各因素之间的协动关系，是指确定影响彩礼返还的各种因素对彩礼返还的作用力有多大，以及各种因素之间的作用力该如何排序。具体表现为“因素A的存在，使彩礼返还效果P越多还是越少”，以及“因素A和因素B之间是同方向协动还是反方

---

① ［奥］海尔穆特·库奇奥. 动态系统论导论. 张玉东，译. 甘肃政法学院学报，2013（4）：40-47.

② 山本周平. 不法行為法における法的評価の構造と方法（三）. 法学論叢，2011（169）：53.

③ 周晓晨. 过失相抵制度的重构：动态系统论的研究路径. 清华法学，2016（4）：108-129.

向协动，若两者处于同一方向该如何排序”。《彩礼规定》第 5 条和第 6 条以男女双方是否结婚为标准，构建了两个动态系统，笔者分别将其命名为“已结婚的动态系统”和“未结婚的动态系统”。以是否结婚作为不同动态系统的分类依据，主要是考虑到结婚这一因素的重要性和可公示性。具言之，第一，彩礼给付以结婚为目的，是否结婚应作为彩礼返还的首要参考因素。第二，婚姻缔结通过登记能够对外公示，以是否结婚作为判断标准清晰、准确，同时结婚后离婚会对女方不利，日后会影响其再婚。下面笔者将结合上述两个步骤，对彩礼返还的两种动态系统进行具体建构。

第一步，选定影响彩礼返还中发挥评价作用的各种因素。

首先需要明确的是，动态系统具有开放性，但是这并不意味着因素信手拈来，相关因素必然是结合审判实践、融入价值判断、充分调研论证所得。由《彩礼规定》第 5 条和第 6 条可知，两种动态系统都要在考量彩礼实际使用情况及嫁妆情况之后，确定可返还彩礼总额的基础上予以适用。已结婚的动态系统以彩礼返还为例外，且以共同生活时间较短且彩礼数额过高为前提。未结婚的动态系统以彩礼返还为原则。此外，两者明文列举的动态因素也有些许不同。于已结婚的动态系统，其动态因素包括彩礼数额因素、共同生活及孕育情况因素、双方过错因素、当地习俗因素。当然，于未结婚的动态系统，其动态因素包括共同生活及孕育情况因素、双方过错因素、当地习俗因素。前者比后者多一个彩礼数额因素，理由应该是只有在办理结婚登记后才可以“数额过高”作为触发彩礼返还条件。没有办理结婚登记，则无论数额多少原则上接受方都应有返还义务，所以不再考虑彩礼数额。这种思路看似符合形式逻辑，却带来了解释上的不平衡：“彩礼数额过高”的事实在双方结婚的前提下可以影响返还比例，但是在双方没有结婚的前提下反而不能影响返还比例。这实际上是将要件化的思维代入了动态系统论的要素构建中。笔者认为，无论是已结婚的动态系统还是未结婚的动态系统都应将彩礼数额因素作为重要的评价因素，而且此种“列举＋兜底”的立法模式，并不排斥新因素的加入。此时，彩礼返还的两种动态系统实现了一个评价要素的统一。那么为什么要选择以上四个因素作为彩礼返还的评价因素呢？这四个因素的内涵和外延究竟如何？关于双方过错因素前已论述，此不赘述，下文笔者将结合审判实践，融入价值判断，对彩礼数额因素、共同生活及孕育情况因素和当地习俗因素作如下分析：

一是彩礼数额因素。通常而言，彩礼数额越高，在涉及彩礼返还问题时由彩礼所引起的矛盾纠纷往往会越激烈，因此在彩礼返还的动态系统建构当中考量彩礼数额因素是十分必要的。正如前文所述，近些年来，因结婚索要高昂彩礼的现象已经引发了很多社会问题，中央也已下定决心要遏制这股不良风气。在此背景下，把超出正常彩礼数额的部分，作为应予返还的彩礼予以考量，不仅能够在某种程度上抑制索要“天价彩礼”陋习，还能够实现对因彩礼给付而陷入生活困难的给付方这一弱势群体的特别关照。那么彩礼是否属于“天价彩礼”该如何认定呢？应根据当地年度人均可支配收入以及给付方的经济水平综合判断。一般而言，彩礼数额不应超过上一年度当地城镇居民人均可支配收入的三至四倍。① 同时，若给付方经济条件较好，这一标准可适当提高；若给付方经济水平较差，这一标准可适度降低。由《民法典婚姻家庭编解释（一）》第 5 条可知，不能因彩礼给付而使给付方陷入生活困难。此处的困难指绝对贫困，即依靠个人财产或离婚时分得的财产无法维持当地基本生活水平的一种状况。

二是共同生活及孕育情况因素。给付彩礼的目的显然是建立并维持稳定的共同生活，故彩礼给付所指向的婚姻应为实质意义上的婚姻，而非办理结婚登记这种形式意义上的婚姻。早在《彩礼规定》颁布、实施之前，虽然《民法典婚姻家庭编解释（一）》仅以是否结婚作为彩礼是否返还的重要标准，但是司法实践当中往往会以“共同生活”取代“办理结婚登记”②，故应以共同生活时间的长短作为衡量共同生活是否存在、是否稳定的重要指标，不问共同生活发生在婚前还是婚后。在共同生活期间往往存在着女性妊娠、分娩、抚育子女等情况，而我国有通过结婚“传宗接代”的传统，故生育应作为结婚的一个重要内容。③ 当存在女性生育子女的情况时，也应将该因素作为重

① 王丹. 彩礼纠纷现状及司法应对. 人民司法，2023（16）：50－53.

② 浙江省宁波市海曙区人民法院（2021）浙 0203 民初 4685 号民事判决书，甘肃省兰州市中级人民法院（2021）甘 01 民终 4570 号民事判决书，安徽省黄山市中级人民法院（2021）皖 10 民终 648 号民事判决书。

③ 王丹. 新形势下彩礼纠纷的司法应对. 中国应用法学，2024（1）：133－142.

要考量因素。[①] 究其原因，不仅有其为结婚的重要内容，还有生育子女会对女性身心产生较大影响，应对妇女权益予以特殊保护。当然，此处的孕育情况不仅包括怀孕并生育的情况，也包括怀孕并流产的情况——流产对女性的身心影响更大，且未违背通过结婚“传宗接代”的初衷，故也应将它作为影响彩礼返还的重要因素。[②]

三是当地习俗因素。虽然追求婚约、婚姻自由，摆脱传统婚姻家庭观念束缚，是现代婚姻家庭法的发展趋势，但是婚姻习俗仍具有强大的生命力，双方当事人在缔结婚姻时，往往会选择参照习俗订立婚约。婚约习俗中不违背公序良俗的习惯显然能够上升为习惯法，直接作为案件的审判依据。《彩礼规定》短短 7 条，仍有 7 处提到了习俗。可见在彩礼返还纠纷案件审判当中，习俗是法院裁判的一个重要考量因素。[③] 双方选择彩礼，往往就意味着双方知晓和认同这一习俗。[④] 故在对是否属于彩礼、是否需要返还、如何进行返还等方面进行裁判的过程中，应结合当地彩礼习俗进行综合考虑。给付彩礼时依照彩礼习俗，返还彩礼时，也应参照相关习俗进行综合考量。当然，彩礼习俗因地、因时、因势而变，需要在个案中具体认定。[⑤]

第二步，确立影响彩礼返还的各种因素对彩礼返还的作用力有多大以及各种因素之间的作用力该如何排序。

彩礼返还当中引入动态系统论，使法官在确定责任时对彩礼数额因素、共同生活及孕育情况因素、双方过错因素、当地习俗因素的作用力大小以及该作用力在整体权重中的相互关系，作出一个综合、动态的评估，相较于构成要件论而言更为科学。上述因素作用力的具体表现为：“彩礼数额越高，则

① 司法实践当中亦有部分判决将生育子女作为减少彩礼返还的重要因素予以考虑，参见河南省洛阳市洛宁县人民法院（2019）豫 0328 民初 149 号民事判决书，河南省周口市中级人民法院（2020）豫 16 民终 2071 号民事判决书，四川省凉山彝族自治州中级人民法院（2021）川 34 民终 495 号民事判决书。

② 司法实践当中亦有部分判决将女性流产作为减少彩礼返还的重要因素予以考虑，可参见江苏省宿迁市中级人民法院（2019）苏 13 民终 129 号民事判决书，河南省南阳市中级人民法院（2023）豫 13 民终 7441 号民事判决书，安徽省宿州市中级人民法院（2023）皖 13 民终 4385 号民事判决书。

③ 司法实践当中亦有部分判决将当地习俗作为彩礼返还的重要因素予以考虑，可参见山东省临沂市兰陵县人民法院（2019）鲁 1324 民初 977 号民事判决书，河南省周口市郸城县人民法院（2019）豫 1625 民初 439 号民事判决书，青海省玉树藏族自治州中级人民法院（2019）青 27 民终 63 号民事判决书。

④ 金眉. 中国特色婚姻家庭法的制度建构. 南京社会科学，2019（11）：94－100.

⑤ 罗师. 论彩礼返还. 北京：清华大学，2023：183.

返还越多”，“共同生活时间越长，存在孕育情况，则返还越少”，“给付方过错越重大，返还越少”，“给付方式和内容与当地习俗的相似度越高，返还时越应参照彩礼习俗进行返还”。各种因素作用力的排序为共同生活及孕育情况因素、彩礼数额因素、双方过错因素、当地习俗因素。究其原因如下：首先，应将共同生活及孕育情况因素放在首位。给付彩礼的根本目的就是建立并维持稳定的共同生活并传宗接代。其次，应将彩礼数额因素放在第二位。彩礼数额过高，不仅是需要遏制的不良风气，还是导致部分彩礼给付方生活困难的重要原因。若给付彩礼导致给付方生活困难，会使给付方的生存权无法得到保障，而生存权作为最基本的人权之一，应受到特殊关照，再次，应将双方过错因素放在第三位。过错因素是导致婚约解除、离婚的重要原因，将它纳入动态衡量因素能体现婚姻中的诚信、忠诚等传统道德观。但是相较于共同生活及孕育情况因素、彩礼数额因素，它并未触及婚姻的根本，也并非我国目前社会问题的核心，因此，虽然过错因素的引入有重要意义，但是权重不宜太大。最后，应将当地习俗因素放在第四位。摆脱传统婚姻家庭观念束缚，是现代婚姻家庭法立法和司法的发展趋势，彩礼给付行为本就应依照习俗而为之，在彩礼返还的考量中，虽不能完全不顾习俗，但是也不能将习俗当成金科玉律。构建一个完整的动态系统规范时，应将法律效果考虑在内，因此还需要基础评价乃至原则性示例。所谓的基础评价是指在仅考虑一个因素的情况下，其满足到何种程度，能达到某种效果。[①] 例如，若男女完全未曾共同生活，则应判决全额返还彩礼，不用考虑过错等其他因素。所谓的原则性示例是指考虑多个因素的情况下，其相互作用后达到何种程度，能达到某种效果。例如，虽然共同生活了一定时间，但是如果女方存在前文所述的过错，则也可部分返还彩礼。再如，共同生活时间比较短，原本应该返还较高比例的彩礼，但是因为男方存在过错，所以应该返还较低比例的彩礼，甚至不返还彩礼。当然，随着经济、社会的不断发展，人们价值观念的不断转变，彩礼返还动态系统当中的各因素以及各因素的作用力大小以及其排序也会不断修改和调整，最终合理契合彩礼返还案件的审判需要。

---

① 解亘，班天可. 被误解和被高估的动态体系论. 法学研究，2017（2）：41－57.

6. 彩礼返还的请求权基础

由上文可知，彩礼给付行为应被解释为附解除条件的赠与合同，经过一系列复杂的判断解除条件成就时，彩礼给付方便可以请求返还彩礼。那么接下来的问题是：请求权的性质该如何认定？试举一例。甲男与乙女之间存在一个关于向乙女赠与一套房屋的彩礼赠与合同，如果甲男与乙女最终并未结婚且未共同生活，则这个赠与合同视为被解除。如果甲男已经将房屋的产权变更登记在乙女名下，那么甲男要求乙女返还房屋的请求权的性质是什么？如果甲男以缔结婚姻关系为目的向乙女赠与一枚项链，但最终双方并未结婚且未共同生活，那么甲男主张乙女返还项链的请求权的性质又是什么？如果甲男对乙女的赠与是10万元人民币，但最终双方并未结婚且未共同生活，那么甲男主张乙女返还10万元人民币的请求权的性质又是什么？这里就涉及物权变动模式的选择问题。

依持物权形式主义且承认物权行为无因性的理论，需要对物权行为和债权行为进行区分，对且二者效力各自独立判断。彩礼赠与合同被认为是一个单纯的债权合同，不包含移转标的物所有权的意思表示，移转标的物的意思表示要延后到不动产所有权的变更登记前或者动产交付时才存在。甲男对乙女的彩礼赠与合同因解除条件成就而溯及既往地不发生效力，但是移转房屋所有权的物权行为之效力不受债权行为之效力的影响，因此只要完成了变更登记，物权变动就已经发生。然而，因为作为债权行为的彩礼赠与合同不存在了，故乙女获得的房屋所有权欠缺法律上的原因。因此甲男可以基于不当得利请求乙女返还房屋所有权。对于已经交付的项链、价金也可作此理解，甲男均可以基于不当得利请求乙女返还。

依债权形式主义理论，并不用区分物权行为和债权行为，设定债权的意思表示和变动物权的意思表示通常均存在于统一的债权合同之中。由于作为统一的债权合同的彩礼赠与合同被认定为溯及既往地不发生效力，所以甲男对乙女赠与的财产的所有权也溯及既往地自动恢复到了甲男这里。当标的物是房屋时，由于给付彩礼时标的物已经登记到了乙女名下，登记簿显示的所有权人是乙女，而这与现实的真实情况并不相符合，因此甲男可以行使更正登记（并非权利变更登记）请求权。如果房屋不仅登记在乙女名下，并且已经交付给乙女，则甲男还可以主张/行使所有物返还请求权。对于已经给付的项链等动产，甲男可以行使所有物返还请求权，要求实际占有人乙女予以返还。若甲男给付的彩礼是10万元人民币，则情况会有一些特殊：对于金钱或价金这类标的物的返还，通说认为因其属于高度流通物，几乎不存在标的物本身的返还①，因此，针对金钱/价金的返还通常只可能是不当得利之返还，而不会是原物的返还。对于金钱/价金主张原物的返还请求权，只有在极少数情况下才可能实现，比如对于封存的"封金"、具有特定化意义的纪念币等，可以主张原物的返还。所以，即便彩礼赠与合同被认为溯及既往地无效，但乙女仍然获得了这10万元人民币的所有权。此时甲男可以主张不当得利的返还。

依持物权形式主义且不承认物权行为无因性的理论，同样需要区分物权行为和债权行为，彩礼赠与合同也被认为是一个单纯的债权合同，但是债权行为的效力是物权行为之效力的前提。债权行为之效力一旦被认定为溯及既往地消灭，物权行为的法律效力也随之溯及既往地消灭。换言之，该理论认为物权行为是有因的，其效力与债权行为的效力相互绑定。尽管在理论证成上其与债权形式主义不同，但是在彩礼返还的请求权基础上其与债权形式主义并无二致。

关于我国物权变动是采取债权形式主义还是物权形式主义的争论持续了数十年，至今仍在讨论。对此学术争议问题，《民法典》尽管没有明确表明立场，一大部分条文的规定，无论是依债权形式主义还是依物权形式主义，都可解释得通，因此采取哪种模式是一个解释选择问题。笔者赞成在债权形式主义模式下解释彩礼返还的请求权基础，理由在于：一方面，债权形式主义和登记对抗主义的相互兼容性更强，更加有利于为《民法典》构建统一的物权变动基础理论；另一方面，在债权形式主义下，除了价金的返还请求权在

---

① 梁慧星. 中国物权法草案建议稿. 北京：社会科学文献出版社，2000：37；王利明. 中国物权法草案建议稿及说明. 北京：中国法制出版社，2001：4. 当然近来亦有学者批判该理论，认为应该以更为基础的混合制度等来解释这一现象。参见其木提. 货币所有权归属及其流转规则：对"占有即所有"原则的质疑. 法学，2009（11）：58－68；朱晓喆. 存款货币的权利归属与返还请求权：反思民法上货币"占有即所有"法则的司法运用. 法学研究，2018（2）：116－135；孙鹏. 金钱"占有即所有"原理批判及权利流转规则之重塑. 法学研究，2019（5）：25－43. 实际上，这两种解释路径在大多数情况下殊途同归，只是混合路径相较于"价金的占有即所有"路径，承认物权性质的返还请求权的情形相对更多。

大多数情况下不得已只能是债权请求权，特定物的返还请求权均为物权请求权，从而在某些情形下更有利于彩礼返还的实现。例如，乙女收到作为彩礼的特定物后，又将该物的所有权移转给第三人丙。(1) 当彩礼返还请求权是不当得利返还请求权时，一方面，甲男可以基于《民法典》第 987 条要求乙女返还相应价值。另一方面，如果乙女无偿将该物赠与第三人丙，则甲男可以依据《民法典》第 988 条要求丙返还不当得利（指向该物的所有权）。如果乙女有偿将该物转让给第三人丙，则仅在满足债权人撤销权的行使要件时，甲男才能要求丙返还该物。(2) 当彩礼返还请求权是物权请求权时，甲男可以直接对丙主张物权请求权，除非丙系善意取得。比较债权人撤销权和善意取得的构成要件后会发现，彩礼返还请求权是物权请求权时具有明显优势。[①] 因此，从尽可能实现彩礼返还效果的立法目的来看，应采取债权形式主义的理论框架。

第二节 婚姻的效力评价

婚姻的有效指的是已经成立的婚姻因符合法定的有效要件而被法律赋予法律效力，在当事人之间形成法定的夫妻权利义务关系。

一、婚姻的有效要件分类

1. 公益要件和私益要件

婚姻的有效要件可分为公益要件和私益要件。前者是指与社会公共利益相关的要件，如近亲婚的禁止。后者则是指仅与私人利益相关的要件，如意思表示真实。作此类区分主要是回答为什么要使某些婚姻有效而使某些婚姻无效的问题。设立公益要件是从社会公共利益的角度考虑，一旦欠缺这类要件所产生的法律效果往往是法律行为的无效即婚姻的无效。欠缺私益要件，比如当事人意思表示不真实或存在对一方当事人不公平的情形等，其所产生的法律效果则一般为法律行为的可撤销即婚姻可以因撤销权人行使撤销权而

---

① 对此问题，笔者在论证连环撤销规则昙花一现的原因时有详述，参见龙俊. 债之保全和转让规则的发展与创新，中国法律评论，2023 (6)：32 - 43。

被撤销。

2. 积极要件和消极要件

对婚姻的有效要件还存在一种区分，即积极要件与消极要件：前者正面描述了有效的要件，后者则从反面描述了无效或者可撤销的要件。其实在《民法典》中，很多条文都涉及积极要件和消极要件的问题。法律条文就一个问题进行正面的描述，比如规定一个法律行为有效应当符合某些条件，那么这些条件就是这个法律行为的积极要件。如果法律条文规定，当存在某些情形时法律行为将无效或被撤销，那么这些情形就是所谓的消极要件。

难点问题 9：积极要件和消极要件的区分是否影响证明责任分配

民事诉讼法中非常著名的“规范说理论”，又被称为“罗森贝克证明责任论”，认为：简而言之，如果当事人主张一项事实成立，就需要拿出证据对该主张进行证明，这就是承担主观证明责任。如果当事人提出了主张，但对该主张的证明未能达到相应的证明标准，则该主张即未获得证明，此时他就需要根据法律规定承担相应的不利后果，此即为承担客观证明责任。一般来说，主观证明责任比较符合人们的直觉，但为什么还要提出客观证明责任？它要解决的问题是什么？假设我们的理论只承认主观证明责任说，那么司法实践中就会大量出现法官无法判断事实的真伪的情况。比如，某人通过支付对价的方式购买了一个标的物，此时出现第二个人主张该标的物的所有权归他，出卖人系无权处分，要求购买人返还标的物。而购买人则主张其系善意取得，因此其已经得到了这个标的物的所有权。于是关于购买人获得标的物时是善意还是恶意就成了处理此案的关键。购买人自然主张自己为善意，而要求返还标的物的人则主张其为恶意。他们只要都能就自己的主张提出证据，就完成了证明责任。但这样显然无法帮助法官作出判断，这也是主观证明责任说的局限所在，它无法解决法官应听信哪一方的举证而作出裁判的问题。而在客观证明责任说框架下，就善意与否的事实，证明责任仅由一方当事人承担，如果这一方当事人无法提供证据完成其证明责任的话，不利的后果自然也由他来承担。这意味着如果在购买人和要求返还标的物的人都举证证明自己主张的情况下，对事实依然难以判断，则被分配了举证责任的一方当事人将承担败诉的不利后果。客观证明责任说所要解决的问题就是当一个事实真伪难辨时，应该对哪一方当事人作不利推定，从而为永无止境的纷争画上句号。正如法谚“证明责任之所在，败诉之所在”所言，法律将证明责任分配给了哪一方，就说明这一方往往要承受败诉之风险。

按照规范说理论，法官需要对法律条文的规范进行解读，以此为基础来进行证明责任的分配。规范说理论最核心的要求就是对法条进行规范分析，主要是将法律条文分为权利发生规范、权利发生阻却规范、权利抗辩规范和权利消灭规范四个种类。什么是权利发生规范和权利消灭规范？试举一例。原告起诉被告要求欠债还钱，就原告而言，他需要证明的是债权确实存在，比如存在借款合同等。被告则主张债权已经消灭了，比如借款已经清偿或已经发生抵销等。在此例中，原告所援引的就是权利发生规范，而被告援引的则是权利消灭规范。因此我们可以得出结论：权利发生规范的功能在于揭示引起权利发生所需要的必要条件，当该规范规定的要件事实存在之时，一定的权利或法律关系就随之产生。这类规范在性质上被定性为基本规范、请求权规范、主要规范或通常规范。这类规范在法律中大量存在，立法者通过一个条文或者若干个条文对权利发生要件作出规定。权利消灭规范指权利发生之后，能将已经存在的权利予以消灭，使之不复存在的规范。这类规范在合同法领域最为明显，如规定合同债务的履行、提存、免除以及合同的解除等规范。权利抗辩规范又称“权利受制规范”“权利延缓规范”，这类规范的功能在于，在权利发生之后，权利人行使权利之际，能将权利行使之效果加以遏制或排除。权利发生阻却规范与权利消灭规范不同：权利消灭规范的功能是消灭权利，使已经发生的权利重新归于消灭，而权利排除规范则不具有消灭权利的功能，它们只是对原告请求权的实现产生一时的阻碍作用，一旦权利排除规范规定的事由不复存在，权利人依然可以向义务人主张权利。比如，在买卖合同纠纷案件中，卖方主张买方欠其货款，而买方则以卖方未交付货物或所交付的货物存在瑕疵进行抗辩。此时买方所援引的法律规范就是权利抗辩规范。按照规范说理论，权利发生规范下的证明责任归于主张权利的这一方，而在权利抗辩规范和权利消灭规范下的证明责任则归于相对方。换言之，权利发生规范，权利抗辩规范和权利消灭规范分别归属于原告方和被告方。通过这种方式就把证明责任进行了分配。

而规范说之所以被称为规范说，还因为一个核心的问题，即区分权利发生规范和权利发生阻却规范。权利发生规范指的是产生请求权的规范，而权利发生阻却规范则指的是当该类规范规定的要件出现时，即使存在权利发生的要件，权利也不能产生。在罗森贝克看来，权利发生阻却规范从一开始就阻止权利发生规范的效力产生，将权利的发生毁坏在萌芽状态，最终使权利无法产生。换言之，只有当权利发生规范规定的要件存在，同时又不存在权利发生阻却规范规定的要件时，权利才会发生。规范说理论是通过法律条文的文字表述来区分权利发生规范和权利发生阻却规范。比如一个法律条文，规定了产生某个请求权需要满足所列举的几个要件，那么这几个要件就都属于权利发生规范。如果一个法律条文规定产生某个请求权需要满足所列举的一些要件，但同时不能出现某种情形，那么这个但书的内容就是权利发生阻却规范。因此，当法律条文把要件表述为积极要件时，就构成权利发生规范；反之，将要件表述为消极要件时，就构成权利发生阻却规范。而这种表述在规范说理论中，是可以直接决定证明责任的分配的。问题在于，按照这套理论，权利发生规范下和权利发生阻却规范下的证明责任分配所依据的是法律条文的文字表述，这其实对立法者提出了非常高的要求。换言之，立法者在书写法律条文时，他并不仅仅是在阐明法律规范的内容，同时也在对证明责任进行分配。某个措施的使用，不再是简单地为了条文表达更为流畅，而事关当事人可能因此承担败诉的风险。这项工作的重要性甚至不比确定法律行为的要件的重要性弱，因为后者是在确定实体问题，而前者则是通过文字表达的结构来确定证明责任的分配。故而同样一句话，用不同的句子结构表达出来，所得到的法律效果可能完全不同。

《民法典》编纂的过程中，就是否要以规范说理论为书写《民法典》条文的前提，发生了很多争论，属于立法技术领域的争论。笔者在参与《民法典》起草之初，也曾怀有这样的“理想”，希望在书写和表述法律条文的同时，将证明责任一并分配。但实际上，如果过于追求规范说理论的精神，所写出来的法律条文可能并不符合国人的阅读习惯和逻辑理解，因为在我国的立法技术中，更受注重的是“表达的通俗性”。在这样一种思想理念的指导下，法律条文几乎不会出现像《德国民法典》中那样随处可见的长句、复句。如果强行按照规范说理论去执行，写出的法律条文就会非常奇怪和别扭，结构也很非常复杂。因此，《民法典》并未吸收权利发生阻却规范的立法技术。《民法典》出台之后，有许多学者，特别是诉讼法学者，仍在强调通过区别权利发生规范和权利发生阻却规范来解读《民法典》的某些条文。笔者认为并没有这种必要。若《民法典》的条文设计在最初确实考虑到这个问题，以规范说理论去解读倒是无可厚非；若条文设计时根本没有这一层考虑，强行依规范说理论进行解读只会是缘木求鱼，得出的结论也会非常不合理。以《民法典》关于善意取得的规定为例：按照规范说理论，关于善意取得的规定是属于权利发生规范的，因此证明责任应被分配给主张善意取得的一方当事人。而事实上，将证明责任分配给主张恶意的一方来承担更为合理，司法实践中也往往是这样操作的。

综上所述，在我国，受立法技术和语言文字的表达习惯等因素影响，积极要件和消极要件的区分更多的是出于表达的方便，并不直接影响证明责任的分配。

二、《民法典》对《婚姻法》有效要件的修订

《婚姻法》第 10 条规定了四种导致婚姻无效的情形：(1) 重婚的；(2) 有禁止结婚的亲属关系的；(3) 婚前患有医学上认为不应当结婚的疾病，婚后尚未治愈的；(4) 未到法定婚龄的。《婚姻法》第 11 条规定了胁迫婚可以撤销。《民法典》第 1051 条对无效婚姻的规定进行了修改，将“婚前患有医学上认为不应当结婚的疾病，婚后尚未治愈”这种情形从导致婚姻无效的情形中删除，增加规定“患有重大疾病”可导致婚姻被撤销的情形（第 1053 条)。这是《民法典》在婚姻制度上的一处重要的改革。那么为何要作这样的改革?

从立法论的角度看，某个瑕疵导致民事法律行为无效还是可撤销，其实就是在判断该民事法律行为的命运能否完全交由当事人自己决定。如果该瑕疵只涉及民事主体的私人利益，则可以交给当事人自己决定，规定为可撤销比较妥当。如果该瑕疵涉及公共利益问题，则不能由给当事人自主决定，应该规定为无效。

下面来看《婚姻法》第 10 条所规定的四种导致婚姻无效的情形。首先，

重婚无效的规定虽然也有保护原婚姻相对方利益的客观效果，但显然不能简单地认为该规定的立法意旨是纯对私益的维护，否则，那些自愿、半自愿的一夫多妻或一妻多夫就可能被所谓的“意思自治”合法化。因此，这一效力瑕疵核心立法的意旨应该是对我国的基本婚姻秩序——一夫一妻制的维护。其次，禁止一定范围内的近亲属结婚，除了伦理方面的考量，更重要的出于优生优育的考虑①，因此，其同样属于公益要件的具体化。再次，关于法定婚龄，可以看成是民事行为能力制度在婚姻家庭领域的具体化。有别于一般的法律行为之效力可以待定，婚姻自由是最基本的价值追求，不可能由第三人追认，也不可能适用代理制度②，这也是法律为最大限度尊重和保护当事人所作出的安排③，因此对当事人未达法定婚龄的婚姻只能规定为无效。最后来考察“婚前患有医学上认为不应当结婚的疾病，婚后尚未治愈的”这一情形。《婚姻法》认为该情形导致婚姻无效，其立法意旨和禁止近亲结婚的立法意旨是一致的，主要是出于优生优育的考虑。④ 然而在实务中，并没有任何医学部门对“不应当结婚”的疾病包括哪些作出明确的界定，而在立法之初被认为不应当结婚的麻风病在医学上也早已被攻克了。因此，司法实务中法官曾面对着这样一个难题：《婚姻法》虽然规定了“婚前患有医学上认为不应当结婚的疾病，婚后尚未治愈的”婚姻无效，但医疗卫生领域没有任何一个规范性文件写明患有哪些疾病不应当结婚。⑤ 实际上，即使针对一些传染性很强、对人体伤害很大的疾病，包括艾滋病、重度肝炎等，都已经实现了分

---

① 楚玉荣，等. 近亲结婚的危害与遗传病的发病率. 生物学教学，2004（2）：55－56；俞建新. 近亲结婚的危害. 生物学通报，1999（10）：21；张萍. 中国违法婚姻现状分析. 社会科学研究，1993（5）：79－91.

② 《婚姻法》和《民法典》婚姻家庭编均要求结婚的男女双方应当亲自到婚姻登记机关申请结婚登记。

③ 史尚宽. 亲属法论. 北京：中国政法大学出版社，2000：33.

④ 全国人大常委会法制工作委员会民法室.《中华人民共和国婚姻法》修改立法资料选. 北京：法律出版社，2001：30－31.

⑤ 在司法实践中，法院多以当事人“不能证明对方患有医学上认为不能结婚的疾病”为由驳回婚姻无效之诉。比如，在“周某与纪某婚姻无效纠纷案”中，虽然被告纪某有精神失常表现，但法院仍以原告周某“不能证明纪某患有医学上认为不能结婚的疾病”为由驳回其起诉。一些法院的做法是“向专业医疗机构咨询”，参见天津市南开区人民法院（2021）津 0104 民初 3966 号民事判决书。在“刘某、胡某等婚姻无效纠纷案”中，原告刘某主张其与贾某办理结婚登记贾某被处于无意识、昏迷状态（由贾某之母协助捺印等），并提供医院证明文件证明对方确“患有医学上认为不能结婚的疾病”，但法院并未采信，判决驳回其诉讼请求。参见贵州省黔南布依族苗族自治州中级人民法院（2021）黔 27 民终 537 号民事判决书。

娩过程中的生殖阻断技术，患者所生育的子女并不会被感染。[①] 加上现在很多人结婚也不一定就生育子女，因此以优生优育为目的的强制性限制似乎失去了最有力的支撑。[②] 更重要的是，仅仅因为某些人患有某种疾病而禁止他们结婚，亦有歧视之嫌。因此，《民法典》将“婚前患有医学上认为不应当结婚的疾病，婚后尚未治愈的”情形从导致婚姻无效的事由中删除，相当于否定了其公益要件的属性。

然而，虽然从法政策上看不应禁止这些患者结婚，但若其有意隐瞒病情与他人结婚，在婚后被发现其患有艾滋病等疾病，被隐瞒的一方该如何维护自身权益？[③] 按照《婚姻法》的规定，当事人只能通过离婚的方式来摆脱婚姻关系。因为包括艾滋病、性病等在内的恶性疾病都不属于“医学上认为不应当结婚的疾病”，因此不能依据《婚姻法》第 10 条之规定主张婚姻无效。而婚姻可撤销的路子也走不通，因为《婚姻法》对可撤销婚姻只规定了一种情形，即被胁迫。于是当事人只得通过协议离婚或诉讼离婚的方式实现目的。这对当事人的影响其实非常大：“离异”身份，对其再次组建家庭或多或少会产生消极影响。更重要的是，离婚时不可避免地需要进行夫妻共同财产的分割，若无法律特别规定或双方约定，一般都需要平均分配。比如，一方继承了其亲属的遗产，这笔遗产也将作为夫妻共同财产进行分割。当事人，特别是受到欺诈的一方当事人，一般更希望自己的身份回复到结婚之前的“未婚”状态，这通常也是最有利的状态。但《婚姻法》并没有给当事人提供这样一个途径，这也是很不合理的。所以笔者在参与《民法典》编纂时提出将“患有医学上认为不应当结婚的疾病，婚后尚未治愈”的规定从公益要件中删除，对这一规定作增加主观要件、放松客观要件的改造，作为第 1053 条第 1 款：“一方患有重大疾病的，应当在结婚登记前如实告知另一方；不如实告知的，另一方可以向人民法院请求撤销婚姻。”这样规定的好处在于，将婚姻的命运

---

① 万咏梅，等. 西太平洋地区十个岛屿国家艾滋病与梅毒和乙型肝炎防治现状. 中国预防医学杂志，2019（10）：1000－1004.

② 黄薇. 中华人民共和国民法典释义：下. 北京：法律出版社，2020：1968－1971.

③ 比如，在“吴某与廉某撤销婚姻纠纷案”中，婚后原告吴某发现被告廉某服用依非韦仑、拉米夫定、替诺福韦等治疗艾滋病的药物，才知晓对方隐瞒了患有艾滋病的事实。参见吉林省长春净月高新技术产业开发区人民法院（2021）吉 0194 民初 1984 号民事判决书。

交给当事人自己决定。如果一方在明知对方患有某些重大疾病的情况下仍与对方结婚，对达到这种程度的“真爱”，法律也不宜干涉。退一步来说，即便我们有优生优育的现实需要，通过禁止患重大疾病者结婚也是很难达到这一目的的，因为生育子女并非只能通过婚姻来实现，社会上有大量未婚生育的现象。反过来讲，即便患有重大疾病者结婚也不一定生育子女，若要生育子女，也可以通过现代医疗技术阻断疾病的传播。总之，将“患有医学上认为不应当结婚的疾病，婚后尚未治愈”作为禁止婚姻公益要件的做法，已经丧失了基础。但站在保护非患重大疾病一方知情权的立场，法律应当允许他选择继续还是不继续婚姻。

当然，对于《民法典》第1053条，也有学者提出批评意见，认为这与之前的规定无异，仍构成对部分人群的歧视。[①] 但假如将该规定与《婚姻法》第10条第3项的内容作个对比，就能发现二者之间存在一个显著的区别——为患有“重大疾病”而结婚的人增设了“如实告知”的义务，只有未如实告知，对方才能请求人民法院撤销婚姻。这实际上将法律保护的对象从优生优育等公共政策需要转变为婚姻另一方当事人的知情同意权。在理论上看，这相当于规定了一种特殊的消极欺诈行为，将它作为可撤销的民事法律行为既符合民法的一般原理，又回应了社会现实的需求。

综上所述，《民法典》添加主观要件，将“一方患有重大疾病”的婚姻改造为消极欺诈婚，从而作为可撤销的婚姻，是妥当的。

难点问题10：婚姻效力瑕疵规则和法律行为一般效力瑕疵规则的关系

《民法典》在“总则”部分规定了法律行为的一般性效力瑕疵，同时在婚姻家庭编中规定了婚姻的效力瑕疵，这二者是何关系？其中最核心的问题是：能否直接以总则编规定的法律行为效力瑕疵为由，主张婚姻无效或者可撤销？从逻辑来看，既然《民法典》在体例上遵循了潘德克顿式的总分结构，通过提取公因式抽象出总则规范，那么总则部分最核心的内容——民事法律行为的相关规范就应该适用于整个《民法典》。[②] 而婚姻本质上就是男女双方订立

① 《民法典立法背景与观点全集》编写组. 民法典立法背景与观点全集. 北京：法律出版社，2020：514-515，541-542.

② 韩世远. 财产行为、人身行为与民法典适用. 当代法学，2021（4）：26-37.

的一个身份契约，无论结婚还是离婚都属于民事法律行为[①]，那么适用总则编的法律行为效力瑕疵规范应属当然。然而从《婚姻法解释（三）》开始，最高人民法院就明确不支持当事人以婚姻法明确规定以外的情形请求确认婚姻无效[②]，并在《民法典婚姻家庭编解释（一）》中重申了这一态度。[③] 在前《民法典》时代，《婚姻法》作为单行立法与其他民事法律规范的关系尚可说暧昧不清，最高人民法院如此解释倒也容易理解，为何到了《民法典》时代最高人民法院仍要作此选择？

正如前文所述，从《民法典》的规则变化来看，涉及婚姻效力瑕疵事项的唯一改革是，将一方患有疾病的婚姻从无效情形修改为可撤销情形，并增加了主观要件。从理论上看，这相当于规定了一种特殊的消极欺诈行为，将它作为可撤销的民事法律行为本身倒也符合民法的一般原理。然而耐人寻味的是：为何只规定此情形？难道因其他欺诈行为而缔结的婚姻就不可撤销了吗？[④] 进一步而言，从现行法规定的婚姻效力瑕疵与法律行为的一般效力瑕疵的对应关系来看，重婚、有禁止结婚的亲属关系可以被看作是违反公序良俗的具体化，达到法定婚龄可以被看作是具有完全民事行为能力的表现形式之一，关于胁迫的规定二者基本相同，但是关于重大误解、通谋虚伪表示等效力瑕疵，《民法典》婚姻家庭编完全没有涉及。如果说涉及重大误解的案件比较少见，不规定尚情有可原，但是作为通谋虚伪表示典型的“假结婚”和“假离婚”甚至都成了一种社会现象，为什么《民法典》对此仍然“视而不见”？并且刚刚所述及的民事行为能力问题，除了年龄标准外，智识能力也是判断标准之一，也就是说，明明有两个判断标准而《民法典》婚姻家庭编为何只取其一？并且被“遗漏”的这一标准还具有重要的现实意义，如曾成为

---

① [美] 加里·斯坦利·贝克尔. 家庭论. 王献生，王宇，译. 北京：商务印书馆，1998：45-46；[美] 麦克尼尔. 新社会契约论. 雷喜宁，潘勤，译. 北京：中国政法大学出版社，2004：16.

② 《婚姻法解释（三）》第1条第1款规定：“当事人以婚姻法第十条规定以外的情形申请宣告婚姻无效的，人民法院应当判决驳回当事人的申请。”

③ 《民法典婚姻家庭编解释（一）》第17条第1款规定：“当事人以民法典第一千零五十一条规定的三种无效婚姻以外的情形请求确认婚姻无效的，人民法院应当判决驳回当事人的诉讼请求。”

④ 学界的常见观点为：一般性的欺诈行为也可以导致婚姻可撤销，参见于东辉. 无效婚姻制度探析. 法学论坛，2007（4）：132-136；丁慧. 身份行为效力判定的法律基准：在身份法理念和身份法规范之间. 法学杂志，2015（2）：19-30.

新闻焦点的“铁链女”案件提出的理论问题之一就是：不能辨认自己行为的人缔结的婚姻是否有效？

而与这些重要的规则被“遗漏”形成鲜明对比的是，在《民法典》编纂过程中还曾出现过一种新的无效情形——“以伪造、变造、冒用证件等方式骗取结婚登记”①。该规定被批评为“意义不明”“与其他无效事项难以区分”②，最终在2019年12月的《民法典》草案中被删除。然而关于这一规则，无论是写入还是删除，均让《民法典》对婚姻效力瑕疵规则的取舍犹如“迷踪步”一般，让人难以捉摸。《民法典》在婚姻效力瑕疵的问题上是否和最高人民法院一样，采取的是封闭性态度？如果不是封闭性态度，也就意味着可以适用总则编的规则，那么婚姻家庭编的相应规则也就只具有例示性的意义，其实改与不改，甚至规定还是不规定，都是无关紧要的事情，用不着如此煞费苦心作这些修正的努力。如果是封闭性的态度，那么为何放着那些明显重大的瑕疵不管，尽在这些“意义不明”的地方作文章，有“抓小放大”之嫌。

为何《民法典》在婚姻效力瑕疵规则方面呈现出上述局面？是因为缺乏通盘思考而形成了法律漏洞吗？为了厘清这一系列问题，下文有必要从目前唯一明确涉及婚姻效力瑕疵情形的修改——疾病与婚姻效力的关系变化开始，逐步梳理立法中规则变化的逻辑，从而为《民法典》时代婚姻效力瑕疵规则的体系建构提供合乎立法规划的解释论路径。

1. 从欺诈婚的构成看封闭性规定的必要性

为何《民法典》婚姻家庭编唯独规定隐瞒重大疾病这一种欺诈行为呢？为了解释这一问题，我们可以先作一个假设：如果不对婚姻中的欺诈事由进行限缩，直接适用民法理论中的一般欺诈理论会发生什么？民法中的欺诈理论不仅不问具体的欺诈事由为何，并且由于欺诈故意的可非难性强，对欺诈的其他要件——如因欺诈而陷于错误等，都有所放宽，以至于是动机错误还是内容错误在所不问，只要当事人确实因对方的欺诈行为而作出了原本不会

① 首见于2018年2月在学者范围内征求意见的《中华人民共和国民法婚姻家庭编（草案）》第11条第4项，此后出现在2018年8月版的《民法典各分编（草案）》、2019年6月版的《民法典婚姻家庭编（草案二次审议稿）》、2019年10月版的《民法典婚姻家庭编（草案三次审议稿）》中，均被规定在第828条第4项。

② 李昊．婚姻缔结行为的效力瑕疵．法学研究，2019（4）：102－118.

作出的意思表示即可。按照这一标准，试想一下：有多少人在结婚之前对自己的能力、条件等做过夸大宣传，或者许下过不会实现的诺言？如果对方信以为真而选择结婚，这是否就是一个因为欺诈而缔结的婚姻？如果回答是，那么恐怕90%以上的婚姻都要被撤销了。显然，婚姻中的欺诈相较于普通民事欺诈而言应当有着更高的准入门槛。那么满足何种条件的欺诈才会影响婚姻的效力呢？

从比较法上看，谈及婚姻中的欺诈问题时，大都认为关于"外在因素"的欺骗不会影响婚姻的效力。所谓"外在因素"，包括身份、地位、金钱，等等，比如：婚前向对方吹嘘自己是百万富翁，婚后却被发现只是一个穷光蛋；婚前夸耀自己结识很多上流社会的名流，婚后却被发现只是高级餐厅的服务生……这些欺骗都不能被视为欺诈而成为撤销婚姻的理由。① 理论上，只有涉及"婚姻实质"的欺诈，才能对婚姻的效力产生影响。② 这里所谓的"婚姻实质"是指当事人以夫妻的共同生活为目的而缔结婚姻关系的因素。③ 然而在司法实务中，能够认定涉及"婚姻实质"的因素已经越来越少，换言之，在绝大多数情况下，法院均不会以构成欺诈为由撤销婚姻。那么达到什么程度的因素才会被认为涉及"婚姻实质"呢？日本曾发生过一个罕见的案例：原告为韩国男性，被告为日本女性，二人纯粹通过互联网交往后，又通过递交书面材料的方式登记结婚。婚前二人并未见面，结果见面后原告发现被告实际年龄52岁，却谎称自己24岁。于是原告起诉，要求撤销婚姻。东京家庭法院综合该案全部证据后表示，被告的确存在谎称自己年龄为24岁的事实，尽管有人认为女性想要自己看起来年轻的心理是完全可以理解的，所以即使与真实年龄略有差距，也不应仅凭这一理由而认可婚姻撤销请求，但是52岁与24岁年差距甚大，婚后生活规划也会因此完全不同，所以该欺诈足以导致婚姻可撤销。因此法院支持了原告的请求。④ 由此可见，比较法上对涉及"婚姻实质"的欺诈的认定是非常慎重的，在非常极端的案例中才例外

---

① ［德］迪特尔·施瓦布. 德国家庭法. 王葆莳，译. 北京：法律出版社，2010：49.

② 林秀雄. 亲属法讲义. 台北：元照出版有限公司，2011：65；林辰彦，梁开天，郑炎生. 综合六法审判实务·民法亲属编：第一册. 台北：大追踪出版社，2010：219.

③ ［德］迪特尔·施瓦布. 德国家庭法. 王葆莳，译. 北京：法律出版社，2010：49.

④ 东京家庭裁判所2006年7月26日判决，LEX/DB文献番号28131218。

地成立。

在我国在前《民法典》时代一直不认可欺诈行为会影响婚姻效力，最高人民法院曾指出“受欺诈的一方当事人从其内心讲还是自愿结婚的，且欺诈在司法实践中也不好掌握”[①]。虽然这一观点有过于极端之嫌，但是在大方向上不能说有问题，毕竟各立法例也都在限缩欺诈行为对婚姻效力的影响，只是没有我国之前这么彻底而已。《民法典》第1053条的规定相当于首次在我国法中开辟了一种因欺诈而可撤销婚姻的例外，那么在理论上可以如此解释：《民法典》法定的涉及“婚姻实质”的欺诈就是患有重大疾病而不如实告知对方这一种情形。[②] 隐瞒患有重大疾病，则可能不能正常地过夫妻生活、无法维系正常的家庭，对当事人影响重大[③]，故将它解释为涉及“婚姻实质”的因素也合乎情理。在这种特殊情形之外，《民法典》仍然保持了我国历来的谨慎立场，不承认存在其他欺诈行为可以撤销婚姻[④]，从而避免过于宽泛的撤销事由破坏婚姻家庭的安定性。

分析到这里，我们会发现对于欺诈瑕疵而言，对《民法典》第1053条作封闭式的解释才是合理的。那么沿着这一思路，我们自然就会想到，对于其他涉及婚姻效力的瑕疵，《民法典》婚姻家庭编也必然有其特殊考虑。从立法技术上看，如果婚姻家庭编不对它作封闭式的规定，那么必然就会产生法律适用的难题——因为其特殊性而不能当然适用总则编规范，但是又因为没有作封闭性规定所以有适用总则编规范的可能性。从应然的层面来看，科学化的立法应该尽量避免这种适用难题的产生，那么最理想的方案应该是：第一步，全面梳理各种婚姻瑕疵的可能性，查漏补缺，将应予规范的瑕疵类型尽

① 最高人民法院民事审判第一庭. 婚姻法司法解释的理解与适用. 中国法制出版社，2002：44.

② 立法阶段，也有学者持类似的观点，认为应当对涉及婚姻实质的欺诈作限缩解释，参见田韶华. 民法典婚姻家庭编草案瑕疵婚姻制度的立法建议——以《民法总则》之瑕疵民事法律行为制度在婚姻家庭编草案中的适用为视角. 苏州大学学报（法学版）；2018（1）：1-8.

③ 戴炎辉，戴东雄，戴瑀如. 亲属法. 台北：顺清文化事业有限公司，2009：66-67.

④ 也有人提出这样的疑问：同性恋者隐瞒性取向骗婚是否构成欺诈？［参见唐魁玉，詹海波. 同性恋丈夫视角下的同妻边缘生活困境及其解困方式. 山东社会科学，2016（12）：59-67］。从对婚姻生活质量的实质影响来看，这种情形与隐瞒重大疾病确实可以相提并论，被认定为涉及婚姻实质的欺诈并不违和。笔者在参与立法时也曾支持该立场。但是如果《民法典》直接将重大疾病和同性恋相并列，虽然写的是欺诈的问题，也难免给人以歧视之嫌，故最终这一方案未被采纳。因此，在《民法典》时代，涉及性取向受欺骗的当事人仍然只能通过离婚制度保护自己。

数纳入婚姻家庭编的规则体系中；第二步，对婚姻效力瑕疵采取封闭式的态度。第一步应该是第二步成立的前提，只有完成了第一步的工作，封闭性规定才具有了可行性，否则反而会人为造成法律漏洞。那么从《民法典》的规范设计来看，第一步的工作是否已经完成了呢？也就是说，从应然层面来看，婚姻家庭编的现有规范是否已经囊括了所有应予规范的瑕疵类型呢？

2. 法政策视角下封闭性规定的可行性

接下来我们有必要对照《民法典》总则编规定的一般法律行为效力瑕疵类型，从法政策的视角依次检视其对婚姻效力是否应当产生影响。首先，除重婚、近亲结婚以外，结婚行为很难违法或者违反公序良俗；其次，婚姻双方当事人也许，按照社会一般观念，会存在某些外在条件上的差距，但是无论如何也难谓“显失公平”；再次，对于胁迫行为总则编和婚姻家庭编的规则相同，对于欺诈行为，正如前文所述，婚姻家庭编作封闭式规定更加合理；最后，对于“恶意串通损害他人合法权益”，单就结婚行为而言，如果当事人双方均具有实质结婚意思，也难谓“恶意串通”，况且可能“损害他人合法权益”的行为也不可能是结婚行为本身。综上实质上有必要展开分析的瑕疵类型，也就剩下重大误解、虚伪表示、行为能力欠缺这三类。此外针对立法过程中昙花一现的“伪造、变造证件，骗取结婚登记”这一瑕疵类型，下文亦拟揭示其当初的规范目的。

(1) 基于重大误解而缔结的婚姻。

我国民法概念术语中的“重大误解”大体相当于传统大陆法系中的“错误”概念，理论上应该包含表达上的错误、内容错误和动机错误等错误类型。[①] 但是由于我国实行严格的登记婚，并要求双方亲自到场，所以在我国婚姻缔结时出现表达上的错误或者内容错误的可能性不存在。如果在结婚登记时出现了写错名字之类的问题，则属于“误解无害真意”的范畴，本来也不影响婚姻的效力，自然也不用加以特别规定。所以唯一需要讨论的问题也就是动机错误的问题。我国，无论是立法还是司法解释，在错误问题上从来都没有采取过严格的“二元论”立场，所以动机错误确实有可能导致法律行

---

① ［德］卡尔·拉伦茨. 德国民法通论. 王晓晔，邵建东，程建英，徐国建，谢怀栻，译. 北京：法律出版社，2003：504－505.

为可撤销。[①] 那么婚姻缔结中的动机错误（如对结婚相对方有某种期待，结果发现这一期待是不符合实际的），是否可以导致婚姻可撤销呢？对此问题我们可以对照前文所述的欺诈行为对婚姻的影响来分析。即使是因为一方的欺骗行为而结婚，只要这一欺骗不涉及婚姻的实质，那么就不能撤销婚姻。举重以明轻，基于当然解释，如果误解的内容不涉及婚姻的实质，在不存在欺诈的前提下，单方的误解自然就更加难以达到使婚姻可撤销的程度了。那么接下来要讨论的问题是：如果这一重大误解涉及了婚姻的实质呢？目前我国法定的涉及婚姻实质的因素就只有重大疾病，那么就这一因素存在重大误解时是否可以导致婚姻可撤销呢？也就是说，并非一方隐瞒自己的重大疾病，而是双方都没有预料到一方存在重大疾病（理论上属于双方动机错误），未患病的一方能否以“自己误以为对方是健康的，才结婚”为由主张婚姻可撤销呢？一方面，从价值判断的角度看，如果法律规定这种情况下婚姻可撤销，则显得太过残酷；另一方面，从《民法典》第1053条的表述来看，既然将“不如实告知”作为可撤销婚姻的构成要件，那么应当认为这是经过慎重考虑后的立法决断，基于反对解释应当认为，如果不存在隐瞒情形则不能撤销婚姻。因此，即使是对法定的涉及婚姻实质的因素存在重大误解，也不会导致婚姻可撤销。综上所述，存在重大误解不应影响婚姻的效力，婚姻家庭编不规定这一瑕疵类型是合理的。

（2）虚伪表示的婚姻。

本来本节探讨的婚姻效力瑕疵针对的是结婚行为，但是基于假结婚、假离婚这一对现象的普遍性和理论上的高度相似性，这里一并探讨离婚行为。司法实务中，法院并不考虑假结婚、假离婚的当事人的内心“真实意思”，认为只要进行了结婚登记就是真结婚，进行了离婚登记就是真离婚。这种做法遭到了学术界的广泛批评：既然《民法典》总则编规定了通谋虚伪表示的法律行为无效，假结婚和假离婚属于通谋虚伪表示，自然应该认定其中的结婚、离婚的意思表示无效。[②]

---

① 龙俊. 意思表示错误的理论构造. 清华法学，2016(5)：117－133.

② 李昊. 婚姻缔结行为的效力瑕疵. 法学研究，2019（4）：102－118；周素素. 论“假结婚”与“假离婚”行为的效力与控制. 东南大学学报（哲学社会科学版），2018（1）：87－90. 此外，有观点认为通谋虚伪表示的婚姻可撤销，参见冉克平. 论婚姻缔结中的意思表示瑕疵及其效力. 武汉大学学报（哲学社会科学版），2016（5）：118－128。

上述批评立场获得了比较法上的支持，德日民法理论均采取通谋虚伪表示影响婚姻效力的立场。[①] 那么我国是否也应该当然遵循此立场呢？笔者认为从法政策的角度看没有那么简单。

首先，司法实务中之所以存在假结婚、假离婚，往往是因为当事人希望骗取户口、福利分房或者规避房屋限购法律政策等，这些行为的确损害了公共利益或他人利益，然而，如果当事人自己不说，这些假结婚、假离婚是很难被发现的。之所以会存在争议，往往是因为之后某一方当事人"假戏真做"，不肯离婚或不愿复婚。这也是目前假结婚或者假离婚操作中存在的固有风险。从法政策的角度考虑，如果《民法典》规定假结婚或者假离婚的意思表示无效，相当于消除了其中的固有风险，反而给假结婚和假离婚的行为增加了底气。

其次，如果立法打算对假结婚和假离婚的问题进行规制，也并非单纯地认定为无效那么简单，还必须考虑到第三人保护的问题。例如，规定夫妻双方假离婚的行为无效，也就意味着其婚姻依然有效，此后一方与毫不知情的第三人缔结的婚姻反而构成了重婚、无效，这对信赖我国婚姻登记制度的第三人显然不合理。采取虚伪表示的婚姻无效立场的日本就规定"通谋虚伪表示不能对抗善意第三人"，即善意的第三人可以主张后婚有效。然而，在我国《民法典》总则编并未规定通谋虚伪表示中善意第三人的保护问题，因此，如果婚姻家庭编拟规定虚伪表示的婚姻无效，就必须补充善意第三人保护规则，然而这又会导致：一方面，规则设计过于复杂，可能会因此在司法实践中引发后婚当事人是善意还是恶意的争论；另一方面，可能会降低婚姻登记制度的公信力，导致在婚恋中判断对方是否单身不能仅凭婚姻登记，还需要进行实质审查。固然国家登记制度的公信力并非绝对，有时要让位于客观真实，然而此处降低婚姻登记制度的公信力，却是为了给当事人自己不道德的行为"买单"，不符合比例原则。

最后，即使不规定假结婚、假离婚的行为本身无效，也并不意味着不能

① 德国法上，此种"虚假婚姻"可废止，参见［德］迪特尔·施瓦布. 德国家庭法. 王葆莳，译. 北京：法律出版社，2010：49。日本法上，这种婚姻会被认为无效。内田貴. 民法 4（親族・相続）. 東京：東京大学出版会，2004：57.

给当事人提供合乎比例原则的救济渠道。现实中可能会出现夫妻一方欺骗对方可以通过假离婚得到某些利益，从而将对方或双方的财产都转至自己名下，但之后不肯复婚，从而导致被欺骗的一方“人财两空”的情况，确实很不公平。对于这种情形，我国司法实践已经自发创造了一种审判智慧：将离婚中的身份行为和附属的财产行为相切割，对于身份行为不因假离婚而认定为无效，但是对于附属的离婚财产协议等则适用通谋虚伪表示无效的规则，从而保护假离婚中经济受损的当事人。这种审判经验非常具有启发意义，可以说直接影响了《民法典》第464条第2款：“婚姻、收养、监护等有关身份关系的协议，适用有关该身份关系的法律规定；没有规定的，可以根据其性质参照适用本编规定。”其中所谓“根据其性质”，含义之一就是要对看似单个的结婚或者离婚行为进行切割并类型化，判断是结婚、离婚等纯粹身份行为还是其中附属的财产行为。① 并且对于财产行为而言，《民法典》本来就设置了善意取得、表见代理等权利外观制度，故即使将当事人之间的法律行为认定为无效也不会损害交易安全。也就是说，对于因为假结婚、假离婚而遭受经济损害的当事人，《民法典》已经提供了合乎比例原则的救济渠道。在这一前提下，更加没有必要牺牲婚姻登记制度的公信力将假结婚、假离婚行为本身认定为无效了。

综上所述，既然从法政策的角度看虚伪表示不应影响婚姻的效力，那么《民法典》婚姻家庭编就不用再规定此瑕疵类型了。对于此点，《民法典婚姻家庭编解释（二）》第2条再次表态：“夫妻登记离婚后，一方以双方意思表示虚假为由请求确认离婚无效的，人民法院不予支持。”

（3）行为能力欠缺者的婚姻。

正如前文所述，行为能力欠缺除了未达到法定年龄，还存在心智欠缺的情形。这部分人的婚姻的效力又该如何认定？曾有判决认为精神疾病可以被

---

① 对这种区分思路的理论提炼，最早见于蔡立东，刘国栋，司法逻辑下的“假离婚”. 国家检察官学院学报，2017（5）：128-149。在2018年6月2日北京市法学会不动产法研究会和中国法学会民法学研究会共同主办的“民法典合同编立法研讨会”（北京怀柔）上，笔者在介绍《合同编草案征求意见稿》第1条第2款（《民法典》第464条的前身）的起草理由时，以假结婚和假离婚为例，阐释了区分“纯粹身份行为”和“附属于身份行为的财产行为”的观点。《民法典》出台后，对这种区分思路进一步进行体系化阐释的代表性论文有王雷. 论身份关系协议对民法典合同编的参照适用. 法学家，2020（1）：32-46；冉克平.“身份关系协议”准用《民法典》合同编的体系化释论. 法制与社会发展，2021（4）：62-86。

“医学上认为不应当结婚的疾病”涵盖，并由此认为患有精神疾病的人的婚姻无效。[①] 但是我国并没有哪一个医疗卫生方面的规范性文件指出过“医学上认为不应当结婚的疾病”包括精神疾病，这种认定方式显然存在问题，况且该规定在《民法典》中已经被删除。那么是否应该将“不能辨认自己的行为”作为一种独立的婚姻效力瑕疵类型呢?

我们知道，结婚行为具有高度的人身专属性，不可由他人代理，也不存在第三人的追认可能性。如果将“不能辨认自己的行为”作为一种独立的婚姻效力瑕疵类型，则不可能规定为效力待定，只能规定为无效或者不成立。然而问题就在于，一旦规定为无效或者不成立，相当于剥夺了这一部分群体结婚的权利。这些人确实存在一定的能力障碍，无法辨认作为民事法律行为的婚姻的含义，但是这并不意味着这些人不具备基本的意思表达、情感表达能力。大部分无民事行为能力人、限制民事行为能力人其实也能明确表达自己是否愿意与对方共同生活。与此同时，现实中也有很多心智欠缺者的父母希望通过婚姻让子女得到精神上的慰藉和生活上的照顾。[②] 如果法律强行规定这些婚姻都无效或不成立，既不利于弱势群体的保护，也存在歧视嫌疑。因此，日本亲属法理论通说会认为行为能力制度本就不能适用于身份行为领域。[③]

可能有人会说，上述利益衡量只考虑了行为能力欠缺者的利益，而没有考虑相对方。但是结婚都是自愿的，相对方既然愿意和行为能力欠缺者结婚，自然应该有所预见。当然，如果结婚时一方患有严重精神疾病却未告知对方，则是前述重大疾病欺诈的问题，其婚姻属于可撤销的婚姻。

特别需要说明的是，认定行为能力欠缺者的婚姻有效的前提是，行为能力欠缺者“自愿”结婚，也就是说，其起码具备愿意和对方共同生活的意思。

---

① 比如，在“廖某与冯某婚姻无效纠纷案”中，被告冯某婚前患有精神分裂症并向原告廖某隐瞒，婚后复发，屡治不愈。法院经审理认为，廖某的情形属于《婚姻法》第10条第3项规定的“婚前患有医学上认为不应当结婚的疾病，婚后尚未治愈”情形，故判决确认双方的婚姻无效。参见贵州省遵义市习水县人民法院（2020）黔0330民初4766号民事判决书。

② 比如，在“周某某与董某某婚姻无效纠纷案”中，周某某以董某某为限制民事行为能力人为由向法院申请宣告二人的婚姻无效。法院经审理认为，周某某与董某某系自愿结婚，且董某某婚后正常上班并无任何异常表现，周某某亦无法证明董某某不具有结婚意识能力和自愿结婚的表达能力，遂判决驳回周某某的申请。参见山东省济南市槐荫区人民法院（2014）槐民初字第1390号民事判决书。

③ ［日］我妻荣. 新订民法总则. 于敏，译. 北京：中国法制出版社，2008：60.

对于曾为新闻焦点的丰县“铁链女”事件，很多人认为，因为她不具备行为能力，所以对其婚姻应该认定为无效或者不成立。然而笔者认为，该事件中可能引发婚姻效力瑕疵的事由恰恰不是行为能力，而是胁迫。试想一下：假设该案中没有“铁链”“拐卖”等因素，单纯只是女方心智欠缺，还会有多少人认为其婚姻有效力瑕疵？相反，如果因为该案而普遍性地认为行为能力欠缺者的婚姻都无效或者不成立，反而可能造成大量误伤。特别值得一提的是，《民法典》对胁迫婚姻制度也作了完善，将撤销的除斥期间起算点从“结婚登记之日”修改为“胁迫行为终止之日”，从而大大降低了撤销难度。并且在我国婚姻撤销的法律效果也具有溯及力，即一旦撤销，相当于婚姻自始不存在，这和婚姻无效、不成立的实质效果是相同的，所以也不必担心婚姻被撤销前的种种不合理行为会因为婚姻的存在而被合法化。

综上所述，除法定年龄外，行为能力本就不应该影响婚姻效力，《民法典》婚姻家庭编不规定此种瑕疵类型是合理的。

（4）以伪造、变造、冒用证件等方式骗取结婚登记。

在《民法典》编纂的过程中，从2018年2月在学者范围内征求意见的《中华人民共和国民法婚姻家庭编（草案）》开始，有关婚姻无效的规定中就新出现了“以伪造、变造、冒用证件等方式骗取婚姻登记”这一情形。此后历经2018年8月版的《民法典各分编（草案）》、2019年6月版的《民法典婚姻家庭编（草案二次审议稿）》、2019年10月版的《民法典婚姻家庭编（草案三次审议稿）》，该项规定一直存在，直到2019年12月版的《中华人民共和国民法典（草案）》中，该项规定才被删除。那么当初这一项规定为何会被写入，之后又为何被删除呢？

该规定的写入，原本是为了解决司法实务中经常出现的“被结婚”案件。例如，一对兄弟中的弟弟要结婚，但由于没有达到法定婚龄，于是借哥哥的身份证和女方办理了结婚登记，但弟弟实际上与女方共同生活。[①] 该案中，实际共同生活的弟弟和女方，虽然具有婚姻的实质，却因为没有婚姻登记，属于“事实婚姻”范畴，只要发生在1994年2月1日《婚姻登记管理条例》

---

① “姚某某诉浠水县民政局民政行政管理（民政）纠纷案”，湖北省黄冈市浠水县人民法院（2020）鄂1125行初46号行政判决书。引用时对案情有所简化。

公布、实施以后，就不再被认为有法律效力。[①] 哥哥和女方则根本没有结婚的合意，在理论上看应该认为该婚姻不成立，但是因为存在一个婚姻登记而导致“被结婚”，从而事实上哥哥无法与他人正常结婚。然而问题在于，《婚姻法》没有规定婚姻不成立这种效力瑕疵，司法实践中也没有婚姻不成立之诉。那么面临这种情况时，“被结婚”的当事人该如何救济自己呢？只能通过申请行政复议或者提起行政诉讼，撤销婚姻登记。从最终效果看，如果婚姻登记能够被顺利撤销，也确实能救济“被结婚”者。然而走行政诉讼路径要严格遵守行政诉讼的时效制度，“自行政行为作出之日起超过五年提起诉讼的，人民法院不予受理”（《行政诉讼法》第 46 条）。因此如果在婚姻登记作出 5 年后才发现“被结婚”，“被结婚”者恐怕就要终生背负一个不存在的婚姻，从而永远丧失缔结法律婚姻的可能性。[②] 相反，如果走民事诉讼路径，由于主张婚姻不成立本身并非主张请求权，自然不存在诉讼时效的限制，当事人的权益可以得到更合理的保障。

与前述的重大误解、虚伪表示、行为能力不同，这一情形尽管看似非常“冷门”，但是笔者认为，这种特殊的婚姻不成立情形才是《婚姻法》真正“应予规范而未规范”的瑕疵类型。[③]“被结婚”难以用立法用语来表达，但是该类案件的共通之处在于“以伪造、变造、冒用证件等方式骗取婚姻登记”为其表现形式。我国一直没有婚姻不成立之诉这种诉讼类型，那么出于现实考虑，将它作为无效婚姻的一种，从最终效果上看和婚姻不成立没有任何不同，都有溯及力，且都不适用诉讼时效，对当事人的保护力度是相同的。因此笔者认为，历次草案稿将它作为无效婚姻的一种情形是合理的，并且这也是将所有涉及婚姻实质性瑕疵的案件全部收编回民事领域的机会。

然而，遗憾的是，该项规定在一片反对声中最终被删除了。笔者分析，原因恐怕在于三个方面：要认识到该规范的重要性，必须以认识到婚姻效力

---

① 参见《民法典婚姻家庭编解释（一）》第 7 条。

② 甚至在极端案例中，骗取结婚登记的人都已经被判了诈骗罪，“被结婚”的人去民政部门要求撤销婚姻登记，民政部门告知其无权撤销。“被结婚”的人提起行政诉讼，法院又告知其超过了诉讼时效，不予受理。王礼仁.“被结婚”后不能结婚，可通过民事诉讼解决. 中国妇女报，2013－05－21，A03 版.

③ 之所以只强调这种特殊的婚姻不成立情形，是因为一般的婚姻不成立情形不可能存在一个结婚登记，也就意味着在我国法中当然不可能有婚姻效力，不用讨论。

瑕疵具有封闭性为前提，否则反正可以适用总则编规范，对这种冷门的特殊情形规不规定无所谓，此其一；该规范的表达确实存在模糊之处，容易和其他婚姻效力瑕疵情形相混淆，此其二；该规范欲解决的问题是一种特殊的情形即婚姻不成立，从完美的教义学角度看，不成立和无效之间确实是存在差别的，此其三。当然，根本原因恐怕还是第一点。假如认识到封闭的必要性，些许的模糊之处、不完美之处恐怕都是可以忍受的。

好在《民法典》通过后，2021 年 11 月 18 日最高人民法院、最高人民检察院、公安部、民政部四部门联合印发了《关于妥善处理以冒名顶替或者弄虚作假的方式办理婚姻登记问题的指导意见》，通过行政部门的自我纠错以及检察监督程序解决了“被结婚”问题。

无论如何，“骗取婚姻登记”规则的“昙花一现”至少表明了在《民法典》编纂过程中立法者曾试图穷尽各种婚姻效力瑕疵类型（包括极其“冷门”的类型）的努力。从大的方向来看，可以认为《民法典》婚姻家庭编已经在立法规划上完成了对婚姻效力瑕疵类型的全面检索，没有规定某一/些瑕疵类型并非“遗漏”，而是从法政策的角度看其本就不该影响婚姻的效力。因此，最高人民法院在司法解释中一直坚持的婚姻效力瑕疵的封闭性态度实际上和《民法典》的规范目的是相吻合的。

3. 婚姻效力瑕疵封闭下的意思表示理论建构

前文从法政策的角度论述了《民法典》已经完成了对婚姻效力瑕疵的封闭性规定，但是仍然有一个理论问题没有解决：如何从法教义学的角度看待这些明明有瑕疵的意思表示却能形成有效的婚姻呢？笔者认为这里可以借助日本民法理论中对于结婚意思的二分法作为分析工具展开讨论。

在日本，结婚的意思可以分为实质结婚意思与形式结婚意思。所谓实质结婚意思，指的是依社会一般观念中像夫妻那样共同生活的意思；所谓形式结婚意思，指的是缔结具有法律效果的婚姻的意思。以假结婚为例，无论当事人出于什么原因而假结婚，欠缺的只有可能是实质结婚意思，形式上缔结法律婚的意思是不可能欠缺的。有一则经典案例：保健所工作的女性 Y（被告）和上司 A 的儿子 X（原告）发生了关系，并约定要结婚。但是 X 的双亲强烈反对。Y 在经历三次流产之后，第四次怀孕后生出了 B 女。但 X 在父母的压力下，决定与C女结婚。Y央求X，至少要给他们的女儿一个婚生子女的身份。于是二人商定，二人偷偷地提交结婚登记申请，然后再马上办离婚手续。另一方面，X与C举行了婚礼，并以夫妻关系生活。结果没想到，X与Y办理了结婚登记后，Y拒不办理离婚手续。于是，X以没有结婚的意思为由，主张X与Y的婚姻无效。日本最高裁判所认为本案中的婚姻登记申请是一种虚伪表示，X与Y并没有“设定社会观念上的夫妇关系的法律效果意思”，所以X与Y的婚姻并不生效力。① 该案可以看出，日本法中判断婚姻效力的关键是实质结婚意思。②

进一步而言，如果将实质结婚意思作为意思表示真实性的唯一衡量标准推向极端，则还会出现所谓“临终婚”的争议问题：比如临终的老人为了报答照顾自己的年轻保姆，以赋予其继承权为目的，和该保姆进行结婚登记。那么此类婚姻的效力又该如何认定？由于临终的老人不可能与新婚配偶存在“共同生活”的可能性，所以可推断双方欠缺实质结婚意思，只有可能是为了实现某种其他目的而结婚，因此临终婚不应该发生法律效力。然而如果沿着这一思路进一步分析，甚至可能提出这种疑问：如果病危临终的老人基于某种“奇迹”而康复，并要求与保姆同居，那么这时是否又应该例外地认可婚姻的效力？③

显然，观察我国婚姻法会发现，无论是立法还是司法，均没有像日本这样极端重视实质结婚意思的倾向。例如在谈及因重大误解、欺诈而缔结的婚姻时，常见的说法是“重大误解、受欺诈的一方当事人从其内心讲还是自愿结婚的”，这里所谓的“自愿结婚”指的应该是形式结婚意思；再如所谓的“假结婚、假离婚都是真结婚、真离婚”，这里所谓的“假”应该是指实质结婚意思，“真”应该是指形式结婚意思。也就是说，我国在法政策上选择让绝大多数基于欺诈、重大误解、虚伪表示而缔结的婚姻有效，也不能说和意思表示瑕疵的基础理论相违背。毕竟如果只着眼于形式结婚意思，这些情形下确实不存在任何“瑕疵”。

---

① ［日］最高裁判所1969年10月31日，最高裁判所民事判例集23卷10号1894页。

② 同样德国民法也采取了类似的立场，如果当事人双方在结婚时约定“不成立德国民法第1353条第1款规定的义务”（该款规定配偶双方有共同生活的义务），该婚姻可以“废止”。

③ 内田貴. 民法4（親族・相続）. 東京：東京大学出版会，2004：60－61.

那么能不能说我国法背景下，结婚的意思都是指的就是形式结婚意思呢？恐怕还不行。因为我们也选择让行为能力欠缺者的婚姻有效，对于他们而言欠缺行为能力也就意味着难以作出明确的具有法律效果的结婚意思（形式结婚意思），但是是共同生活的意愿（实质结婚意思）却可能表达出来。

那么从理论建构的角度看，我国法中的结婚的意思表示究竟指的是什么呢？考察真正应该影响婚姻效力的瑕疵类型会发现，都是既欠缺实质结婚意思，也欠缺实质结婚意思的情形，例如胁迫婚以及“被结婚”。基于此，笔者认为我国法中的结婚意思，指的是“实质结婚意思或者形式结婚意思”，原则上二者只要满足其一，就符合了“自愿”的要件。再加上我国奉行严格的“法律婚”主义，强调婚姻登记这一形式要件，关于婚姻意思表示的瑕疵类型（这里不讨论因为公益因素导致婚姻无效的情形）和婚姻效力的对照关系如下表所示：

瑕疵类型	实质结婚意思	形式结婚意思	婚姻登记	婚姻效力
虚伪表示	无	有	有	有效
行为能力欠缺，但有共同生活愿意	有	无	有	有效
重大误解	无	有	有	有效
欺诈	无	有	有	通常有效
胁迫	无	无	有	可撤销
伪造、变造证件，骗取结婚登记的婚姻	无	无	有	不成立（撤销婚姻登记）
事实婚	有	有	无	不成立

4. 小结

《民法典》婚姻家庭编中关于婚姻效力瑕疵的规定应该解释为具有封闭性，没有规定的瑕疵类型并非“遗漏”，而是本就不该影响婚姻的效力，司法解释的立场和《民法典》的立场是一脉相承的。

从法政策的视角看：欺诈行为只有在涉及婚姻实质时才会影响婚姻效力，而法定的涉及婚姻实质的欺诈只有隐瞒重大疾病这一种，这种选择可以避免过于泛滥的撤销事由影响婚姻的安定性；与欺诈做对比，重大误解更加不足以构成撤销婚姻的事由；采取虚伪表示不影响婚姻效力的立场，反而更加有助于减少假结婚、假离婚等行为，且利于婚姻登记公信力的维护，至于附带的经济损害则可以通过区分身份行为和财产行为的法律技术加以救济，这也是《民法典》第464条第2款采取“根据其性质”这一表达的规范目的之一；除未达法定婚龄者外，其他人不纯因其行为能力欠缺而致婚姻效力受影响，否则相当于变相剥夺了弱势群体结婚的权利，至于对行为能力欠缺者的拐卖、非法拘禁等问题则属于胁迫婚的范畴。

从教义学的视角看，结婚的意思可以分为实质结婚意思和形式结婚意思，前者是指依社会一般观念像夫妻那样共同生活的意思，后者指的是缔结具有法律效果的婚姻的意思。在我国法中，应解释为二者只要具备其一，就符合“自愿结婚”要求，可以成立有效的婚姻。

三、无效原因的消失

无效原因的消失，是指一些导致婚姻无效的原因，可能会随着时间的流逝或者某些客观原因的变化，而不复存在。《民法典婚姻家庭编解释（一）》第10条规定：“当事人依据民法典第一千零五十一条规定向人民法院请求确认婚姻无效，法定的无效婚姻情形在提起诉讼时已经消失的，人民法院不予支持。”

婚姻无效情形消失，最典型的就是未满法定婚龄者随着年龄的增长达到了法定婚龄。在这种情况下，因未达法定婚龄导致婚姻无效的情形消失，当事人不能以此为由主张婚姻无效。

存在争议的问题是，若当事人构成重婚后，原婚姻关系因为离婚或者一方当事人死亡而消灭，后婚姻是否因无效原因消失而有效？毕竟此时似乎已经没有需要保护的合法婚姻存在，从这个角度上看似乎应该有效；但是如果认定为有效，似乎又为重婚开了方便之门，只要与原配离婚或者等原配死亡，重婚就能转化为有效，似乎不符合公序良俗。比较法上也有不同的立法例，既有规定后婚有效的，也有规定后婚无效的。对此争议问题，最高人民法院在《民法典婚姻家庭编解释（二）》第1条中明确表态：“当事人依据民法典第一千零五十一条第一项规定请求确认重婚的婚姻无效，提起诉讼时合法婚姻当事人已经离婚或者配偶已经死亡，被告以此为由抗辩后一婚姻自以上情形发生时转为有效的，人民法院不予支持。”

还有一个富有争议的问题是：有禁止结婚的近亲属关系的当事人结婚多年已生育子女，或因为无生育能力而无子女，或根本不打算生育子女，这种婚姻能否转为有效？对这一问题的解答取决于对“禁止近亲结婚”条款的立法目的作何理解。从优化人种这一公共政策的角度来看，很多近亲结婚所生育的子女存在各类先天缺陷或疾病，其概率远远高于非近亲婚姻的子女的。那么是不是只要近亲结婚的当事人不生育子女，或无法生育子女，其婚姻就可转为有效婚姻呢？或者，只要通过技术手段使其不能生育或者通过基因选择避免生育存在缺陷的后代，就可以放开对近亲结婚的限制呢？显然不是。禁止一定范围内的近亲属结婚，除了出于优生优育的需要，更重要的是伦理方面的考量。① 较为极端的例子是，直系血亲、亲兄妹或亲姐弟之间，无论是在“亲上加亲”的古代社会还是在“禁止近亲结婚”的现代社会，都是绝对禁止结婚的。不仅如此，直系血亲、亲兄妹和亲姐弟之间发生性行为也会受到强烈的谴责甚至是严酷的惩罚。这就是基于社会伦理道德上的否定性。正因为禁止近亲结婚条款的立法目的还包括社会伦理道德的考虑，那么即便当事人已经生育子女或未生育子女，也都应该认定导致婚姻无效原因没有消失，婚姻仍然无效。

关于请求宣告婚姻无效和撤销婚姻的主体，《民法典婚姻家庭编解释(一)》第9条规定如下：

有权依据民法典第一千零五十一条规定向人民法院就已办理结婚登记的婚姻请求确认婚姻无效的主体，包括婚姻当事人及利害关系人。其中，利害关系人包括：

（一）以重婚为由的，为当事人的近亲属及基层组织；

（二）以未到法定婚龄为由的，为未到法定婚龄者的近亲属；

（三）以有禁止结婚的亲属关系为由的，为当事人的近亲属。

该规定对不同情况下可以主张婚姻无效或可撤销的利害关系人进行了规定，我们现在主要讨论第1～3项的规定。最高人民法院之所以会对主张婚姻

① 楚玉荣等. 近亲结婚的危害与遗传病的发病率. 生物学教学，2004（2）：55-56；俞建新. 近亲结婚的危害. 生物学通报，1999（10）：21；张萍. 中国违法婚姻现状分析. 社会科学研究，1993（5）：79-91.

无效和可撤销的利害关系人的范围进行一个界定，目的是防止他人以婚姻无效或可撤销为由阻碍当事人实现婚姻自由。但很多学者对这一规定产生了质疑，认为对利害关系人的范围作了过于狭窄的限定。比如，该条规定只有未到法定婚龄者的近亲属才能主张婚姻无效，那达到法定婚龄者的近亲属就不能主张婚姻无效了吗？村委会、街道办等群众基层组织就不能主张了吗？这样的规定显然存在重大疏漏。因此，如何理解这一司法解释的规定成为关键所在。如果把这一规定作为列举性规定，则不存在什么问题，只不过此规定可能沦为具文。但如果将其认为是封闭性规定，就很容易产生挂一漏万的情况，而且婚姻无效或可撤销所涉及的不一定只是私益，还可能涉及公共利益，有的在某些特定情况下需要公权力机关的介入。权衡利弊，综合考量，还是将《民法典婚姻家庭编解释（一）》第 9 条的规定作为列举性规定理解更恰当，是对司法实务中较为多发的案件类型的总结。

关于可撤销婚姻的行使主体，《民法典婚姻家庭编解释（一）》第 18 条第 2 款［源自《婚姻法解释（一）》第 10 条第 2 款］规定："因受胁迫而请求撤销婚姻的，只能是受胁迫一方的婚姻关系当事人本人。"而新增的隐瞒患有重大疾病导致婚姻可撤销的撤销权主体，也是另一方当事人本人。

请求撤销婚姻的除斥期间都是一年。但是胁迫婚和重大疾病欺诈婚的起算点不同。对于胁迫婚而言，"自胁迫行为终止之日起一年内提出。被非法限制人身自由的当事人请求撤销婚姻的，应当自恢复人身自由之日起一年内提出"。对于重大疾病欺诈婚而言，"自知道或者应当知道撤销事由之日起一年内提出"。

需要注意的是，根据《婚姻法》的规定，无效婚姻的宣告机关只能是人民法院，但可撤销婚姻的撤销机关既可以是人民法院，也可以是婚姻登记机关。《民法典》编纂过程中，关于婚姻登记机关能否作为可撤销婚姻的撤销机关存在一些争议。很多人认为，婚姻是否能被撤销其实是对当事人的权利义务等实质性内容进行判断，而婚姻登记机关并没有审判职能，无权对这些实质性问题进行审查，只能根据人民法院撤销婚姻的裁判结果办理撤销婚姻登记，因此不能作为撤销机关加以规定。《民法典》采纳了上述意见。于是在《民法典》第 1052 条和第 1053 条里，可撤销婚姻的撤销机关一律被改为人民法院，而不再包括婚姻登记机关。

四、无效婚姻和可撤销婚姻的法律后果

（一）无效婚姻和可撤销婚姻的溯及力

《民法典》第1054条中规定："无效的或者被撤销的婚姻自始没有法律约束力，当事人不具有夫妻的权利和义务。"

对此规定，学界争议较大。不少学者指出，从比较法的立法趋势来看，婚姻的无效和可撤销都是向未来发生效力，不再具有溯及既往的效力。尽管就法律行为而言，其无效和被撤销的法律后果是溯及既往的，相当于这个法律行为自始未发生过。但在婚姻领域，如果完全照搬法律行为的规则就会出现不符合逻辑和现实的情况。毕竟，结婚和共同生活是客观发生和存在的，甚至当事人已生育了子女，让其完全回复到婚姻自始不存在的状态是不现实的。但实际上，其他法律行为又何尝没有这个问题呢？以合同为例：正在履行中的合同被宣告无效，根据法律规定其效果是自始无效，对于已经履行了部分合同的当事人来说，这种溯及既往的无效难道就是符合现实的吗？从这个意义上来说，法律所规定的一切具有溯及既往效力的内容都是不符合现实的，因为法律不是时光机，不能使已经发生了的事物完全回到最初状态。其实，法律之所以在某些问题上规定了溯及既往的效力，不是为了把已经发生的事物抹杀和消除掉，而是将某些已经发生的内容视为未发生，由此才产生了物的返还、恢复原状等问题。就溯及既往本身而言，是法律政策的范畴，而不是是否可能或是否现实的问题，究问其是否符合现实并无多大意义。

所以抛开是否符合现实的争论，我们需要回答的是法律规定婚姻被宣告无效和被撤销的法律后果为自始不发生效力，是否具有正当性。在德国法上，确实经历了从溯及既往到不溯及既往的发展历程。[①] 而在日本，婚姻的无效和撤销则一直是溯及既往的不产生婚姻效力。所以针对这个问题比较法有不同的经验，并不能说哪一种就更好，我们必须要吸收哪一种。就德国法而言，规定婚姻的效力只面向未来，目的之一在于婚姻的无效和被撤销不影响婚生

---

① ［德］迪特尔·施瓦布. 德国家庭法. 王葆莳，译. 北京：法律出版社，2010：58－59.

子女的身份，因为在德国，婚生子女与非婚生子女在权利义务上是有区别的，婚姻无效和可撤销只向未来发生效力显然更有利于子女利益的保障。但在我国并不区分婚生子女和非婚生子女，法律对其一视同仁，不存在身份可影响法律地位的情况。此外，就夫妻财产制度而言，德国法上的夫妻之间的财产联系并不像我国法律规定的这般紧密，婚姻无效和被撤销是否溯及既往并不会对夫妻财产状况造成过大的影响。在我国，婚姻被宣告无效和撤销与离婚相比，法律后果差异巨大，而我国法律对离婚的限制又极小，只需夫妻感情破裂就可构成解除婚姻关系的理由。如果当事人仅仅是希望解脱婚姻而不是否定之前业已存在的关系，走离婚的途径即可。[①] 而且若法律将婚姻无效、可撤销的效力都规定为只面向未来，其效果与离婚无异，也没有必要区分婚姻无效和可撤销以及离婚了。但现实中当事人之所以主张婚姻无效或可撤销，就是希望婚姻自始不产生效力，而不仅仅是解除婚姻关系。因此法律作上述区分是有必要的。

（二）无效婚姻和可撤销婚姻的人身效力和财产效力

就人身效力而言，《民法典婚姻家庭编解释（一）》第 21 条规定："人民法院根据当事人的请求，依法确认婚姻无效或者撤销婚姻的，应当收缴双方的结婚证书并将生效的判决书寄送当地婚姻登记管理机关。"换言之，婚姻一旦被宣告无效或被撤销，当事人回复未婚的状态，而不是已婚或离异。这是对《民法典》第 1054 条溯及既往效力的贯彻。

就财产效力而言，《民法典》第 1054 条中规定："同居期间所得的财产，由当事人协议处理；协议不成的，由人民法院根据照顾无过错方的原则判决。对重婚导致的无效婚姻的财产处理，不得侵害合法婚姻当事人的财产权益。当事人所生的子女，适用本法关于父母子女的规定。"这其中有一个非常关键的问题，即在所谓的无效和可撤销婚姻的"婚姻关系存续期间"，当事人是没有夫妻共同财产的。因为按照婚姻的无效和可撤销的法律后果是溯及既往的不发生婚姻效力，既然夫妻关系都未发生，则不产生夫妻共同财产。因此，在这种情况下的财产处理原则应该是"谁的财产归谁"。同样，这一区别也是

① 冉克平．论婚姻无效的法律效果．现代法学，2023，45（05）：73－89．

无效婚姻和可撤销婚姻区别于离婚的一个重要理由。有学者对此提出批评意见，认为法律如此规定不利于保护无效和可撤销婚姻中弱势一方的利益，因为婚姻一旦被宣告无效或撤销，其不能依配偶身份主张财产权利。这一批评确实有合理之处，但是笔者认为这一问题是可以化解的。以可撤销婚姻为例，法律将是否撤销婚姻的决定权交给当事人，由他们选择是否使婚姻自始无效。对有撤销权的当事人来说，如果他希望脱离婚姻关系，可以选择离婚或者申请人民法院撤销婚姻，自然是哪种途径更有利就选择哪种。换言之，如果他想分割夫妻共有财产，可以选择离婚；如果他只想回复到结婚之前的状态，可以选择撤销婚姻。也就是说，在《民法典》的规定中，其实当事人是有三个选择的：其一，选择不撤销婚姻，继续维持婚姻关系。其二，选择撤销婚姻，使自己回复未婚状态。其三，选择离婚，并根据法律规定分割夫妻共同财产。从这个意义上来说，如果法律规定无效和可撤销婚姻的法律后果不具有溯及既往的效力，就相当于减少了当事人的可选项。无效和可撤销婚姻的法律后果具有溯及既往的效力，填补了离婚的法律后果不溯及既往的空白，给当事人以更多的选择空间。

难点问题 11：同居期间的财产如何分割

1. 无效或者被撤销婚姻中的同居析产规则

《民法典婚姻家庭编解释（一）》第 22 条[①]规定："被确认无效或者被撤销的婚姻，当事人同居期间所得的财产，除有证据证明为当事人一方所有的以外，按共同共有处理。"这一规定让很多人对无效婚姻和可撤销婚姻当中的婚姻关系存续期间的财产的性质产生疑问。什么叫按照共同共有处理？什么叫有证据证明为当事人一方所有？

很多婚姻法学者认为，这一规定与《民法典》第 1062 条和第 1063 条所规定的夫妻法定财产制的内容一致，甚至比《民法典》中对夫妻共同财产的推定都表述得更为明确。该规定把无效的婚姻关系中的财产用有效婚姻的规则来处理，实质上改变了《民法典》第 1054 关于无效和可撤销婚姻的法律后果溯及既往的规定，因为此项规定使得无效和可撤销婚姻的法律后果至少在

① 《婚姻法解释（一）》第 15 条有类似规定。

财产领域是不溯及既往的。

笔者认为这种理解并不准确，《民法典》第 1062 条和第 1063 条的规定，与《民法典婚姻家庭编解释（一）》第 22 条的规定有本质区别。其中的关键点在于何谓“除有证据证明为当事人一方所有的以外”？试问，如果双方当事人为情侣关系，并未办理结婚登记，其中一方赚取了 100 万元，我们能说这 100 万元是二人的共同财产吗？如果二人分手了，对方可以主张分割这 100 万元吗？显然不行。然而问题就在于此。无论是在法律规定上还是社会观念中，只有在双方当事人结婚的情况下，我们才会把一方的收入认为是夫妻双方的共同财产，而《民法典婚姻家庭编解释（一）》第 22 条恰恰没有这个前提。尽管它在规定表述上和《民法典》关于夫妻共同财产的规定相似，却有本质的不同，关键就体现在“有证据证明为当事人一方所有”上。既然无效和可撤销婚姻没有婚后共同所有这个前提，那么当事人的财产自然是“谁取得的就归谁”，除非明确约定了为双方共有。比如，在无效和可撤销婚姻的“婚姻关系存续期间”，当事人能够证明所住的房子是他用自己的收入买的、所开的车是用自己的收入买的、银行卡里的资金是自己工作赚的等等，那么这些财产就应当认定为他的个人财产；如果不能证明，那么这些财产就将被认定为同居期间的共同财产。《民法典婚姻家庭编解释（一）》第 22 条的规定并未改变《民法典》对无效和可撤销婚姻的法律效果溯及既往的规定。之所以要在当事人无法证明财产为个人财产时按财产的共同共有处理，其原因在于确实有很多当事人无法证明财产是个人所有。在婚姻被宣告无效或被撤销之前，当事人都是以有效婚姻的状态生活的，当事人之间的财产不分彼此是很常见的现象。一旦婚姻自始无效，当事人往往面临着如何证明财产的真实归属的困难，法院在审理这类案件时也非常为难。在这种情况下，当事人的婚姻关系自始无效，意味着这些剪不断理还乱的财产关系要恢复到当时人未婚时的状态，比离婚案件中财产的分割要复杂得多。《民法典婚姻家庭编解释（一）》第 22 条本质上是一个证明规则，是为此类案件确立的一个明确的裁判标准，其在尽可能平衡双方当事人利益的基础上将无法证明为一方所有的财产推定为双方共同所有，而不具有推翻《民法典》所确立的无效和可撤销婚姻的法律后果自始无效的作用。在笔者看来，这一规定的理论基础并非对夫妻财产制的准用，而是《民法典》物权编中的添附规则。所谓同居中的财产分割问题，实际上是财产混合而当事人又无法证明为个人财产时法律作出为共同财产的推定的规则。在《物权法》还未规定添附制度时，当年的《婚姻法解释（一）》就确立了这一规则，这确实是个令人兴奋的事情。现在《民法典》已经在物权编规定了添附制度，与这一司法解释的规定可以说是相互印证的。

2. 一般性的同居析产规则

《民法典婚姻家庭编解释（一）》第 22 条的规范范围仅限于"被确认无效或者被撤销的婚姻"中形成的同居关系的析产问题，但是没有解决一般性的同居关系中如何析产的问题。而现代社会中这又是非常常见的纠纷。针对此问题，《民法典婚姻家庭编解释（二）》第 4 条专门规定：

双方均无配偶的同居关系析产纠纷案件中，对同居期间所得的财产，有约定的，按照约定处理；没有约定且协商不成的，人民法院按照以下情形分别处理：

（一）各自所得的工资、奖金、劳务报酬、知识产权收益，各自继承或者受赠的财产以及单独生产、经营、投资的收益等，归各自所有；

（二）共同出资购置的财产或者共同生产、经营、投资的收益以及其他无法区分的财产，以各自出资比例为基础，综合考虑共同生活情况、有无共同子女、对财产的贡献大小等因素进行分割。

该规则面世后，很多人提出了激烈的批评意见，认为该条是将婚姻中的规则强加到了同居阶段，在同居中也形成了"共同财产"。笔者认为这种理解是偏颇的，如果读了前文对于《民法典婚姻家庭编解释（一）》第 22 条的解释就会明白，该条并没有形成所谓的同居共同财产：《民法典婚姻家庭编解释（二）》第 4 条第 1 项就首先明确了在分得清时，各自的财产归各自所有；只有在同居伴侣因共同出资等原因导致财产无法区分时，才根据第 2 项发生同居析产的问题。本质上这还是前文所说的因财产混合形成的添附问题。

我国《民法典》虽然引入了添附规则，却没有规定细则，于是《民法典婚姻家庭编解释（二）》第 4 条就有了巨大的发挥空间。《民法典婚姻家庭编解释（二）》第 4 条有一个重要创新之处：通常财产混合的情形可以按照原本各自的财产价值共有混合物，在此基础上可按比例分割共有物，该条中“以各自出资比例为基础”就是这一基本原理的体现；但是第 4 条在此基础上又引入了“综合考虑共同生活情况、有无共同子女、对财产的贡献大小等因素进行分割”，这又如何解释呢？笔者认为可以理解成其他贡献因素也视为对共有物的出资，从而作为对真实出资的补充。

第四章　婚姻的人身效力

婚姻不仅是两个人情感的结合，也是法律上的契约关系。婚姻的人身效力是指婚姻关系对夫妻双方在人身关系方面产生的法律效果。本章将深入探讨婚姻在人身关系方面所产生的各种法律效力，探讨亲属身份权的性质和亲属身份权的范围。通过本章的学习，读者将能够深入了解婚姻的人身效力，理解婚姻关系中夫妻双方的权利与义务，以及如何在法律框架内维护彼此的利益。

第一节　婚姻的人身效力概述

所谓婚姻的人身效力，就是指婚姻对当事人会产生哪些人身方面的权利义务关系。一般认为，民法是一个权利本位的法律。就立法而言，如果一个条款既可以表述为权利，也可以表述为义务，那么立法者会更倾向于将它表述为权利。在学术研究中也是如此。如果一个问题既可以从权利的角度来探讨，也可以从义务的角度加以描述，学者们往往也更倾向于前者。于是我们在谈到婚姻的人身效力问题时，也主要是从婚姻所产生的权利的角度进行分析。这也就是我们所说的亲属身份权。

在民法权利体系下，民事权利可分为人身权和财产权，而人身权又可划分为身份权和人格权。尽管在官方的政策文件里并不区分人身权和人格权，但在学理上还是需要搞明白它们之间的界限。人身权是人格权的上位概念，人格权与身份权属于同一权利位阶。人格权与身份权的本质区别在于前者是人生而为人所享有的权利，后者是基于某种特定身份享有的权利。而亲属身份权则属于身份权的一种，是基于亲属关系产生的身份权。

第二节　我国亲属身份权理论建构

关于哪些权利属于亲属身份权，不同的学者有不同的理解。比如余延满教授认为，夫妻的人身效力包括夫妻姓氏权、夫妻人身自由权、同居的权利和义务、忠实的权利和义务以及婚姻住所商定权等。[①] 杨大文教授认为，夫妻的人身效力包括夫妻有各自姓名的权利、夫妻双方都有参加生产工作学习和社会活动的自由、夫妻双方有平等的婚姻住所决定权、夫妻之间有相互继承遗产的权利以及夫妻间有相互扶养的权利和义务等。[②] 巫昌祯教授和夏吟兰教授则认为，我国法中婚姻的人身效力包括姓名权、人身自由权、婚姻居所决定权、计划生育的义务、夫妻生育权等。而比较法上，关于配偶身份权的规定大致包括同居义务、忠实义务和日常家事代理权。[③]

对于这些林林总总的权利和义务列举，我们是否都需要照单全收？或者，在思考基于婚姻产生的人身效力问题时，应该依什么样的标准来划定权利的边界？

在婚姻的人身效力问题上，我们会发现一种有趣的现象：很多婚姻法学者在分析婚姻的人身效力时，喜欢大而全地把各种各样的权利纳入亲属身份权的范畴，只要可以在婚姻中找到的权利都是亲属身份权。这些学者希望通过构建庞大的亲属身份权利体系来彰显婚姻制度的优越性。但若按照这个思路来理解总结亲属身份权，我们会发现这些亲属身份权和民法意义上的身份权其实没有区别。但很显然，基于婚姻关系所产生的亲属身份权和当事人本就享有但带入婚姻关系中的人身权是有区别的。比如姓名权，难道当事人在结婚之前就不能决定自己的姓名吗？还有夫妻人身自由权，难道夫妻结婚之前其人身自由就受到限制吗？或者说，若婚姻关系不存续则当事人的人身自由就将受到限制？此外还有参加生产工作学习和社会活动的自由、住所决定权等，都存在这个问题。显然，这些权利不因婚姻而产生，也不因婚姻而消

① 余延满．亲属法原论．北京：法律出版社，2007：219－245．
② 杨大文．婚姻家庭法．8版．北京：中国人民大学出版社，2020：107－112．
③ 巫昌祯．婚姻家庭法律指南．北京：中国社会出版社，2013：52－58．

失。而这些学者在罗列亲属身份权利时，往往都犯了“将人格权作为亲属身份权”的错误。换言之，很多权利是当事人生而为人当然享有的权利，却被作为基于婚姻产生的亲属身份权。如此一来，只要结婚，人格权就转化为身份权，显然是不符合逻辑的。因此可以发现，在前面所例举的一些学者关于亲属身份权的罗列中，很多权利并不是亲属身份权。而《民法典》在关于夫妻关系的章节中，也规定了诸如“地位平等”“各自使用自己姓名的权利”“参加生产、工作、学习和社会活动的自由”等内容，这又是为什么呢？笔者认为，无论是《民法典》还是《婚姻法》，对此类权利和自由的规定都极为必要，但并不意味着这些权利和自由就是亲属身份权。之所以要强调这些权利和自由，是因为长期以来夫妻一方特别是处于弱势地位的女方的这些权利和自由无法得到保障。学过法制史的同学应该对我国封建社会时期的婚姻家庭制度有所了解。在那个时期，很多女性在结婚后就丧失了自己的姓名的权利，其人身自由也受到严格限制，更别说参加工作、学习和决定住所的权利了。而在笔者看来，就现阶段而言，我国并不存在所谓以姓名权为内容的亲属身份权，法律规定夫妻有“各自使用自己姓名的权利”恰恰是要否认自封建时期就存在的“夫妻姓名权”，即结婚后当事人仍可保有自己的姓名，也无须改夫姓或妻姓。这才是法律规定“各自使用自己姓名的权利”的意义所在。同样，法律之所以要强调夫妻有参加生产、工作、学习和社会活动的自由，也是因为在过去，很多人在结婚以后就失去了人身自由，其能否参与这些活动受制于对方，法律需要打破这种旧的传统、消除这种封建的亲属身份特权。平等决定住所的权利也是如此，在过去妻子和赘婿结婚后只能去对方的住所却不能在自己的住所居住，而现在的法律并不作此限制，在哪住、跟谁住都是双方自由协商决定的。从这个意义上来看，法律规定这些权利其实是要打破和消除原有的亲属身份权，而不是确立这些权利。所以在婚姻领域，亲属身份权其实没有那么多。并不是说权利越多就越能彰显这个法律或制度的优越性，为了构造各种各样的亲属身份权，把原本属于人格权的内容强拉进来，或把各自生活状态权利化，这些都是不对的。比如，有一些学者提出夫妻间的“亲吻权”“延续后代权”和亲属之间的“悼念权”“亲情保持权”“遗体瞻仰权”等，令人啼笑皆非。但正是由于这些概念具有一定的迷惑性，司法实务中竟然有法院支持了这类诉讼请求。此外，还有的学者为了避免所罗列的亲属身份权不够全面，参考一般人格权的概念构造出所谓的“一般亲属身份权”，使得这个体系越来越庞大，几乎要权利爆炸。但我们要清醒地意识到，这种不胜其烦地吸收和罗列各式各样亲属身份权利的做法不仅无益，还可能有害。因为权利的背面就是义务，权利越多说明义务也越多。当我们为一方当事人设置大量的权利的同时，也让对方承担了大量的义务；如果权利人的权利没有边界，那么义务人的义务也永无止境。这样一来，人们的自由将被极大地限制，与民法的价值和内在精神相违背。而在民法学界，确实存在不停地构造权利的做法和倾向，这需要我们格外地谨慎和警惕，对那些新生的权利不要盲目地欢呼鼓掌，而是要冷静地反思它背后的义务的边界，是否会给义务人造成过重的负担。在《民法典》编纂过程中，就有很多学者提出要将个人信息作为一项独立的人格权加以明确。对于个人信息的产生者和持有者来说，个人信息的权利化无疑是好事，但对于个人信息的使用人或相对人来说，这显然将成为一个沉重的负担。最终《民法典》也并未将个人信息规定为一项人格权，反映出《民法典》对于是否将某一项利益或自由上升为权利是持谨慎态度的。但在婚姻法领域，这种谨慎态度并不常见，往往是“脑洞”多大，权利的范围就多大。在司法实务中也出现过这样的案例。

例如，我国司法案例中曾经出现过关于“悼念权”的案例。在“史某清诉史某文悼念权”[①] 一案中，2001 年 8 月，原告史某清以被告史某文（原告大哥）在父亲死亡后，未通知自己，便独自料理后事，致使其在父亲死亡三年半后才得知此事，使其丧失了对父亲进行悼念的权利为由，将被告起诉到了法院。史某清与史某文自 1979 年后断绝往来，双方未互留地址和其他联系方式。兄弟俩的父亲史某斌因脑血栓住进医院。1997 年 1 月，史某斌因心肌梗死在史某文家死亡。2000 年 7 月，弟弟史某清从大姐夫口中得知了父亲的死讯。为此，其将大哥史某文起诉到了法院。在审理中，史某清承认：父亲在世时，其除 1991 年和 1996 年 10 月看望过父亲两次，再未对父亲尽过其他义务，也未向其他亲属询问过父亲的病情。

---

① 北京市宣武区人民法院（2001）宣民初字第 3520 号民事判决书。

北京市宣武区人民法院（2001）宣民初字第3520号判决的主要观点如下：民事义务，是指民事法律规范规定或当事人依法约定，义务人为一定的行为或不行为，以满足权利人利益的法律手段。而作为侵权民事责任的客观构成要件之一就是加害行为的违法性。因此，确定被告对原告是否构成侵权的重要标准之一应为被告的不作为是否具有违法性。不可否认，按照我国传统的道德伦理和习惯，原告作为死者的子女确有权对死者进行悼念和哀思。但鉴于我国目前的法律对于该项权利的相对义务人未做规定，因此，被告的不作为不具有违法性。故在被告对其父尽了主要赡养义务且与原告多年互不联系的情况下，原告以丧失悼念权为由，起诉要求被告独自承担未尽通知义务的责任，没有法律依据，同时也不符合民事法律中的公平原则。另外，有必要指出，原告悼念权的丧失，与其长期不关心且不与父亲联系亦有因果关系。

有学者认为法院判决不妥。[①] 悼念权是身份权，是由特殊的身份派生出来的权利，只要身份没有消失，权利就不应当被剥夺。这样的权利可以放弃，他人不得非法干涉。如果死者生前留有遗言，禁止通知其奔丧，也不能作为剥夺悼念权的理由，因为悼念的方式有多种，除了瞻仰遗体还可以通过设置灵堂，甚至不需要特定的方式也能完成。这可以作为免除义务者通知的义务。应当注意的是，侵害悼念权的人既可能是权利人的其他近亲属，也可能是其他在客观上具有通知义务的公民或单位。除此之外，这个判决还存在一些其他问题，在此不予讨论。就判决思路而言，笔者认为应当是正确的。学者在其论述中，将悼念作为一项身份权利，并认为若当事人进行悼念没有得到对方的配合或支持就可以主张赔偿。但所谓的悼念权在法律中并无规定，比较法上也没有立法例，纯粹是在观念上构造出来的，在此基础上，阐述了悼念权的行使包括瞻仰遗体、摆设灵堂等，甚至可以不需要特定的行为方式就可以完成。但即便有如此详尽的阐述，所谓悼念权的内涵和外延依然非常模糊，甚至让人怀疑这是否能构成一项权利。比如，既然行为人可以通过任何方式行使悼念权，这不就是基于当事人的自由意志可独立完成的事情吗？将其权利化的意

---

① 杨遂全，魏龙．悼念权的行使与农村强制火葬和保留文物//杨遂全．民商法争鸣．北京：法律出版社，2011：59－65．

义何在？但这些观点同时也谈到，在当事人进行悼念时，需要某些特定的人给予配合的情况，此时的悼念权属于相对性的权利。根据这一观点，悼念权又被分为两种完全不同性质的权利，一种是当事人可自由独立完成的，另一种则需特定的相对人加以配合，而后面这种悼念权又被理解为一种债权。然而，仅凭存在亲属关系，就能产生债权债务关系吗？就这个案子而言，因为原告与被告是兄弟关系，被告就应该无条件地配合原告的悼念吗？就应该千方百计寻找到对方、通知对方，甚至妥善保存父亲的遗体直到对方完成悼念再将父亲的遗体安葬吗？在法院的判决中我们可以看到，法院认为原告主张的悼念权在法律上并未规定，因此没有法律依据。笔者认为在当时法院能把问题想到这一步，已经是非常了不起了，因为法律并未规定所谓的悼念权，如果需要构造出这样一种权利，不仅要考虑到权利自身的内容，还要考虑应该如何设置与此相对的义务，比如，哪些范围的亲属有配合悼念的义务、该义务要达到何种程度、不配合需要承担什么责任等。有些学者的观点，不仅将生活状态与人格权、身份权混为一谈，还将亲属权和债权混为一谈，问题很大。构建悼念权最大的问题在于，如果把悼念这一行为权利化，就相当于给当事人和他的亲属之间增加了一项义务，只有在这个人的悼念权得到满足之后才能对死者进行安葬。这显然不符合客观现实和人伦常理，因此法院的判决是正确的。

权利能成为权利，是经过了大量的精密论证和实践的严格检验的，因此我们在探讨某一事物能否成为权利时，需要保持谦抑的态度，并付出更多的谨慎思考，避免那种大包大揽的思想观念。这也是笔者建议在《民法典》人格权编引入“动态系统论”或“相关性理论”的原因，立法机关也采纳了笔者的建议，在《民法典》第 998 条规定了对侵害生命权、身体权和健康权以外的人格权的民事责任，即“应当考虑行为人和受害人的职业、影响范围、过错程度，以及行为的目的、方式、后果等因素”。

综上所述，笔者反对将生活状态权利化、将人格权与身份权混为一谈，身份权并不是越多越好，体系也不是越复杂越好，需要被置于一个合理的限度内，否则将造成“权利爆炸”的状态。而权利爆炸意味着义务也会爆炸，将大大的阻碍交易活动的正常进行。

难点问题12：是否应该承认所谓的“一般身份权”

有不少学者主张比照“一般人格权”构建“一般身份权”理论。那么这种理论建构倾向符合民法原理吗？符合我国制度构建需求吗？姑且不论一般人格权制度的理论依据是否充分，但至少这个理论有符合逻辑的地方。但一般身份权是什么？身份权是基于特定身份产生的权利，那么一般身份是什么身份？一般人都有的身份权那还是身份权吗？

要讨论这一问题，有必要先厘清“一般人格权”概念的由来。

《德国民法典》第823条和第826条确立了这么一个规则：对于保护阶层比较高的权利或者法益，构成侵权的要件要求相对较低；而对于那些没有被上升为权利的利益遭受侵害，构成侵权的要件要求就更高，要求行为人主观上具有故意，同时客观上还需违反善良风俗。但我国民法学界长期以来没有注意到这种区分的价值，认为侵权法保护的客体越广泛越好。在《民法通则》中，只规定了不得侵犯他人人身和财产，却没有指明所侵害的客体是何种权利和法益。对此，很多学者甚至表示赞许，认为这是我国民法“后发优势”的体现：我国民法在侵权法所保护的客体范围上面没任何的限定，既保护权利也保护利益，这是非常先进的做法。因为这样一来侵权法的保护范围就比比较法上大多数国家的侵权法所规定的保护客体范围都要大，显然更利于对公民人身和财产的保护。是否果真如这些学者所评价的，这种不限制侵权行为客体范围的做法是“后发优势”的体现？笔者认为应当从两个方面加以分析。一方面，《民法通则》制定于20世纪80年代末，正值国家社会处于深刻变革之际，各类侵财侵人案件多发，公安机关也采取“严打”措施加以整顿。《民法通则》对侵权客体不加以限制，与这种社会背景相契合，只要对他人造成侵害就应该承担相应的责任。另一方面，随着社会的发展，这种简单化的规则设计方式也逐渐不能适应日益复杂化的侵权案件。为了帮助读者更好地理解，这里再举《日本民法典》进行比较和说明。

《日本民法典》在2004年“现代语化改革”之前，关于侵权责任的规定为“因故意或者过失侵害他人权利时，因此而产生损害的赔偿责任”。可以看出，此时的日本侵权法所保护的客体仅为权利，权利之外的利益并不在侵权法所保护的客体范围之内。于是有很多案件都被受理法院排除了管辖。比如，当时出了这么一个著名的案件，即“桃中轩云右卫门事件”[1]。原告甲制作了著名“浪曲”（日本民间艺术）师云右卫门的唱片，被告乙在没有任何授权的情况下复制并贩卖了该唱片，于是甲对乙提起了损害赔偿之诉。日本大审院以“浪曲”并非著作权法上受保护的权利为由，否认了甲的请求。法院对这个案件的判决遭致学界的广泛批评，很多学者开始反思法律关于侵权行为客体的规定是否合适。而在之后具有划时代意义的“大学汤事件”判决中，判例摆脱了权利二字的束缚，将侵权法的保护客体理解为“法律上受保护的利益”。

“大学汤事件”的主要案情为：原告甲打算在大学附近经营浴室，从被告乙处租赁了房屋，并另付价金从乙处取得了“大学汤”的老字号。后来甲、乙合意解除了该租赁契约，乙又将房屋租赁给了丙，并让丙使用“大学汤”的老字号。甲以“大学汤”的老字号已经归其所有，乙、丙的行为侵害了其老字号为由，请求损害赔偿。原审法院以“老字号”并非权利故不受侵权法保护为由，驳回原告甲的诉讼请求。对此，大审院认为对《日本民法典》第709条中的权利应作广义解释：“我们的法律观念上对其侵害有必要依侵权法加以救济的利益”都应视为权利，于是将该案发回重审。重审法院以甲拥有的老字号已随契约解除而消灭为由，仍然判决甲败诉。本案的关键性意义在于大审院对权利作出了广义解释，从而扩张了侵权法保护的客体范围。于是，日本侵权法理论开始了从“权利侵害”到“违法性”的重大变革。在这一变革中，我妻荣博士提出了著名的“相关关系理论”，即侵权所保护的客体的权利性越强或保护层级越高，侵权行为的主观构成要件就越宽松；侵权保护客体的权利性越弱或保护层级越低，那么侵权行为的主观构成要件就要越严格。侵权行为的客体与主观构成要件之间是负相关的关系。这其中有一个临界值，在此之上构成“不法侵害”，而这种“不法”就构成侵权行为的客观要件。我妻荣教授的这一学说与《德国民法典》第823条和第826条有类似的理论基础，但二者最显著的区别体现在对权利或利益层级的划分上。根据我妻荣教授的“相关关系理论”，侵权行为的客体是一个平滑的曲线，相当于被分为无

① ［日］大判1914（大正3年）年7月4日刑录20辑1360页。

数个档次，而《德国民法典》只区分了两个侵权客体档次——权利和利益。而这种两档区分的做法显然缺乏灵活性，覆盖面也非常有限，导致一些处于两档中间地带的法益的处境非常尴尬，难以得到有效保护。此外，第826条规定的利益侵害型必须要求主观上故意才能成立侵权行为，导致很多过失侵害利益却明显应予保护的情形，不能依该条获得救济。比如行为人虽然主观为过失，但其行为明显违背善良风俗。例如：甲银行提供关于乙的不实信用资料，导致丙向乙提供贷款，未获清偿；甲律师受乙委托书立遗嘱，遗赠某物给丙，甲因疏于注意，遗嘱未符合法定要件不生效力，致丙不能取得遗赠。①

在这两个案件中，丙的权利或利益因为甲的过失遭受损害，他向法院起诉希望甲予以赔偿。比如在第二个案例中，甲律师的疏忽导致乙的遗嘱不能生效，标的遗产被乙的法定继承人继承，丙根本拿不到这些遗产，对他来说这是非常巨大的损害。但丙若想找甲赔偿损失，他能依据什么请求权基础去法院起诉呢？委托合同是甲与乙签订的，甲的失职是对乙的违约，跟丙又有什么关系呢？如今乙已经去世，遗嘱又没有生效，丙既不能以合同相对人的身份亦不能以继承人的身份要求甲承担违约责任。若丙想提起侵权之诉要求甲赔偿，但《德国民法典》第823条所规定的侵权行为客体为权利，丙对遗产的“期待”并未达到该规定所要求的权利层级。若按第826条的规定，甲又非故意造成丙的损失，因此这条路也走不通。在这两个案子中，明明是甲的过错造成了丙的损失，丙却无法主张甲对其赔偿，这就是《德国民法典》第823条和第826条最大的问题。奥地利法学家瓦尔特·威尔伯格（Walter Wilburg）对《德国民法典》第823条和第826条的规定进行了反思，提出了“动态系统理论”，认为权利和利益之间并不是非黑即白的档次区分，而是存在一个平滑过渡的阶段，这个理论与我妻荣教授的“相关关系理论”有异曲同工之妙。而为了弥补该缺陷，德国的判例和学说做了两方面的努力：一是通过“扩张契约法”加以解决。德国学者创设了“附保护第三人利益契约”理论。第三人利益契约分为真正第三人利益契约和不真正第三人利益契约。

① 类似案情的案例可见《最高人民法院公报》2005年第10期“王某富诉三信律师所财产损害赔偿纠纷案”，被告三信律师所在为原告之父立遗嘱时的过失导致遗嘱无效，使得原告无法获得遗嘱继承权利。

真正第三人利益契约指的是双方当事人为第三人利益订立契约，在契约未获履行的情况下，该第三人可以独立请求履行契约或要求债务人对其承担违约责任。不真正第三人利益契约指的是双方当事人为第三人利益订立契约，在契约未获履行的情况下，该第三人没有独立的请求权要求履行契约或要求债务人向其承担违约责任。合同法所规定的第三人合同本质上仍是束己合同，强调的是合同的相对性，因此是“不真正第三人利益契约”。我国《民法典》编纂在此规定的基础上增加了一款，允许当事人订立“真正第三人利益契约”，即当债务人不向第三人履行合同的时候，第三人可以独立要求债务人承担违约责任。因此在我国，既有真正第三人利益契约，也有不真正第三人利益契约；注意不要和上面所说的附保护第三人利益契约混淆。

德国法学家创设的附保护第三人利益契约，是指特定合同一经成立，不但在当事人间发生权利义务关系，同时债务人对与债权人具有特殊关系之第三人，亦负有照顾、保护等义务。债务人违反此项义务时，就该特定范围之人所受之损害，亦应依契约法之原则，负损害赔偿责任。而甲与乙所签订的委托合同虽然只约束订立合同的甲乙双方，但其目的是能让丙顺利继承乙的遗产，属于附保护第三人利益契约。虽然丙对甲没有独立的请求权，但若甲没有履行委托合同义务，而此时作为合同相对人的乙又因去世无法要求甲承担违约责任，那么丙就可以取代乙要求甲承担违约责任。创设这一契约的目的就在于填补《德国民法典》第 823 条和第 826 条之间的鸿沟，为丙这样的当事人在合同法上扩张出一个请求权基础，将一部分“利益”转由契约法保护。这些方案虽然解决了大部分利益救济问题，却仍有“漏网之鱼”。

二是扩张解释《德国民法典》第 823 条第 1 款当中的一个绝对权的范围。扩大第 823 条第 1 款的绝对权，创造出了“一般人格权”“营业权”等框架性权利，将一部分“利益”强行改造成了“权利”。于是“一般人格权”的概念就诞生了。对“一般人格权”而言，处于第 823 条和第 826 条规定的权利和利益的中间地带，只有通过在司法实践中不断地补充客观构成要件，再结合行为人故意或者过失的主观要件，才能被确定。如果我们仔细研究“一般人格权”里面的这些权益，会发现每个权益的构成要件都有所不同，它们共同构成了“一般人格权”这样一个庞大而复杂的体系。

回到我国的民法理论上。《民法通则》没有对侵权行为的客体做任何限制，而学界对此也高度认可，认为没有走《日本民法典》的弯路。但问题是，《民法通则》不仅没有区分侵权行为的客体，也没有对这些客体加以区分。换言之，不管是权利还是没有权利化的某种利益，法律都“一视同仁”，以相同的标准、力度加以保护。以至于长期以来司法实践中形成了这么一种思维：只要有损害结果，行为人就必须赔偿。这导致很多看似荒诞不经的案件被法院受理，很多明显是无理取闹的诉讼请求被法院支持。显然，并不是所有的利益都值得法律保护，哪些利益需要保护、哪些则不应该被保护需要经过理论和实践的严格论证。后在全国人大制定《侵权责任法》时期，已经有很多学者对《民法通则》的规定进行批判，认为其保护客体过于宽泛，需要对权利和利益进行区分。立法机关也注意到这一问题，但对于如何区分、依什么标准区分等问题存在分歧。基于“宜粗不宜细”的惯例，后来出台的《侵权责任法》第 6 条第 1 款规定，“行为人因过错侵害他人民事权益，应当承担侵权责任”。换言之，当时的立法机关已经意识到对权利和利益进行区分，但对如何区分并没有更深一步的回答。十多年过去后，《民法典》制定出台，在这个问题上就更向前迈了一步。《民法典》第 1165 条第 1 款规定，“行为人因过错侵害他人民事权益造成损害的，应当承担侵权责任”。可以看出，《民法典》在《侵权责任法》的基础上，对于侵害权益承担侵权责任增加了“造成损害”这一构成要件。这个修改的目的在于把权益和造成损害两个问题分开，权益就是权益，损害就是损害，只有在两个要件都满足的情况下，行为人才可能承担侵权责任。在此规定下，侵害他人民事权益的行为有了独立的构成要件，不再与侵害权利的行为混为一谈，进一步凸显侵害他人民事权益这一规定具有独立的价值。

笔者曾建议在《民法典》侵权责任编中增加区分权利和利益的条款，但基于各种原因未能实现。后来在讨论研究人格权编内容时，《民法典》第 998 条“认定行为人承担侵害除生命权、身体权和健康权外的人格权的民事责任，应当考虑行为人和受害人的职业、影响范围、过错程度，以及行为的目的、方式、后果等因素”，相当于威尔伯格教授的“动态系统理论”或我妻荣教授的“相关关系理论”在我国《民法典》中的体现。也有一些学者不理解为何

《民法典》第998条要这样规定，这种抽象的衡量性条款完全可以交给司法解释去规定。但这一条文的真正目的是区分人格权编所规定的生命权、身体权、健康权、姓名权等权利，而这些权利显然属于位阶较高的权利。对于这些权利，只需行为人主观上具有一般过失即可构成侵权。但除此之外的诸如名誉权、隐私权、个人信息等权利和利益，则需要综合考量其构成要件。比如对名誉权的侵权行为，司法实践中有一种趋势，认为只要行为人故意或者过失造成了对方的声誉或社会评价降低，就构成侵犯名誉权。这导致很多公众人物、演员明星成天到法院起诉网友或观众，认为他们对自己的评价构成了名誉侵权，而有一些法院也确实支持了这类诉讼请求。一时间，律师函、起诉状满天飞，很多网友也噤若寒蝉，不敢随便发表评论。这显然不是一个好现象。最典型的就是"鸿茅药酒跨省事件"。

2017年12月19日，广州医生谭某东在网上发布题为《中国神酒"鸿茅药酒"，来自天堂的毒药》的帖子，从心肌变化、血管老化、动脉粥样硬化等方面进行了分析，想说明鸿茅药酒不仅不具备其广告宣传的功效，还可能对老年人造成伤害。内蒙古鸿茅国药股份有限公司以他恶意抹黑造成自身140万元经济损失为由报警后，2018年1月10日，内蒙古凉城警方以"损害商品声誉罪"将谭某东跨省抓捕。内蒙古鸿茅国药股份有限公司以上述文章严重诽谤鸿茅药酒声誉为由，将其告上法庭。

这个案件在当时引起了舆论哗然，很多法律界人士也对内蒙古凉城的公安机关和法院的做法表示质疑。很显然，内蒙古鸿茅国药股份有限公司的行为不仅不是维权，反而是滥用权利，对正当的舆论监督造成了伤害。类似这样的案件还有很多，而且通常都是一告一个准。乍一看，确实满足了侵权行为的要件：行为人故意发布某种言论，而这种言论也确实造成了相对人名誉和社会评价的降低，但实际上忽略了一个很关键的问题，即行为人到底有没有不能作出负面评价，或者维护对方良好声誉这么一种义务？显然没有。《人类简史》甚至说，人类之所以能区别于其他物种，发展出人类文明并走进现代社会，一个很重要的原因就是人会"说坏话"，而通过"说坏话"形成一个社会约束机制，进而产生现代社会的雏形。所以说，我们并不能简单地认为故意＋名誉受损就构成名誉侵权。相反，这种故意为之的负面评价还可能对促进社会进步有益，一旦没有人敢“说坏话”，社会将变得缺乏监督和效率，自然也无益于人类的发展和进步。那么到底什么是名誉权？它的边界又在哪？对此，《民法典》作出了规定，其中，第1024条对名誉进行了定义：民事主体享有名誉权。任何组织或者个人不得以侮辱、诽谤等方式侵害他人的名誉权。名誉是对民事主体的品德、声望、才能、信用等的社会评价。

关于怎样才构成名誉侵权，《民法典》第1025条规定：“行为人为公共利益实施新闻报道、舆论监督等行为，影响他人名誉的，不承担民事责任，但是有下列情形之一的除外：（一）捏造、歪曲事实；（二）对他人提供的严重失实内容未尽到合理核实义务；（三）使用侮辱性言辞等贬损他人名誉。”

通过这一规定，《民法典》将新闻报道和舆论监督等引入，作为对名誉权的制约机制，防止其被滥用。只有在捏造、歪曲事实、未尽到合理核实义务以及使用侮辱性言辞等情况下，即便是在进行新闻报道或行使舆论监督权，也可能构成名誉侵权。这是对名誉侵权的一个动态平衡，要求法官对构成要件进行更为细致和精密的分析与区分。这也是《民法典》引入“动态系统理论”或“相关关系理论”的体现，换言之，在我国未来的人格权保护领域，需要对权利和利益进行较为细致的区分。既然在人格权领域引入了“动态系统理论”或“相关关系理论”，要求对权益进行更为细致的区分，那么是否还有必要再构建所谓的一般人格权呢？笔者认为无此必要。德国法创设一般人格权是为了填补《德国民法典》第823条和第826条之间的鸿沟，而类似的漏洞我国《民法典》已经通过引入“动态系统理论”或“相关关系理论”做了填补，就不需要另外引入一套框架性的制度了。也有人提出，我们国家民法上的一般人格权和德国法上的一般人格权并不完全相同，具有本土色彩和特点。一般人格权在我国民法上的作用是防止“挂一漏万”，对各项具体的人格权保护进行兜底。但即便是兜底性的一般人格权，笔者仍然认为没有必要加以规定。原因在于，根据《民法典》第1165条之规定，我们侵权法所保护的客体既包括权利又包括利益，而且没有对权利和利益进行区分。可以说我国侵权法在保护客体范围上是非常广泛的，那还有什么底可兜呢？在如此广泛的保护客体下，还构造出所谓的一般人格权进行兜底，只会出现这样的情况：在本来就需要衡量的权益客体基础上，再加一道仍需衡量的抽象权利兜底，只会给司法实务带来更多的不确定。

《民法典》第990条第1款明确规定："人格权是民事主体享有的生命权、身体权、健康权、姓名权、名称权、肖像权、名誉权、荣誉权、隐私权等权利。"这是对权利的界定。该条第2款规定："除前款规定的人格权外，自然人享有基于人身自由、人格尊严产生的其他人格权益。"很多学者认为这是《民法典》关于一般人格权的规定。但笔者认为，《民法典》第990条第2款的规定是对人格权编所保护的客体范围进行说明，即除第1款所说的人格权利以外，还包括基于人身自由和人格尊严产生的人格利益，包括后面所规定的个人信息等。对于这些利益，无须再进一步权利化，只需注意在对侵犯这些利益的行为进行判断时，相关构成要件与侵犯权利的构成要件不同。

在了解了"一般人格权"的争论，以及"权利"概念的机能后，我们再来仔细思考亲属身份权的问题。既然在人格权领域一般人格权的概念并无多大意义，沿此思路，我们会发现，在身份权领域也一样，并没有额外构造一般身份权的必要。因为身份权本就是某种特定身份产生的权利，而所谓的亲属身份的外延和内涵本来就很模糊，加上其所对标的一般人格权并没有实际意义，因此所谓的一般身份权没有构建的必要。甚至在笔者看来，在亲属法领域一切对亲属身份权进行的扩张都是无意义的。关于亲属身份权，我们真正需要思考的问题是亲属关系产生了哪些应该被特殊关注和考虑又不可能被人格权化的权益。而这类权益实际上是非常少的，因为既要排除生而为人都享有的权利，也要排除那些婚姻家庭中的生活状态，除此之外还要排除那些看似为权利，但一旦将其权利化就会给配偶造成过重负担的内容（这些内容大部分属于传统甚至封建的残余）。

第三节　亲属身份权的范围

难点问题13：我国承认同居权吗？性权利是否会被第三人侵害？

关于同居权，这是个比较特殊的问题。如果不存在婚姻，我们肯定不会说有所谓的同居权，虽然未婚的当事人之间可能存在同居的情况，但没有人会认为他们之间有同居的权利义务关系。因此，只有在婚姻存在的前提下才有讨论此问题的必要。那么，同居权是一项独立的权利吗？它可以被认为是亲属身份权吗？

（1）同居权的历史发展。

在古代法中，由于采取人格吸收主义，妻子没有独立的法律人格，而是依附于其丈夫，因而同居对于丈夫而言只是权利，对于妻子而言只是义务。基于妻子对丈夫的人身依赖性，早期的资本主义立法关于夫妻同居的规定，带有明显的歧视女性色彩，有的甚至规定同居是妻子的单方义务，而丈夫仅负有使妻子能与其同居的义务。例如1804年的《法国民法典》第214条规定，“妻子负有与丈夫同居的义务”，“丈夫负有义务接纳其妻子”。1898年的《日本民法典》规定，“妻负有与夫同居义务。夫须许妻与之同居”。随着女权运动的发展，妇女参加社会活动的增多，自20世纪40年代起，顺应男女平等的潮流，各国或地区纷纷修订其婚姻立法，对夫妻同居的规定渐趋平等。例如，1970年修订后的《法国民法典》第215条规定：“夫妻相互负共同生活的义务。”1947年日本修订后的《民法典》第752条规定：“夫妻须同居，相互协力，相互扶助。”社会主义国家立法中，绝大多数对于夫妻同居的权利义务未作明确规定。尽管我国新民主主义革命时期，革命根据地颁布的婚姻立法有的对夫妻同居的权利义务做了明确规定，比如1943年的《晋察冀边区婚姻条例》第11条规定，夫妻互负同居义务，但有正当理由不能同居者不在此限，但新中国成立以后的1950年和1980年的《婚姻法》均未对此作出明确规定，《民法典》也没有做明确的规定。

（2）关于我国是否应该规定同居权的讨论。

《民法典》之所以没有规定夫妻的同居义务，主要是因为在编纂过程中对此问题并没多少意见，但在1980年《婚姻法》制定时，学界对于是否规定同居义务有过非常激烈的讨论。对于我国婚姻立法应否规定同居义务有两种截然对立的认识，即“肯定说”与“否定说”。

“肯定说”[①] 的理由包括：1）同居是婚姻自然属性必然派生出的权利义

① 余延满. 亲属法原论. 北京：法律出版社，2007：225－227.

务。婚姻是男女两性的结合，同居是婚姻不可缺少的内容，是夫妻关系得以维系的基本条件和表现。2）同居是婚姻的社会属性要求。婚姻从其本质上是一种共同生活关系，夫妻同居才能表现出其社会属性，才能实现婚姻的社会功能，才会维持婚姻关系的和睦与稳定。3）规定同居义务符合夫妻婚姻当事人的意志，因为结婚就意味着夫妻双方承诺与对方同居生活，没有同居，婚姻也就不称其为婚姻。4）规定同居义务有利于保护婚姻当事人，尤其是妇女的权益，否则会导致一方无正当理由拒不与对方同居却不承担任何不利的法律后果，不利于婚姻秩序的维护性。

"否定说"① 的理由包括：1）性权利是一种天赋权利。不论结婚与否，性权利始终是自己的，通过性活动获得愉快、表达感情和维护健康也是自己的，规定夫妻有同居义务意味着将一个人的性权利交给另一个人去支配，是非常荒诞的。2）同居虽然是婚姻的应有之义，但婚后夫妻是否同居以及同居涉及哪些"内容"，应当属于个人及家庭隐私的范畴，法律不宜加以过问。从法律上说，配偶双方是否同居也不影响婚姻的效力。而且，因为婚姻关系的特殊性，同居涉及夫妻双方的人身自由，这一义务并无法律强制效力，即不能也不可能强制义务人履行同居义务。任何强制公民履行同居义务的法律既不符合现代社会尊重和保护人权的基本理念，又违背了宪法所确认和保护的保护公民基本人身自由的权利。3）规定夫妻有同居义务会使婚内强奸合法化。4）规定夫妻有同居义务，不利于现实生活中易受损害的妇女权益的保护。废止同居义务可以培养和促进夫妻感情，推动社会主义新型婚姻关系的发展。

以上是同居权的沿革以及我国学界关于立法是否设立同居权的讨论。本书所关注的问题是，在讨论同居权利义务时，它包括哪些权利义务内容。有学者认为，同居权利义务包含了以下几层含义：一是性权利，这是同居权最重要的内容，源于婚姻的自然基础，男女两性的差异和生理上的需要以及人类繁衍的必然行为。二是夫妻共同寝食的义务，就是夫妻双方共同生活。三是夫妻双方相互协力的义务，夫妻双方须平等对待、尊重对方、协商一致，不得以暴力或胁迫等手段强行要求同居。但这些内容是否就是夫妻间法律意

① 余延满. 亲属法原论. 北京：法律出版社，2007：225－227.

义上的权利义务呢？如“否定说”的观点，在现代文明社会，同居是不宜作为一项人身权利或义务在法律上加以规定的。一旦如此，则同居可被强制执行，显然是违背人格尊严和人身自由的。换言之，即使结了婚，一方也不能要求对方履行同居义务。但又如“肯定说”所言，同居是婚姻的自然属性之一，不能同居的婚姻似乎就失去了婚姻的意义。如果婚后一方拒绝同居，另一方是否可仅以此为由提出离婚呢？

（3）不履行同居义务的法律后果。

在上海市徐汇区人民法院判决的一个案例中，丈夫有性功能障碍，妻子起诉离婚。具体的案情为：原告卢某（妻子）、被告周某（丈夫）于2008年12月登记结婚，婚后未生育子女。婚初，双方感情尚可，后因家庭生活琐事等产生矛盾。原告指责被告有生理缺陷，被告则认为双方可以进一步沟通，原告不应采取极端的方法、手段对付被告。后原告起诉至法院，认为被告存在生理缺陷不能发生性行为，要求与被告离婚。审理中，被告坚决不同意离婚，并愿意为改善夫妻关系继续努力。一审法院认为：原、被告系自主婚姻，婚后感情尚可，现为家庭生活琐事等产生矛盾，对此双方均有责任。原告提出被告有生理缺陷，却没有提供相关证据予以证明，法院难以采信。现被告要求和好应有积极行为，原告也应该给予被告机会。原、被告均应认真对待婚姻，珍惜夫妻感情，只要双方遇事均冷静思考，互让互谅，多点宽容，加强沟通和交流，相互信任和关心，夫妻关系有望改善。据此，依照《婚姻法》第32条之规定，判决对原告要求与被告离婚的诉讼请求不予支持。一审判决后，原告卢某提出上诉，并向二审法院提交了其于2009年10月26日经上海中医药大学附属曙光医院诊断为处女膜完整的证据。二审法院认为，为了不影响离婚案件当事人的上诉权，撤销本案原判决，发回重审。重审法院认为：尽管原、被告自主结婚，有一定的感情基础，但婚后因无夫妻性生活，导致夫妻感情不睦。原告于2009年2月离开双方的住所地至今，原、被告互不尽夫妻义务，可认定夫妻感情已经破裂。现原告起诉要求与被告离婚，可予准许。综上，法院依法判决原告与被告离婚。[①]

① 上海市徐汇区人民法院（2010）徐民一（民）重字第2号民事判决书。

在司法实践中，再审法院的观点比较具有代表性。只要配偶拒不同居或无法同居的话，虽然不属于婚姻法上直接判决离婚的事由，但法院也会非常果断和直接地支持当事人主张离婚的诉讼请求。从某种程度上来说，如果配偶不履行同居义务或没有履行同居义务的能力的话，会被认为是对婚姻根本目的的违背，自然没有维系的必要。

(4) 同居权是否为第三人侵害。

一个典型的案例是江苏省南京市雨花台区人民法院判决的一个案例。2002年9月2日，江苏省南京市雨花台区人民法院对一起侵害性权利案件做了判决。基本案情为：2001年4月某环卫所驾驶员徐某驾驶自卸车倒车时将位于该车后门的张某撞伤，致使张某左盆骨骨折后尿道损伤。经法医鉴定，张某外伤致阴茎勃起严重困难，构成6级伤残。经交警认定，在该事故中的驾驶员徐某负主要责任。双方调解未果，张某遂以被告环卫所造成其人身损害为由诉至法院，请求判令被告赔偿医疗费等合计152 700元。张某之妻王某以共同原告的身份诉至法院。其诉称因被告驾驶员的侵权行为致使张某无法进行正常的性生活，从而使其陷入漫长的不完整的夫妻生活的精神痛苦之中。考虑到其已经年届四十且与张某已经有孩子的实际情况，请求判令被告赔偿精神抚慰1万元。被告环卫所辩称对张某所提事实部分无异议，但对其赔偿数额有异议；王某的诉求以及主体不适格，拒绝承担精神损害抚慰金的责任。法院经查明事实后认为，王某和张某是合法夫妻，因被告单位驾驶员的侵害行为使张某阴茎功能勃起严重障碍造成6级伤残，给王某带来不完整的夫妻生活，致使夫妻拥有的性生活权利遭到侵害，而夫妻性生活的权利是公民健康权的一个组成部分。在生命健康权受到侵害时，完全有理由要求被告加害人赔偿精神损害。王某作为本案原告共同参加诉讼并无不妥，故对王某请求判令被告赔偿精神抚慰金1万元予以支持。

这个案子又被称为“中国性权利第一案”。该案的争议焦点在于，被侵害的张某向环卫所主张赔偿后，他的配偶王某能否以其同居权受到侵害为由，单独起诉环卫所要求赔偿？因为丈夫遭受侵权行为而丧失性功能，由此给妻子造成的痛苦能否作为侵权行为的客体？虽然法院认为王某的性权利是生命健康权的组成部分，但若张某与王某不是夫妻，法院也断不能说他们就有这种权利。王某提起诉讼的前提正是基于她作为张某妻子的身份，所以这个案子本质上还是一个同居权的案件。这个案件引起的争论非常激烈，各派观点对立，至今都没有形成一个更具说服力的结论。

(5) 同居权与婚内强奸。

早期很多学者认为根本不存在所谓的“婚内强奸”问题。因为就夫妻之关系而言，本来就包含了同居的内容，自愿结婚的意思里也包含了对同居的承诺。这些观点背后所隐含的逻辑就是同居是一种权利，只要夫妻结婚就不能拒绝对方要求行房。也有学者认为婚内强奸至多是暴力行为，可能会构成故意伤害罪、非法拘禁罪、虐待罪或暴力干涉婚姻自由罪等，但不构成强奸罪。但这些观点于近年已经逐渐被抛弃，越来越多的观点认为婚内同样也存在强奸行为，只要是违背了对方的意志，以暴力或其他手段强行发生性行为，就可构成强奸。而我国《刑法》上的强奸罪也是概括地规定了行为主体和客体，没有将丈夫或妻子排除在外。但尽管理论上可以说得通，司法实务中却遇到了麻烦：如何证明强奸行为的存在。而刑法和刑事诉讼中有两个很重要的原则即无罪推定和疑罪从无，如果当事人证明不了婚内的性行为是违背其意志发生的，就不能被认为构成强奸罪。因此在司法实务中，绝大多数的婚内强奸案件会被认为不构成强奸罪。不过，在一种情况下是可以被认为构成婚内强奸的，即提起离婚诉讼期间发生的性行为，一方主张为强奸的，法院一般会予以认定。比如下面这个案例：

被告王某与受害人钱某于1993年1月登记结婚，1996年王某与钱某分居，王某1996年6月到1997年3月两次提出离婚要求。1997年10月8日，上海市青浦县人民法院判决准予离婚，并将判决书送达双方当事人。王某表示对判决涉及的子女抚养有异议，保留上诉的权利。1997年10月13日，王某到夫妻二人过去的住处发现妻子钱某在此，要求与其发生性行为。被拒绝后王某以暴力相威胁强行与其发生性行为，致使钱某多处软组织挫伤，胸部被抓伤、咬伤等。王某的行为被法院认定构成强奸罪。

最高人民法院认为，王某的行为构成强奸罪，其理由就是在当事人提起离婚诉讼之后，双方已经丧失了婚姻中夫妻关于性关系的合意。此时王某以暴力相威胁强行发生性关系的行为就构成强奸罪。

难点问题 14：生育权是人格权还是身份权？夫妻间有相互配合生育的义务吗？生育契约有效吗？

生育权问题同样是一个涉及亲属身份权的问题。很多学者在关于生育权是身份权还是人格权的问题上争执不休，其观点可分为人格权说、身份权说、折中说。笔者认为，这些观点都是从不同的意义或维度对生育权进行阐释。生育权，有人格权意义上的生育权，比如每个人都有生育子女的权利，这一权利不能被非法剥夺，是人身自由的体现。

但我们在讨论夫妻间的生育权问题时，往往是一方想生育，另一方不配合的情况，而此时的生育权就是身份权意义上的生育权。那么，夫妻一方想生育，而另一方却不予配合，将产生什么样的法律后果呢？《民法典婚姻家庭编解释（一）》第 23 条［《婚姻法解释（三）》第 9 条有类似规定］规定："夫以妻擅自中止妊娠侵犯其生育权为由请求损害赔偿的，人民法院不予支持；夫妻双方因是否生育发生纠纷，致使感情确已破裂，一方请求离婚的，人民法院经调解无效，应依照民法典第一千零七十九条第三款第五项的规定处理。"

按此司法解释的规定，一方不能要求对方强行配合自己生育。但一方是否能仅以对方侵犯自己生育权为由要求解除婚姻关系呢？一般认为，虽然不配合生育并不是婚姻法规定的直接判决离婚的理由，但可以作为"感情破裂"判决离婚。

学界关于生育权的性质有人格权说、身份权说和折中说，表面上看是截然不同的学说，但实际上是从不同的角度对生育权的特征进行揭示。生育权有人格权意义的一面，指的是每个人都有自主决定是否生育的权利，属于人身自由的范畴。生育权也有身份权意义的一面，更多的是婚姻中夫妻一方能否要求对方配合其生育的权利，当然这能否成为一个独立的权利，将在下面的内容进行讨论。折中说就是在这两面的基础上进行综合，认为生育权既是人格权也是身份权。关于生育权的学说之争意义并不大，因为学者们都只看到了生育权的一个特征，并由此出发进行阐述。真正有裁判规范意义的问题在于，身份权意义上的生育权是否存在？若存在，其可影响的权利义务范围又该如何界定？前述司法解释则在一定程度上为上述争议画下了句号，因为该条规定夫妻一方以对方擅自终止妊娠侵犯其生育权为由的诉讼请求，人民法院并不予支持。夫妻双方因是否生育的问题导致感情破裂无法调和，一方请求离婚的，人民法院经调解无效，可以依照《民法典》第1079条第3款第5项的“其他导致夫妻感情破裂的情形”判决准许离婚。而在离婚诉讼案件中，一次起诉不判离的情况非常普遍，当事人往往需要再次起诉离婚才能获准。从这个意义上来说，对于夫妻双方因为生育问题产生矛盾纠纷而请求离婚，人民法院审理的尺度是更为宽松的，这意味着虽然我国法律并不直接承认生育权具有可诉性，但通过离婚程序强化了生育权作为一项权利的效果。尽管如此，生育权的身份权属性还是非常弱的。正是因为生育权的身份权属性很弱，在司法实践中出现了下面这些问题。

（1）夫妻双方签订的生育契约如何认定？

有的夫妻为了强化彼此对对方的生育权，会在婚前和婚姻关系存续期间签订生育契约，有的甚至约定了违反生育契约或不配合生育的违约责任。对于这类问题我们该如何看待？法律应否承认生育契约的效力？学界对此存在不同的观点。一种观点认为，生育契约属于当事人意思自治的产物，如果双方订立了生育契约，一方违反就应该按照约定承担违约责任；另一种观点认为生育的决定权属于不可放弃的人格权，生育契约违反了公序良俗因而无效。《民法典婚姻家庭编解释（一）》第23条并未对生育契约的效力进行规定。但最高人民法院曾在《最高人民法院〈婚姻法司法解释（三）〉理解与适用》一书中对此问题采后一种观点，认为生育权属于人格权，这个权利不可放弃，即使当事人主动放弃生育权，这种放弃也是无效的。①

（2）非婚姻关系中女方擅自终止妊娠如何处理？

这里所说的非婚姻关系一般指的是非婚同居的关系。男女双方并未登记结婚进行同居生活，同居期间一方擅自终止妊娠，另一方能否以对方侵犯其生育权为由要求赔偿？这个问题相对上一个问题就简单多了。因为根据司法解释，已经结婚的当事人都不能以此为由向人民法院起诉，非婚同居的当事人就更没有理由要求对方赔偿了。在这种情况下，人民法院通常都会直接驳

---

① 最高人民法院民事审判第一庭．最高人民法院《婚姻法司法解释（三）》理解与适用．北京：人民法院出版社，2011：157－159．

回当事人的诉讼请求。[1]

(3) 男方不愿意生育，女方坚持生育的处理。

一般来说，男方想生育但女方擅自终止妊娠是司法实践中较为常见的纠纷类型，也是矛盾纠纷较为集中的问题。对此《最高人民法院〈婚姻法司法解释（三）〉理解与适用》一书也专门进行了说明。但在现实生活中，也经常有男性一方因种种原因，比如经济困难、第三者介入导致婚姻即将解体，甚至不喜欢孩子等而缺乏生育意愿的情况。有些夫妻甚至就不生育孩子问题签署协议。比如，甲男与乙女协议离婚，离婚时女方已经怀有身孕，男方给女方一大笔补偿，明确表示不要孩子，双方以协议约定女方终止妊娠。女方拿到补偿款后，又反悔，生下了孩子。男方往往会主张，双方之前已经达成不生育的协议，女方擅自生育子女的行为违约且侵犯其生育权，男方不应承担对所生育子女的抚养义务。在这里需要大家提起注意的是，尽管我们在婚姻家庭领域一般以男女双方权利义务的平衡作为关注重点，但一旦涉及子女问题，整个法律政策的重心都将偏向子女利益。这就是“子女利益最大化”原则在亲属法中的贯彻和体现。在这种情况下，法律会把子女的利益作为第一位的问题进行考量，而把父母双方的利益平衡放在第二位。法律规定父母对子女的抚养义务是法定义务，不受夫妻之间约定的影响，即便生育子女完全违背了当事人的意愿，当事人也必须承担对子女的抚养义务。最高人民法院曾对这个问题有过一段比较有意思的说明：男方在不想要子女的情况下，在性关系中没有采取任何避孕措施，对子女的出生来说本身也有过错，所以不应该免除男方作为父亲的义务。[2] 虽然这段说明容易产生争议，但其所表达的内容与“子女利益最大化”原则并不违背。

在现实生活中，无论是老百姓还是一些法官，都会对这个问题有所误解，认为在涉及子女的案件中，应该由无过错的一方抚养子女。比如，男方频频出轨导致双方感情破裂而离婚，他们所生育的子女就应该判给女方。但这种

---

① 最高人民法院民事审判第一庭. 最高人民法院《婚姻法司法解释（三）》理解与适用. 北京：人民法院出版社，2011：157-159.

② 最高人民法院民事审判第一庭. 最高人民法院《婚姻法司法解释（三）》理解与适用. 北京：人民法院出版社，2011：157-159.

理解其实并不正确。在这个问题上，法律关注的并不是父母双方谁有错谁没错，而是看谁的综合条件更有利于子女更好地成长。这也是为什么在离婚案件中，法院常常会把子女判给对离婚有过错的一方抚养。

（4）生育权是否可为第三方所侵害？

比如，女方擅自终止妊娠，医疗机构是否侵害了丈夫的生育权？第三人对夫妻某一方造成了人身侵害，导致其生育能力丧失，是否侵害了另一方的生育权？理论界和司法实务界对于这些问题存在争议，但目前大多数法院是持否定态度。即便是对人格权意义上的生育权的侵害，也最多是健康权的延伸，而不被作为一项独立的权利。医疗机构因其过失导致某人丧失了生育能力，这个人可以以自己的健康权受到侵害为由要求医疗机构予以赔偿。但其配偶是否可以生育权受到侵害为由要求医疗机构予以赔偿呢？这个问题在司法实践中争议较大，多数判决显示法院并不支持配偶的诉讼请求。换言之，在我国司法实践中对于人格权意义上的生育权是能够予以保障的，法院也一般把它作为生命健康权的延伸。但对于身份权意义上的生育权，法院一般不会承认，只是会把它作为考虑夫妻感情的一个因素。从这个角度来说，其实我国法律上的亲属身份权的权利属性都很弱，几乎都不会被作为独立的权利，甚至于在整个现代社会中，亲属身份权都是在向限缩和弱化的方向发展。但其中可能有个别内容被强化，比如接下来我们所要讨论的夫妻间的忠实权利义务。

难点问题15：违反忠实义务的法律后果是什么？第三人侵害夫妻关系是否构成侵权？夫妻忠诚协议的效力如何认定？

关于夫妻间的忠实权利义务，《婚姻法》第4条规定：夫妻应当互相忠实，互相尊重；家庭成员间应当敬老爱幼，互相帮助，维护平等、和睦、文明的婚姻家庭关系。

《民法典》第1043条则在《婚姻法》规定的基础上，补充了中央提出的关于优良家风的内容，规定：家庭应当树立优良家风，弘扬家庭美德，重视家庭文明建设。夫妻应当互相忠实，互相尊重，互相关爱；家庭成员应当敬老爱幼，互相帮助，维护平等、和睦、文明的婚姻家庭关系。

对比《婚姻法》和《民法典》的规定，可以看出《民法典》对于夫妻间的忠实权利义务在表述上有所强化，并对法律所倡导的家庭关系进行了具体的规定。但需要注意的是，虽然夫妻间的忠实权利义务在《民法典》中有所加强，但其本质上还是属于倡导性、宣示性的条款，并不能作为当事人提起诉讼和法院进行裁判的直接依据。

（1）忠实权利义务的发展。

从历史的角度看，夫妻间的忠实权利义务主要经历了这样一个发展历程。在父权家长制时期，出于维护男性血缘的需要，法律对妻的贞操要求极为严格，而对夫的贞操则是采取宽容的态度，并承认纳妾的合法性。比如在我国古代法律中，从唐律到清律，均有夫妻守贞义务的规定，但却有不同的标准。妻妾的通奸为“七出”的条件之一，但男子纳妾被视为理所当然。在很大程度上说贞操只是妻的义务，而夫享有要求妻贞操的权利。早期的资本主义法律，虽然基于男女平等原则，规定贞操为夫妻双方的权利与义务，并规定通奸、重婚为离婚的法定理由，不允许通奸者结婚，不过法律对贞操的态度仍然是严于妻宽于夫。比如 1804 年《法国民法典》中规定，夫得以妻与他人通奸为由诉请离婚，而妻仅能以夫与他人通奸并在婚姻住所地姘居为由诉请离婚。日本旧民法规定，妻有通奸行为构成夫诉请离婚的法律理由，但夫有通奸行为则不构成妻诉请离婚的法定理由。直到第二次世界大战以后，资本主义国家或地区才逐渐修改其立法规定忠实为夫妻互相的义务。

我国 1980 年《婚姻法》没有明确规定夫妻的忠实义务，在修改该法时学者们认识不一。“否定说”[①] 的理由主要有：1）婚姻本身包含着夫妻相互忠实，于法律不必另作规定。2）法律要求夫妻相互忠实的用意是好的，实际上却行不通。因为如果法律规定夫妻应当互相忠实，一方违背此义务，他方就有权寻求法律帮助和救济。不论是自行捉奸，还是请求公安机关帮助或者寻求其他途径的救济，均有可能上演捉奸的闹剧。如果公安机关介入其中，还可能造成人民警察不打击犯罪，专管他人“床上事”的荒诞情景。夫妻关系靠警察强力维持是当事人和社会的悲哀。从根本上说，夫妻之间的相互忠实义务是一种道德义务，而不是法定义务。3）法律规定夫妻忠实义务是一种历

① 余延满. 亲属法原论. 北京：法律出版社，2007：239－240.

史的倒退，因为规定忠实义务不能适应人类良性关系发展的需求。4）由于人的思想和情感比较复杂，而且变幻莫测，因此法律无法调整感情。忠实义务只是道德上的义务，不能上升为法律要求。

“肯定说”[①] 的理由如下：1）规定夫妻的忠实义务是落实一夫一妻制度的根本要求，而最足以破坏一夫一妻制的莫过于夫妻不忠。法律既然强制实行一夫一妻的婚姻制度，那么就应该将此制度严格贯彻到底，在婚姻内部关系中明确地将已婚者的性关系限制在夫妻之间。2）夫妻互负忠实义务是婚姻当事人共同一致的真实要求。如果没有夫妻相互忠实的信念，结婚实在既无必要也无意义，一夫一妻制将沦落到可有可无的地位。配偶的不忠对于婚姻的打击，可以与配偶一方死亡相比。绝大多数社会成员都对配偶忠实有强烈的要求，法律应该给予充分注意并予以客观反映，以统一标准提供公力救济的途径与手段，节约社会成本。否则人们对不忠行为很可能采取私力救济，引发恶性事件，促使婚姻、家庭乃至社会为之付出沉重代价。3）夫妻相互忠实是子女血缘清白的保证，是保护配偶身心健康的需要。4）明确夫妻相互忠实的法定义务，不仅为追究违法行为提供法律依据，而且为其他调整婚姻关系的具体制度提供法律依据。5）夫妻间的忠实是人类社会发展所推崇的美德，对夫妻忠实义务的保护，实质上可被视为国家对正义的维护和促进。

以上就是关于夫妻忠实权利义务的争论。1950 年和 1980 年的两部《婚姻法》都没有明确规定夫妻间的忠实权利义务，2001 年《婚姻法》增加了这个内容，但只限于倡导性规定。

（2）违反忠实义务的法律后果。

关于违反忠实义务的法律后果，《婚姻法解释（一）》第 3 条规定：当事人仅以《婚姻法》第 4 条为依据提起诉讼的，人民法院不予受理；已经受理的，裁定驳回起诉。这意味着，当事人仅以配偶不忠提起诉讼要求对方赔偿，人民法院是绝对不予支持的。因此尽管 2001 年《婚姻法》规定了夫妻间应当相互忠实，但并没有将其作为一种权利义务加以确定，其本身是不可诉的。很多人分不清法律的倡导性规定与基本原则，其实二者的区分最关键的一点

① 余延满．亲属法原论．北京：法律出版社，2007：239－240．

就在于基本原则是可诉的，比如当事人可以向法院起诉对方违反诚实信用原则并要求赔偿，在某些情况下他的诉讼请求会得到支持。

此外，《婚姻法》的一些规定也体现了忠诚义务的内容，比如第 32 条第 3 款规定："有下列情形之一，调解无效的，应准予离婚：（一）重婚或有配偶者与他人同居的……"第 46 条规定："有下列情形之一，导致离婚的，无过错方有权请求损害赔偿：（一）重婚的；（二）有配偶者与他人同居的……"

显然，重婚和有配偶而与他人同居都是对忠诚义务的违反，在离婚时无过错方也可以此要求多分割财产。此外，违反夫妻忠诚义务还可以作为直接离婚的理由。某种程度上，2001 年《婚姻法》与修订之前的相比，对夫妻忠诚义务进行了强化，但其辐射的范围非常有限。以重婚为例，在现实生活中重婚的现象已经很少见到了，因为结婚是必须进行登记的，而随着整个信息网络的健全，当事人很难骗过婚姻登记机关进行多次婚姻登记。而有配偶者与他人同居也很不好认定，因为同居是一种长期稳定的状态，哪怕是经常性的出轨或嫖娼、通奸等都不能被认为是同居，最多只能作为感情破裂、准许离婚的理由。而很多法官秉承的"劝和不劝离""尽量挽救婚姻"的思想观念，甚至在一方行为如此恶劣的情况下仍然不会准许双方离婚。可以说，即便是非常严重地违反忠实义务的要求，在法律上的效果也是很弱的。一些人认为，如果掌握了对方外遇出轨的证据，就可以在离婚时的夫妻财产分割上取得巨大的优势。但实际上我国法律和司法解释都无此规定，虽然可能有一些法院在处理此类案件时会有所倾斜，但这只是法官在自由裁量范围内的操作，并没有普遍意义。

而《民法典》对这个问题的规定有了较为明显的变化。第 1079 条第 3 款第 1 项规定延续了《婚姻法》的规定，没有修改，但第 1091 条规定："有下列情形之一，导致离婚的，无过错方有权请求损害赔偿：……（五）有其他重大过错。"与《婚姻法》相比，《民法典》这一条增加了一个兜底条款，进而对《婚姻法》的规定作出了根本性的变革。这意味着《民法典》在无过错方主张损害赔偿的理由上开了一个巨大的口子，除了前四项较为严苛的条件，当事人可以以对方外遇出轨、通奸、嫖娼等理由在离婚时要求对方予以赔偿。

除此之外，《民法典》第 1087 条对《婚姻法》第 39 条也进行了较大的修改，增加了夫妻共同财产分割照顾“无过错方”的规定。也就是说，《民法典》将夫妻间过错的认定门槛大大降低，扩展到重婚、同居以外的其他重大过错。当然，这个过错的范围肯定也需要界定，也就是看最高人民法院的司法解释怎么规定了。由此可以看出，《民法典》在忠诚义务的规定上比 2001 年《婚姻法》又向前走了一步，继续作了强化。不过从比较法的经验来看，强化夫妻间的忠实义务并非亲属法发展的趋势，因此也难免有学者质疑。但笔者认为，一个国家的法律该如何规定不是看其他国家的主流做法，而是要符合该国自身伦理道德和社会价值的基本现状。就我国而言，整个社会对婚姻家庭的稳定、夫妻间的忠实还是非常重视的，因此《民法典》强化忠诚义务的内容无可厚非。也许在未来的离婚案件中，千方百计地证实对方的过错会变得非常重要，甚至可能催生私人侦探、外遇调查等行业的快速发展。有学者为此开始担心是否会对隐私权的保护有所不利，但这属于人格权法领域的内容，在此就不作过多的展开。

(3) 第三人侵害夫妻关系是否构成侵权?

夫妻一方与第三人通奸的，前者的配偶能否要求该第三人对其进行损害赔偿？或者说，与有夫之妇或有妇之夫者进行通奸的行为是否构成侵权？在我国的司法实践中，对此问题争议很大。华东政法大学曾经就此问题组织专家对不同国家的法律规定和判例进行调研和梳理，最终形成了一个国别报告。在这个国别报告中，我们发现世界上绝大多数国家和地区并不承认配偶对第三人享有损害赔偿请求权。在此以德国法为例。

德国联邦最高法院否认配偶具有侵权法上的损害赔偿请求权，主要基于以下三点考虑：国家不宜干预家事，家庭法特殊规则的封闭性质，若加以干预可能会产生不可预测的负面效应。其中可能产生的负面效应包括出轨的一方与第三人生育了子女，一旦允许配偶向第三人索赔，极有可能导致第三人和子女的生活陷入困境。但德国法也规定了配偶在两种情况下可以向第三人要求损害赔偿：其一是德国联邦最高法院创设的“对婚姻物理空间的权利”，这项权利属于一般人格权的延伸。其含义是对一方在家外如何通奸，法律不加以干涉，但如果是在其与配偶的住所地进行通奸，就属于对配偶的侵权行为，配偶可以要求第三人进行赔偿。在法律看来，配偶可以要求通奸一方和第三者至少不在婚姻住所地幽会，因为那是婚姻最后的避难所。也就是说，在这种情况下第三人所侵犯的是一种一般人格权意义上的权利。其二是一方与第三人通奸，生育了子女，但向配偶隐瞒子女的真实身世，配偶在不知情的情况下对子女进行了抚养教育等。比如，妻子向丈夫隐瞒与第三人的不正当关系，并生下子女，谎称该子女是丈夫的亲生子女，导致丈夫承担了“子女”的抚养费用。德国法院肯定了在这种情况下，丈夫可以请求第三人承担子女的抚养费用。这里就涉及丈夫向第三人请求损害赔偿的请求权基础是什么的问题。德国法的立场是这样的：首先，丈夫对于“子女”的不当得利请求权无法主张。原因在于善意的给付受领人可以主张《德国民法典》第 818 条第 3 款：当得利人为善意时，即不知该给付无法律原因——抚养人并非其生父，其便可以依据《德国民法典》第 818 条第 3 款，主张因给付所得的现存利益不再存在，从而阻止养父对其行使不当得利请求权。只有当得利人为恶意时，其才可根据《德国民法典》第 818 条第 4 款承担加重的不当得利返还责任。也就是说，如果被抚养的孩子知晓养父并非亲生父亲，这时这个孩子才承担返还受领的抚养费及其利息等的义务。通常而言，孩子并不知悉支付抚养费的养父并非其亲生父亲，因此其善意较易得到法院支持。其次，丈夫对于第三人的不当得利请求权不存在。支持不当得利的请求权的观点认为，如果抚养人为他人清偿债务，引起他人的抚养义务消灭，则他可根据《德国民法典》第 812 条第 1 款第 1 句，对亲生父亲主张追索型不当得利请求。这一情况类似《德国民法典》第 267 条中第三人清偿的利益状况。但第三人清偿他人债务，须有为债务人清偿债务的意思，抚养人向他人子女给付抚养费，按其意思只是履行自己的债务，并未引起亲生父亲的抚养义务消灭，所以其对亲生父亲的不当得利请求权并不成立。最后，正因为追索抚养费的请求权基础在一般规范中都无法得到支持，《民法典》的立法者才考虑了法定的债权让与规则，以此为抚养义务人追索提供请求权基础。《德国民法典》第 1607 条规范的是血亲之间因代替义务人承担抚养义务而发生的法定债权移转。直系血亲按照法律顺位在一定条件下，互相承担抚养义务，不同顺位的血亲并不因为承担抚养义务而成为连带债务人。根据该条第 1 款的规定，若某人在给付抚养费后，发现自己本无抚养义务或处于后一顺位，这时他可向本应承担抚养费的人进行追索。《德国民法典》第1607条第3款调整的血亲关系是孩子对父母一方的法定债权转让。为此，该条第1句规定，在符合某些要件的情况下发生法定的债权移转。当无抚养义务的血亲或父母一方为父母另一方履行抚养义务时，在其引起义务人的抚养义务消灭范围内，孩子对父母一方的债权根据法律移转于此人（法定债权转让）。与父母、子女这类血亲之间的抚养费追索不同，孩子的养父由于父子关系的撤销具有溯及既往的效力，所以其对孩子抚养的义务也溯及既往地归于消灭。那么，这一情况便不符合法定债权让与的要件——让与人与受让人之间存在血亲关系，养父由此无法援引该条一般的法定债权让与（《德国民法典》第1607条第3款第1句）。但判例还是为了婚生养父的利益，支持适用这一规则。当然，这里仍然需要遵循"子女利益最大化"原则，即使子女成年，丈夫也不能向子女主张返还其所支付的抚养费。[①]

对此问题，我国法的立场又是怎样的呢？最高人民法院民一庭负责人就相关司法解释答记者问时指出："无过错方的请求只能以自己的配偶为被告，不能向婚姻以外的其他人提出。实践中有些人认为该条规定可以适用于不告自己的配偶，而是告第三者，或者把配偶和第三者都作为被告，根据立法本意，这些理解都是不正确的。"可以看出，我国法的立场接近德国法的立场。试举一个案例[②]加以说明。

被上诉人章某与案外人罗某原为夫妻，在夫妻关系存续期间，共同开办并经营一家通讯经营部。2007年4月，王某被聘为该经营部的员工。到经营部上班不久．王某便知章某与罗某为夫妻关系。由于工作上的接触及其他原因，王某与罗某逐渐产生相互爱慕之情。2007年11月，王某与罗某以异性朋友关系相处，期待罗某和章某离婚后与之结婚。2008年3月，王某与罗某发生性关系。2008年4月2日晚，罗某约王某在一家酒店客房相会。此事被章某及其家人知悉后向公安机关报警，公安机关派员到酒店将两人带回进行询问。在询问过程中，王某承认了与罗某有婚外性行为的事实。4月7日，

---

① 庄加园．德国法上干扰婚姻关系与抚养费追偿．华东政法大学学报，2013（3）：69－80．

② 江西省赣州市中级人民法院（2008）赣中民三终字第314号民事判决书。

章某以夫妻感情破裂为由向人民法院起诉，请求与罗某离婚。法院受理该案后，章某与罗某于4月17日自行达成了离婚协议。4月18日，两人到婚姻登记机关办理了离婚登记手续。之后，章某向法院申请撤回了离婚诉讼。2008年4月28日，章某向章贡区人民法院起诉，认为王某在自己与罗某婚姻关系存续期间和罗某发生性关系的行为，侵犯了自己的配偶权并导致离婚的后果，请求责令王某向其赔礼道歉，并赔偿精神抚慰金3万元。

江西省赣州市章贡区人民法院经审理认为：《婚姻法》第4条明确规定了夫妻应当互相忠实。夫妻忠实义务是指夫妻性生活的排他专属义务. 它要求夫妻在性生活上互守贞操，不得为婚外性行为。夫妻忠实义务是配偶权的一项基本内容，是由配偶权派生出来的具体的身份权。配偶权具有绝对权的性质，配偶双方以外的任何人均负有不得侵犯的义务。王某明知章某与罗某系夫妻关系，仍和罗某发生性行为. 其行为违反了法定的不作为义务. 显属违法。由于王某的侵入，造成了章某精神和身心上的极大伤害并直接造成其家庭破裂的后果，其侵权损害事实明显存在。王某明知章某是罗某的妻子仍与罗某处朋友并发生性行为，期待罗某和章某离婚后与之结婚。王某应当知道其行为的违法性并预见到行为后果，却不予控制，可见其主观上存在故意之过错。

王某的违法行为使章某的身心遭受了极大摧残，精神上受到了严重损害，其行为严重侵害了章某的合法权益，特别是配偶身份利益。若受害人不能得到有效的法律救济和经济上的补偿，显然违反民法的公平原则，也与侵权法的保护公民合法权益的功能相悖。故王某不仅需要向章某书面赔礼道歉，还应赔偿精神抚慰金。依照《婚姻法》第2条、第4条，《民法通则》第106条第2款及最高人民法院《关于确定民事侵权精神损害赔偿责任若干问题的解释》第2条、第8条、第10条之规定，判决王某在判决生效后10日内向章某书面赔礼道歉并赔偿精神损害抚慰金人民币1万元。

宣判后，王某不服一审判决，向赣州市中级人民法院提起上诉。其上诉的主要理由是：一审判决认定上诉人的行为违法是错误的。章某夫妻离婚是因为双方感情破裂，是其夫妻之间的事，不能认为是上诉人的行为直接造成其夫妻离婚和家庭破裂的后果。我国法律并没有规定配偶权以及侵犯配偶权的法律责任，一审判决适用《婚姻法》第4条，以配偶权是绝对权，上诉人侵犯被上诉人的配偶权应承担侵权责任缺乏法律依据。《婚姻法》规定的离婚损害赔偿制度有明确的范围。承担赔偿责任的主体为离婚诉讼中有过错的配偶一方，被上诉人无权追究配偶之外的第三人的民事责任。

江西省赣州市中级人民法院经审理认为：《婚姻法》第 4 条是倡导性条款，不得以此条款单独提起诉讼。《婚姻法解释（一）》第 3 条亦规定："当事人仅以婚姻法第四条为依据提起诉讼的，人民法院不予受理；已经受理的，裁定驳回起诉。"一审判决认定王某的行为侵犯了章某受法律保护的配偶权，适用《婚姻法》第 2 条、第 4 条，判决王某向章某赔礼道歉并给予精神损害抚慰金 1 万元，属适用法律不当。《婚姻法》第 46 条规定的离婚损害赔偿的责任的主张是由配偶中的无过错方向有过错的配偶另一方提出，即责任主体为无过错方的配偶，而不能是婚姻关系之外的其他人。《婚姻法解释（一）》第 29 条第 1 款亦明确规定："承担婚姻法第四十六条规定的损害赔偿责任的主体，为离婚诉讼当事人中无过错方的配偶。"据此，本案被上诉人章某与罗某在婚姻登记机关办理离婚登记手续后，以婚姻关系之外的王某为当事人提起诉讼，请求王某给予损害赔偿，尚无法律依据，欠缺请求权基础。原审判决认为王某侵犯了章某的配偶权、应当承担损害赔偿责任依据不足，遂判决：撤销一审判决，驳回章某的诉讼请求。二审法院的裁判要旨为：现行婚姻法未明文确立配偶权；《婚姻法》第 4 条的规定为倡导性条款，不能作为承担侵犯配偶权法律责任的依据；《婚姻法》第 46 条规定的离婚损害赔偿的责任主体为无过错方的配偶，而不能是婚姻关系之外的其他人。配偶一方请求婚姻关系以外的第三人承担侵权责任，欠缺请求权基础。可以看出，我国司法实践并不支持"原配对小三"的侵权赔偿请求，尽管夫妻一方的不忠可以作为另一方要求离婚损害赔偿或多分割夫妻财产的依据，但仍欠缺向第三人要求损害赔偿的请求权基础。

（4）夫妻间忠实协议的效力。

在现实生活中，很多当事人为了进一步强化夫妻间忠实权利义务的约束力而签订所谓的忠实协议，在这些协议中往往会约定较为严苛的忠实义务以及违反这些义务所带来的赔偿责任。多数忠诚协议是夫妻一方出轨被发现，在向无过错方承认错误时，应无过错方的要求而签订。少数情况下，是新婚夫妻为了表达对爱情的忠贞，自愿签订的忠诚协议。理论界和司法实务界对夫妻间忠诚协议的效力争议很大，特别是在与财产协议、人身协议存在交叉重叠的情况下。主要存在两种观点：一种观点认为一概无效，因为这类协议有拘束身体自由的属性；另一种观点则认为有效，因为法律规定了夫妻间的忠诚义务，当事人以意思自治约定高于法律标准的忠诚义务内容，是值得鼓励的。这个问题在比较法范围内也存在较大的争议。有的立法例认为，在以无过错离婚为发展趋势的现代社会，过于追究夫妻一方的过错是与社会价值背道而驰的；双方当事人既然无法维系婚姻，选择离婚就可以了，没有必要揪着对方的过错不放。有的立法例则认为夫妻忠诚协议的尺度难以把握，极有可能剥夺婚姻中弱势一方的合法权益，不应得到法律承认。还有的立法例认为，可以有限地承认这一类协议。国内有学者认为：忠诚协议这种形式本身并不违反我国法律和公序良俗。应该以民事法律行为的一般效力要件来审查忠诚协议的效力。[①] 不过，《中华人民共和国民法典婚姻家庭编继承编理解与适用》明确：夫妻之间签订忠诚协议，应由当事人本着诚信原则自觉自愿履行。法律并不禁止夫妻之间签订此类协议，但也不赋予此类协议强制执行力，从整体社会效果考虑，法院对夫妻之间的忠诚协议纠纷以不受理为宜。[②]

---

① 王芳. 婚姻案件律师实务焦点问题解析. 北京：人民法院出版社，2012：78－82.

② 最高人民法院民法典贯彻实施工作领导小组. 中华人民共和国民法典婚姻家庭编继承编理解与适用. 北京：人民法院出版社，2020：39.

第五章　婚姻的财产效力

婚姻的财产效力是指婚姻关系对夫妻双方在财产方面产生的法律效果。本章将深入探讨婚姻在财产方面所产生的各种法律效力，包括不同的夫妻财产制度以及我国的法定财产制度，涉及夫妻共同财产的认定依据与实践难题、共同债务与个人债务的界定与执行规则等问题。

第一节　婚姻的财产效力概述

婚姻的财产效力是指夫妻婚前财产和婚后所有财产的归属、使用、管理、收益、处分和债务清偿，婚姻终止时财产的分割与清算，以及夫妻财产制的设立、变更与终止的法律制度。

一、财产制按形式分类

夫妻财产制按形式可以分为法定财产制和约定财产制。法定财产制指的是法律明文规定的夫妻财产制的形式。当事人无约定时，则默认采取法定财产制。现实生活中，绝大多数当事人结婚时并不会签订财产协议，因此法定财产制调整了绝大多数家庭的财产关系。理论上，法定财产制包括通常法定财产制和非常（特别）法定财产制。前者无须多介绍，后者在某些国家和地区的夫妻财产法中会加以规定，是指当其中一方当事人的财产或者财产行为发生破绽，致使难以按照通常法定财产制维持夫妻财产关系时，法律规定夫妻财产制转为另一种财产制，以免夫妻一方因他方的财产行为而身受其害，这里的“另一种财产制”就是“非常法定财产制”。比如，夫妻采法定财产制即共同财产制，但由于夫妻一方对外经营大肆举债或大量地转移财产，在此情况下夫妻不再实行共同财产制而是分别财产制。我国《婚姻法》并没有区分通常法定财产制和非常（特别）法定财产制，《民法典》编纂过程中有很多学者提出，为了保护夫妻一方的财产权益，需要作此区分。《民法典》在第1066条规定了两种情况下夫妻一方可以请求婚内财产分割。一些学者认为《民法典》第1066条就是我国婚姻法关于非常（特别）法定财产制的规定，但实际上并非如此。第1066条实际上是允许夫妻提前分割共同财产，但并没有改变夫妻原有的财产制。换句话说，即便夫妻双方进行婚内财产分割，任何一方在婚姻关系存续期间的财产收入仍属于夫妻共同财产。这是与非常（特别）法定财产制不同的地方。[①] 因此可以说，我国法中只存在通常法定财产制，不存在非常法定财产制。

约定财产制是指夫妻以合法约定的形式决定夫妻财产关系的制度。约定财产制包括自由约定财产制和选择约定财产制（封闭型约定财产制）。所谓自由约定财产制，是指当事人可以自行决定他们财产制的具体内容，法律不加干涉。而选择约定财产制（封闭型约定财产制）是指在当事人可以在法律允许的范围内自由约定财产制类型。这二者的区别在于：前者是主观题，答题人可自由发挥；后者是选择题，答题人可选择的范围被出题人作了限定。那么，我国法律规定的夫妻约定财产制属于哪种呢？《婚姻法》第19条和《民法典》第1065条都对夫妻约定财产制作了规定，《民法典》在《婚姻法》的基础上进行了文字调整，将“夫妻”改为“男女双方”，与其他规定相一致：“男女双方可以约定婚姻关系存续期间所得的财产以及婚前财产归各自所有、共同所有或者部分各自所有、部分共同所有。约定应当采用书面形式，没有约定或者约定不明确的，适用本法第一千零六十二条、第一千零六十三条的规定。夫妻对婚姻关系存续期间所得的财产以及婚前财产的约定，对双方具有法律约束力。”这一规定到底是自由约定财产制还是选择约定财产制（封闭型约定财产制）呢？有的学者认为，该规定属于后者，因为其表述就是给当事人以三个选项，当事人只能从中选择一个，超出此范围则不被法律所承认。但也有学者认为，该规定属于前者，因为从内容上来看，三个选项几乎囊括了可以约定的一切可能性，其范围极为广阔。笔者赞成后一种观点，那些认

---

① 余延满．亲属法原论．北京：法律出版社，2007：254．

为我国夫妻约定财产制属于选择约定财产制（封闭型约定财产制）的学者显然是仅从字面表述理解条文。但既然法律允许当事人自由选择约定财产制的形式，为什么还要多此一举给出三个选项呢？这要和另外一个问题结合起来思考，即约定财产制能否约束夫妻以外的第三人，换句话说，交易中的行为人要不要考虑对方与其配偶之间的夫妻约定财产制的问题。比如甲、乙结婚，他们约定夫妻财产中的房屋归乙所有，这个约定对甲和乙是具有约束力的。甲在对外交易时，将登记在自己名下的一套房屋卖给了第三人丙。问：此时乙能否以夫妻关于房屋所有权的约定来对抗丙对房屋的权利呢？通常情况下，丙并不受甲、乙之间的财产约定的约束，除非他对这个约定知情。但比较法上有相反的立法例。比如，德国法上夫妻约定财产制是可以对第三人产生效力的，因为在德国夫妻需要对他们之间的财产约定进行登记和公示，而且夫妻财产制的登记与不动产登记、权利登记等都是联网可查询的，夫妻关于财产制的约定最终都会体现在具体的财产上。而德国法之所以不允许当事人完全自由地约定夫妻财产制，是因为受物权法定原则的限制。根据这一原则，物权的种类和内容都须由法律规定，当事人不得自行创设。如果允许当事人自由约定夫妻财产制并进行公示产生物权效力，极有可能打破这一原则，产生极大的任意性和不确定性。由此可见，在德国，无论是物权领域还是婚姻领域，凡是产生第三人效力的财产规则，都需要由法律事先规定。当事人的意思自治只体现为做选择题的权利，而不能完全自由约定内容。这样一来，交易成本大大降低，交易安全也得到保护。而在我国，夫妻约定财产制并无第三人效力，因此我国的夫妻约定财产制只能是自由约定财产制，只对夫妻产生效力。约定财产制区分对内和对外效力，其实是合同自由原则和物权法定原则在婚姻中的集中体现。

二、财产制按内容分类

夫妻财产制按内容进行分类，可分为[①]：

1. 财产吞并制。这种财产制指的是夫妻婚后财产全部归一方所有。罗马

---

① 余延满. 亲属法原论. 北京：法律出版社，2007：254－259.

法中夫权制度下夫妻财产制属于这种类型，诺曼人征服英国后亦采取此制。但近代以来，这种夫妻财产制就基本消亡了。

2. 统一财产制，指的是妻子在结婚后将全部的财产所有权移转于夫，但是在婚姻解消的时候，丈夫要把最开始妻子并归于丈夫的这部分财产还给妻子。所谓的统一是指在婚姻关系存续期间，财产统一归夫所有，当婚姻解体后，夫须把原本属于妻的财产向妻进行归还。这一制度近代以来也基本消亡了。

3. 联合财产制，也叫管理共同制，是指夫妻对于各自的财产各自保有独立的所有权，但是财产的管理权归夫所有。

4. 分别财产制，指的是结婚后财产归夫妻各自所有。

5. 共同财产制，指的是结婚后财产归夫妻共同所有。

前三种财产制都因有悖男女平等原则，在现代国家已经很少见到；后面两种夫妻财产制是现代社会中较为常见的夫妻财产制类型，也是现代婚姻家庭法的主要研究对象。很多人把夫妻共同财产制理解为结婚后夫妻不分彼此，财产完全混同在一起。但这只是通常所说的一般共有制，除此之外还有很多细分类型，比如限制的一般共同制、动产及所得共同制、所得共同制、劳动所得共同制和剩余共同制等。尽管一眼看上去一般共同制比较符合婚姻和夫妻财产的理念，但从世界范围来看，一般共同制并不是最为普遍的夫妻财产制。因为它不仅指夫妻结婚后的财产共有，还及于夫妻各自的婚前财产，显然过于宽泛，也不利于当事人各自财产的保有。通常是夫妻在彼此间的忠诚度很高、对婚姻很满意的情况下才会采取此制。而所谓限制的一般共同制指的是夫妻财产制原则上是一般共有制，但存在一些例外，即规定某些属于当事人的特定财产不作为夫妻共有财产。动产及所得共同制指的是双方当事人结婚后，只要是动产和所得收益，不论婚前财产还是婚后财产都属于夫妻共同财产，但不动产只有婚后取得才属于夫妻共同财产，婚前的不动产仍为夫妻一方的个人财产。所得共同制，又称婚后所得制，是以结婚为界限，只有婚姻关系存续期间取得的财产才属于夫妻共同财产。而在劳动所得共同制下，只有夫妻的劳动所得才属于共同财产，那些基于偶然因素取得的财产只能作为夫妻一方的个人财产，比如存款利息、股权分红等。最后一个是剩余共同制，这种财产制与前面所介绍的各种财产制都有所不同，关于它的性质也依然存在很多争议。剩余共同制是介于分别财产制和共同财产制之间的一种财产制，具体体现在德国一般法定财产制中，又被称为净益共同制或净收益共同制。这种财产制的特点在于：不论婚前婚后，夫妻各自的财产始终归各自所有。但在离婚时的夫妻财产分配上，需要对夫妻双方财产在婚姻关系存续期间的净资产增加值进行计算，增加值多的一方需要对另一方进行补偿，最终达到相平衡的状态。比如，甲和乙是夫妻，甲的财产在婚姻关系存续期间增值了 1 000 万元，乙的财产则增值了 200 万元，双方财产的净资产增加值为 1 200 万元。按照剩余共同制的规则，离婚时需要对夫妻双方财产的净资产增加值进行平分，那么甲就需要补偿给乙 400 万元。这个制度的特点在于，它给予夫妻双方对处分各自财产以极大的自由，并且在离婚时通过分配财产的净资产增加值实现对双方当事人利益的兼顾。这一夫妻财产制发源于德国法，在世界范围内的影响都非常深远，被很多国家和地区的夫妻财产法引入，亦有很多国家和地区的夫妻财产法正在向着这个方法发展。在我国，很多学者对现行法所规定的夫妻财产制进行研究时所参考的模板也是这个制度。正因为剩余共同制的影响极为广泛，笔者在此也多花一些笔墨加以介绍。

剩余共同制的核心内容在于对财产的净资产增加值进行计算。何为净资产增加值，试举一例加以说明。甲与乙结婚，结婚时甲的净资产价值为 500 万元。后因感情破裂双方离婚，离婚时甲的财产净资产值已经升至 1 500 万元。因此，甲的财产的净资产增加值为 1 000 万元，这一点比较好理解。但我们在讨论甲的财产净资产值时，如何确定 500 万元或 1 500 万元这个数值的呢？比如，结婚时甲名下有市场价为 1 000 万元的房屋一套，银行存款 300 万元，对银行的按揭贷款 800 万元，那么甲的财产净资产值是 1 000 万元加 300 万元，再减去 800 万元债务，为 500 万元。因此，所谓净资产值是刨去了负债的全部财产价值。

在德国法上，夫妻离婚时原则上应自己对自己的债务负责，但基于日常家事代理所产生的债务，由夫妻双方共同承担。因此有很多学者认为，在德国法上夫妻共同债务的范围是非常小的，只有日常家事代理这一种情形，因此夫妻各自的债务都是由各自完全承担。但这一观点恰恰忽略了剩余共同制最核心的功能，简单地认为在德国法上只要是夫妻一方的个人债务对另一方就完全没有影响。果真如此吗？很显然，虽然夫妻一方的负债不直接由另一方承担，但这些负债将影响未来对净资产增加值的分配。接着按上述举例，甲结婚时没有负债，乙结婚时既无财产也无负债，双方结婚时的净资产值为500万元。结婚后甲在外经营，乙则照顾家庭依然既无财产也无负债。婚姻关系存续期间，甲的财产价值由500万元增值到1 500万元。如果离婚时，甲对外没有负债的话，就应将其财产的净资产增加值的一半即500万元支付给乙。但若甲对外负债900万元，那么乙可以分到的财产只有50万元。显然，即使在德国法的夫妻财产制下，夫妻一方的负债也会对另一方造成较大的影响，因为一方的负债仍然需要另一方以损失净资产增加值的方式来承担。

常常有人会感到疑惑，在我国婚姻法中有许多关于夫妻财产的规定，比如哪些财产归夫妻共同所有、哪些财产归夫妻一方所有，为什么在德国法上几乎看不到这类规定。如果对剩余共同制的规则有所了解就会发现，在德国法上规定这些内容的意义并不大，因为无论夫妻间财产如何流动，最终在离婚时都只看财产的净资产增加值。比如，甲在婚姻关系存续期间将其财产的增值部分1 000万元的财产转移至乙所有，但在离婚时对双方财产的净资产增加值进行计算时，仍然是甲、乙各分得500万元，与甲不转移财产至乙所有的结果是一样的。剩余共同制是德国夫妻财产制的基石，不理解这个制度的内容和功能，就会产生前面所说的错误认识，好像德国的夫妻财产制就是夫妻各自承担各自的债务，完全不受对方影响。在《民法典》编纂过程中，一些建议改革我国夫妻财产制的专家和学者也存在这样的误解，进而认为《民法典》也应限缩夫妻共同债务的范围。笔者对此问题进行了详尽的分析和解释，也探讨了如何化解我国夫妻财产制中的一些问题和隐患，这些在后文中会加以展开。

剩余共同制还有一个比较有意思的规则，即在计算夫妻双方的财产的净资产增加值时最小值为0。换句话说，夫妻一方即使把自己折腾得破产了，另一方在通常情况下也不会承担这个风险。比如，丈夫在外经营企业，妻子为家庭主妇。婚后一方名下的财产增值100万元。但双方感情破裂准备离婚，但此时丈夫的经营出现了状况，导致其负债1 000万元。按照净资产增加值的算法，此时夫妻双方的财产净资产增加值就是－900万元，这似乎意味着离婚时妻子不但没有财产可分，还要承担450万元的债务，这对妻子来说显然极不公平。而根据德国法的规定，在这种情况下财产的净资产增加值归零，妻子并不用承担丈夫的债务。在这里需要注意的是，夫妻双方的净资产的确是负数，但法律意义上的净资产增加值归零。因此双方离婚时，如果丈夫的财产净资产增加值为0，他既不用向妻子支付任何财产，也不能要求妻子分担自己的债务。但如果妻子在婚姻关系存续期间因为获得赠与或其他原因取得了10万元的财产，那么反过来，妻子还要向丈夫支付5万元，因为此时夫妻双方的财产净资产增加值为10万元。从这一系列计算可以发现，德国法规定的夫妻财产剩余共同制除了规定夫妻各自的债务由各自承担，还体现了一种“有限责任”的理念。不论一方多么资不抵债，其配偶的财产都不会被这些债务所牵连，最多仅以自己财产的净资产增加值的一半为限支付给对方。而对方的净资产增加值的底线为0，因此也不用担心自己的全部财产卷入对方的债务之中。

第二节　我国法定财产制理论建构

我国的法定财产制由《民法典》第1062、1063条规定。《民法典》第1062条规定：“夫妻在婚姻关系存续期间所得的下列财产，为夫妻的共同财产，归夫妻共同所有：（一）工资、奖金、劳务报酬；（二）生产、经营、投资的收益；（三）知识产权的收益；（四）继承或者受赠的财产，但是本法第一千零六十三条第三项规定的除外；（五）其他应当归共同所有的财产。夫妻对共同财产，有平等的处理权。”《民法典》第1063条规定：“下列财产为夫妻一方的个人财产：（一）一方的婚前财产；（二）一方因受到人身损害获得的赔偿或者补偿；（三）遗嘱或者赠与合同中确定只归一方的财产；（四）一方专用的生活用品；（五）其他应当归一方的财产。”

以上规定基本延续了《婚姻法》第17条和第18条的规定，构成了我国的夫妻财产制规定。而这些规定引发了学界很多讨论。很多学者不理解为什么法律在对夫妻共同财产进行列举时要使用诸如“共同所有”“工资、奖金、劳务报酬”等这类明显不是民法上的财产权概念进行表述，一点也不“法言法语”。于是在《民法典》编纂时，很多意见提出要将“共同所有”改为“共同共有”，将关于财产的列举通通改为“物权”“债权”“知识产权”等，以符合民法的财产权概念，也与《民法典》总则部分的规定一致。并且，这些意见进一步提出，《民法典》第 1063 条中第 5 项的兜底条款应当删去，因为在第 1062 条中已经对夫妻共同财产作了兜底规定，没有必要再在个人财产中作兜底规定，毕竟夫妻共同财产之外就是夫妻个人财产，只要确定了前者的范围则后者的范围就可以被确定。然而，最终《民法典》延续了婚姻法的规定，没有在表述上采纳学者们的观点。这是为何呢?

笔者认为，《民法典》之所以在已经引发争议的情况下，仍然保持了《婚姻法》时期看似不规范的表述，是因为在夫妻共同财产的基础理论上采取了新说：夫妻共同财产并非指向具体的财产权，而是抽象的财产价值；《民法典》第 1062、1063 条规定的也并非夫妻共同财产权的具体形式，而是形成共同财产的原因，所以不需要用规范的民法权利概念来表述；夫妻共同财产并不是指夫妻对婚内财产形成共同共有，而是要区分内部关系和外部关系，仅在夫妻关系内部由夫妻共享财产，这种共享并不发生外部效力，不构成交易中的权利。

进一步而言，本书所采取的区分婚姻内外关系的财产制理论为“潜在共有”说①，即在婚姻关系存续期间，夫妻对共同财产的共有是潜在的，并不显现出来表达为具体的财产权；直到离婚时这种共有关系才表现出来，在夫妻之间进行共有财产分割。具体来说，潜在共有理论下对于夫妻共同财产的归属应该切分为三个维度——内部归属规则、外部归属规则、最终归属规则——来分析。内部归属规则解决的是夫妻内部财产份额划分问题，外部归属规则解决的是交易中夫妻共同财产的财产权归属问题，最终归属规则解决的是离婚后夫妻共同财产转化为哪一方的个人财产的问题。

之所以要切分为三个维度，是因为这三项规则可以独立判断。比如一套房子，可能因为完全用婚后收入买的，所以在夫妻内部份额上是各占 50%；

---

① 当然，区分婚姻内外关系的财产制理论除了“潜在共有”说，还有其他理论。这些具体学说的差异以及为何本书采取“潜在共有”说的具体理由，将在后文“难点问题”部分详细阐述。

但是因为这套房子登记在男方名下，所以在交易中这套房子的所有权人就是男方单独所有；然而在离婚时，夫妻双方都想要这套房子，于是双方进行了竞价，由出价更高的女方最终获得了这套房子，但是因为这套房子依据前述内部归属规则，由夫妻双方各占一半，于是获得房子的女方要按照自己在竞价中的出价，将房产价值的一半补偿给男方。

这三项规则在独立判断时，各自的价值基础又有所不同。对于内部归属规则而言，最重要的是体现夫妻二人对家庭的贡献，而按照“协力理论”，应该推定结婚后夫妻二人对家庭的贡献是相等的，所以婚后取得的财产夫妻二人应该各占一半份额。当然这种各占一半份额的初始设定也可以为当事人的意思自治所打破，例如夫妻二人采取了约定财产制，或者其他特别的财产安排。对于外部归属规则而言，最重要的是保护交易安全。因此在考虑夫妻共同财产的外部归属时，不应该着眼于夫妻内部对财产取得的贡献或者夫妻对财产的特别安排，而应该考虑一般性的财产权归属规则，例如物权的公示规则、股权的登记规则等。夫妻内部如果有特别的约定，那就必须将这种特别约定通过符合财产法规范的方式表达出来，才能发生外部归属效力。比如夫妻婚后买的房子虽然在夫妻关系内部属于夫妻共同财产，但是如果只登记在夫妻一方名下则应该认定为房屋所有权归该方单独所有，只有登记在双方名下才有可能构成物权法意义上的共同共有。对于最终归属规则而言，最首要考虑的价值应该是效率，也就是某项具体财产在离婚后归属于谁能够更加物尽其用，从而实现效率的最优化。因此在考虑最终归属时，最符合逻辑的规则设计应该是“竞价”，由出价高者获得争议财产，再由其按照自己的出价并根据前述内部归属规则确立的比例，给另一方补偿。

采取潜在共有理论解释我国的夫妻财产制，可以很好地平衡婚姻内部财产划分的公平性问题以及婚姻外部交易安全的保护问题。正因如此，我国的法律制度设计越来越导向潜在共有理论。《民法典》通过后，无论是对既有规则进行整理的《民法典婚姻家庭编解释（一）》，还是新出台的《民法典婚姻家庭编解释（二）》，用潜在共有理论解释起来也越来越顺畅。例如，《民法典婚姻家庭编解释（二）》第 7 条改变了过去只要是夫妻共同财产，夫妻一方都不得单独处分的理论倾向，改为要求单方处分只有是“为重婚、与他人同居以及其他违反夫妻忠实义务等”，另一方才能以“该民事法律行为违背公序良俗无效”要求返还。当然有人可能会担心：这样规定导致夫妻共同财产减少，从而损害另一方利益怎么办呢？对此，《民法典婚姻家庭编解释（二）》第6条规定：“夫妻一方未经另一方同意，在网络直播平台用夫妻共同财产打赏，数额明显超出其家庭一般消费水平，严重损害夫妻共同财产利益的，可以认定为民法典第一千零六十六条和第一千零九十二条规定的‘挥霍’。另一方请求在婚姻关系存续期间分割夫妻共同财产，或者在离婚分割夫妻共同财产时请求对打赏一方少分或者不分的，人民法院应予支持。”这种新思路明显可以更好地平衡婚后夫妻各方的财产自由与婚姻安全的保护问题，比依据传统理论通通构成“无权处分”的路径合理得多。

此外，采取潜在共有理论，也可以将不同范畴的问题切分开来，独立思考各自解决的路径。比如过去常常混在一起讨论的问题，现在可以有一个更加清晰的解决框架：（1）结婚买房加名问题到底是一个婚姻法范畴的问题还是一个物权法范畴的问题？如果按照潜在共有理论，在夫妻关系内部，这主要是个意思表示解释问题；在交易范畴才是物权法问题。二者的思考路径可以完全切开。（2）父母出资为子女买房，房子登记在谁名下，离婚就归谁吗？按照潜在共有理论，登记决定的是交易中的归属问题，至于在夫妻之间的归属问题，也主要取决于如何解释父母的意思表示。

难点问题16：夫妻“共同财产”指的是具体的财产权还是抽象的财产价值？夫妻共同财产是否构成共同共有？夫妻关系存续期间，夫妻一方是否有权单方处分大额夫妻共同财产（是否区分房产、现金、有价证券等）？

1. 传统理论的困境

夫妻共同财产中的“财产”二字是什么意思？是指具体的“财产权”吗？传统理论一般认为是，并且认为构成了物权法意义上的共同共有。在《民法典》立法时很多学者也提出应该按照这个思路修改法条。如果按照这些学者的意见，将《民法典》第1062条的规定改为“婚姻关系存续期间的物权、债权和知识产权等为夫妻的共同财产，归夫妻共同共有”，看上去好像确实很“法言法语”，也与《民法典》其他关于财产的规定一致了。但实际上，如此规定将产生的非常可怕的后果：这意味着在婚姻关系存续期间，一方只要在形式上取得了某项财产，该财产就会成为夫妻共同财产。

我国的夫妻财产制是婚后所得共同制，但是无论是《婚姻法》还是《民法典》的条文中并没有明说这里的“共同财产”中的“财产”指的是什么，那么我们能不能就以民法中一般的财产权概念——物权或者债权来解释这里的“财产”呢？如果答案是肯定的，那就意味着只要判断物权或者债权的取得时间点是否在婚姻关系存续期间，就可以判断该物权或者债权是否属于夫妻共同财产。[①] 但是这种处理模式真的具有合理性吗？我们不妨假设出现如下案件：

例 1：甲男、乙女 2016 年 1 月 1 日相识，甲男 2 月 1 日签订房屋买卖合同，3 月 1 日签订按揭贷款合同，4 月 1 日甲男、乙女登记结婚，5 月 1 日房屋登记办好（姑且先不论登记在谁名下），6 月 1 日甲男、乙女因琐事而离婚。

依据《民法典》第 209 条，我国在不动产物权变动模式上采取的是登记生效主义，甲男或者乙女取得房屋所有权的时间是在 5 月 1 日，属于“婚姻关系存续期间”，所以房屋所有权似乎应该认定为夫妻共同财产；而甲男对银行债务产生的时间是在 3 月 1 日，属于婚姻关系开始之前，所以似乎应该认定为甲男的个人债务。如果上述推理成立，那么岂不是说对于房屋所有权，甲男、乙女应该平均分割，而对于银行的债务则由甲男独自承担？这样处理显然违背正常人的法感情。

例 2：乙女婚前单独所有房屋 A，婚后为了子女上学与丈夫甲男商议后卖掉房屋 A，所得价款用于支付购买学区房 B 的首付款，房屋 B 的所有权登记办好后（姑且先不论登记在谁名下），甲男、乙女因故离婚。

乙女卖房屋 A 获得价金所有权的时间是在婚姻关系存续期间，此价金所有权似乎应该认定为夫妻共同财产。此后甲男、乙女用前述价金购买学区房 B，获得学区房 B 的所有权的时间也是在婚姻关系存续期间，似乎学区房 B 的所有权也应该认定为夫妻共同财产。对于房屋 B 的所有权，是不是应该由甲男和乙女平均分割呢？

---

① 我国有不少学者持该观点。参见薛宁兰，许莉. 我国夫妻财产制立法若干问题探讨. 法学论坛，2011 (2).

如果上述逻辑能够成立，那么我们进一步推理会发现，何止是房屋所有权，几乎一切财产权似乎都会因为在婚姻关系存续期间发生交易而转变为夫妻共同财产。如婚前有 1 万元现金，婚后存入银行，则属于在婚姻关系存续期间取得了对银行的债权，成为夫妻共同财产；或者婚前有 1 万元存款，婚后从银行取出，则属于在婚姻关系存续期间取得了货币所有权，也成为夫妻共同财产。

问题在于：这种夫妻共同财产的“取得”正当性何在呢？前文已经论述了，我国夫妻共同财产制的价值基础是推定夫妻二人对家庭的贡献相等。比如一方挣得了 1 万元的工资收入或者奖金收入，我们可以推定配偶对这 1 万元的收入有贡献或者协力。但是婚前有 1 万元存款，婚后从银行取出，可能推定配偶对这 1 万元货币的所有权取得存在贡献吗?

这种夫妻共同财产的“取得”甚至不能用“转化”理论来解释。1993 年《最高人民法院关于人民法院审理离婚案件处理财产分割问题的若干具体意见》（已失效）第 6 条规定：“一方婚前个人所有的财产，婚后由双方共同使用、经营、管理的，房屋和其他价值较大的生产资料经过 8 年，贵重的生活资料经过 4 年，可视为夫妻共同财产。”这一规则被称为“转化”规则，于 2001 年《婚姻法》修法时被废弃。近年来有不少学者主张我国应该重新确立该制度。[①] 但即使依据“转化”规则，婚前个人财产转化为夫妻共同财产也是有条件的，需要婚姻关系存续达到一定时间方可。倘若婚姻关系只存续了 1 个月，在这 1 个月中将自己的婚前个人房屋出卖获得了 1 000 万元货币，即使我国重新确立转化规则，这 1 000 万元货币也不会被“视为夫妻共同财产”。但是如果依照前述“财产＝物权或者债权”的逻辑，既然这 1 000 万元货币所有权是夫妻关系存续期间取得的，就似乎应该属于“夫妻共同财产”。

讨论至此，我想大家都已经发现：假如将“夫妻共同财产”中的“财产”解释为民法中的财产权如物权、债权等，导致的结果就是夫妻共同财产的取得规则完全形式逻辑化，与该制度背后的价值基础相矛盾，甚至重新启用已

---

① 马忆南. 离婚住房分割的法律规则的历史考察. 月旦民商法杂志，2012（9）（第 37 期）；杨晋玲. 夫妻财产转化的合理性思考. 云南大学学报（法学版），2013（5）；贺剑. 论夫妻个人财产的转化规则. 法学，2015（2）.

经被废弃的“转化”理论也解释不通。

最高人民法院正是认识到了上述矛盾，指出“如果仅仅机械地按照房屋产权证书取得的时间作为划分按揭房屋属于婚前个人财产或婚后夫妻共同财产的标准，则可能出现对一方显失公平的情况”①，于是在《婚姻法解释（三）》中制定了备受争议的第10条，并且该条在《民法典》通过后被《民法典婚姻家庭编解释（一）》第78条所吸收：“夫妻一方婚前签订不动产买卖合同，以个人财产支付首付款并在银行贷款，婚后用夫妻共同财产还贷，不动产登记于首付款支付方名下的，离婚时该不动产由双方协议处理。依前款规定不能达成协议的，人民法院可以判决该不动产归登记一方，尚未归还的贷款为不动产登记一方的个人债务。双方婚后共同还贷支付的款项及其相对应财产增值部分，离婚时应根据民法典第一千零八十七条第一款规定的原则，由不动产登记一方对另一方进行补偿。”该条显然没有以不动产登记的时间是否在婚姻关系存续期间确定该不动产是否属于夫妻共同财产，也不是简单地以登记的名义人确定不动产是否属于夫妻共同财产，而是着眼于购置不动产的资金来源：“房屋的购置资金由以下两个或者三个部分构成：第一部分，购房者于婚前购房时交纳的首付款以及其个人于结婚前偿还的贷款。所对应的部分属于购房者个人的婚前财产。第二部分，购房者结婚后，于婚姻关系存续期间，夫妻双方共同偿还贷款部分。所对应的部分属于夫妻共同财产。第三部分，如果离婚时贷款尚未还清，则离婚后需要由取得房屋所有权的一方继续向银行偿还。所对应的部分亦不属于夫妻共同财产。”②

最高人民法院回避了房屋所有权是否是夫妻共同财产的问题，而是根据其购买资金来源分别确定每个部分是否是夫妻共同财产。如果我们从夫妻共同财产制的价值基础角度来看，这种做法无疑最契合制度本旨。婚前交付的首付款无论如何也推定不出配偶方有何贡献或者协力，属于个人财产范畴；而婚姻关系存续期间的还贷部分，无论是用哪一方的收入在还贷，因为婚姻关系存续期间任何一方的收入都推定有另一方一半的贡献或者协力，所以属

---

① 最高人民法院民事审判第一庭. 最高人民法院《婚姻法司法解释（三）》理解与适用. 北京：人民法院出版社，2011：9.

② 最高人民法院民事审判第一庭. 最高人民法院《婚姻法司法解释（三）》理解与适用. 北京：人民法院出版社，2011：161.

于共同财产范畴；至于尚未还清贷款的部分，当然推定不出来有何贡献或者协力，所以不属于共同财产范畴。

尽管在背后的价值理念上最符合共同财产制的本旨，但是最高人民法院的这种处理方式带来了如下三个方面的难题：首先，理论基础不明确。为何可以将房屋所有权拆解为三个不同部分分别判断归属？三个部分究竟是什么意思？其次，权利归属规则过于复杂化。第三人如何判断该房屋所有权的归属？交易安全如何保护？再次，该规则过于就事论事，仅规定了类似于前述例 1 且房屋登记在首付方名下的情形。房屋没有登记在首付方名下的如何处理？例 2 的情形如何处理？房产以外的其他财产如何处理？等等。是不是又要根据物权、债权的取得时间来确定是否属于夫妻共同财产？

可见，《婚姻法解释（三）》第 10 条以及《民法典婚姻家庭编解释（一）》第 78 条透露出了最高人民法院实质化地解释我国“婚后所得共同制”的理念，但却缺乏一套系统的理论阐释该理念，导致该规则缺乏普遍意义。那么有没有一套理论既能够解释我国的现行法规则，又能够普遍性地解决前述系列问题呢？

2. 比较法上的潜在共有理论

我们可以将目光转向比较法。日本现行法采取的是分别财产制，离婚时由丈夫对妻子根据其实际贡献大小（并非推定对家庭有二分之一的贡献）进行财产补偿。有不少学者希望改变现状，极力主张在日本推行婚后所得共有制，其中尤其以我妻荣教授提出的“潜在共有理论”最为引人注目。我妻荣教授不仅在多部著作中详细阐述了其理论，并且其留存人间的“最后的肉声”就是题为“夫妻财产”的演讲。[①]尽管该理论目前还没有改变日本的立法现状，但是已经成为日本亲属法学界的多数说。[②]

我妻荣教授将夫妻共同财产区分为对外和对内两个次元来进行分析，对外根据财产名义人来判断财产的归属，对内则根据实质对价的负担来判断财

---

① 演讲磁带收录于《カセットで聞く学芸諸家》（第二集），岩波书店・NHKサービスセンター，1988 年版。参见吉田邦彦. 家族法講義録. 信山社，2007：73.

② 有地亨. 夫婦財産制に関する一考察. 法政研究，1966，32 卷 2～6 号；深谷松男. 夫婦の協力夫婦共同関係. 金沢法学. 1966，12 卷 1～2 号；加藤永一. 夫婦の財産関係について（1）（2）. 民商法雑誌，1962，46 卷 1 号、3 号；吉田邦彦. 家族法講義録. 信山社，2007：73.

产的归属，于是夫妻的财产归属存在以下三种类型：第一种是财产“名与实”都归夫妻各自所有的情形；第二种是财产“名与实”都属于夫妻共有的情形；第三种是财产名义上归夫妻一方所有，而实质上归夫妻共有的情形。[①]第一种情形是特有财产，第二种情形是共有财产（所有权的共有、其他财产权的准共有等），这两种财产形式并无特别之处。我妻荣教授的理论特色之处在于第三种财产形式，被称为“潜在共有”，即在婚姻关系存续期间，尽管从取得该财产的贡献上考虑该财产实质上应该归属于夫妻“共有”，但是此时为了保护交易安全，这种“共有”并不显在化，只有在离婚或者夫妻一方死亡时这种“共有”才显在化，用以确定夫妻财产的清算。我妻荣教授这种对夫妻共同财产进行区分的理论被称为“潜在共有理论”或者“实质共有理论”[②]。

“潜在共有理论”的优势在于，在确定夫妻关系内部的财产分配时，可以实质性地考虑取得该财产的对价来源，如购买房屋等不动产的资金来源、银行存款的资金来源、购买股票的资金来源等等，如果没有特别的证据证明其源自一方的个人财产则推定是夫妻共同财产；而在考虑对外关系时，则完全以财产的名义人为准，避免因为亲属法的特别制度扰乱财产法秩序，从而保护交易安全。[③]

“潜在共有理论”与德国作为法定财产制的“净益共同制”在某些方面有异曲同工之妙。如都区分夫妻财产制的对内关系和对外关系，在处理对外关系时只看财产法的规定，从而避免夫妻财产制损害交易安全。但是在对内关系的处理上，二者则存在着显著的差异。“潜在共有制”下，在夫妻关系内部仍然会逐个分辨相应财产是个人财产还是潜在共同财产，或者说财产的相应部分是个人特有还是夫妻潜在共有[④]；“净益共同制”下，则不必再对财产的归属进行个别分析，只用计算夫妻各自的“初始财产”价值和“终止财产”价值，用“终止财产”价值减去“初始财产”价值就是“净益”，由净益多的一方对净益少的一方进行补偿，从而实现婚姻关系存续期间夫妻二人收益完

---

① 我妻荣. 親族法（法律学全集）. 有斐阁，1961：102.

② 内田贵. 民法Ⅳ親族・相続. 有斐阁，2004：34.

③ 吉田邦彦. 家族法講義録. 信山社，2007：73.

④ 大村敦志. 民法読解・親族編. 有斐阁，2015：85.

全相同。[①]当不存在财产的升值或者贬值问题时，这两种模式的差异只是计算路径的差异，结果完全相同；但是如果存在财产的升值或者贬值，这两种模式的差异就显现出来：

例 3：甲男婚前单独所有一套房屋，价值 100 万元，婚姻关系存续期间甲男通过工资收入攒下个人存款 10 万元，乙女通过工资收入攒下个人存款 10 万元，离婚时前述房屋价值 110 万元（甲男不存在职业炒房行为）。

例 4：甲男婚前持有股票（非员工持股），市值 100 万元，婚姻关系存续期间甲男通过工资收入攒下个人存款 10 万元，乙女通过工资收入攒下个人存款 10 万元，离婚时前述股票价值 90 万元（甲男不存在职业炒股行为）。

我们先看例 3，如果依据“潜在共有理论”，房屋是甲男婚前单独所有财产，属于甲男的特有财产，无论是升值还是贬值，对夫妻共同财产都没有影响；而甲男和乙女通过工资收入攒下的个人存款虽然存在各自的银行账户下，在对外关系上属于各自对银行的债权，但是因为婚姻关系存续期间任何一方的收入都视为有另一方的贡献（或称协力），所以属于潜在共有财产，离婚时应该平均分割。所以离婚后甲男可以继续保有房屋所有权并分得 10 万元存款，乙女也可以分得 10 万元存款。如果依据“净益共同制”，甲男的初始财产是一套房屋，价值 100 万元，终止财产是房屋和 10 万元存款，由于房屋升值为 110 万元，总价值 120 万元，净益是 20 万元；乙女没有初始财产，终止财产是 10 万元存款，净益是 10 万元；由于甲男的净收益比乙女多 10 万元，所以甲男应该补偿乙女 5 万元。由此对比可知，在“潜在共有理论”之下，婚前个人财产的被动增值收益在离婚时不会分割；在“净益共同制”下，这一收益仍会分割。

我们再看例 4，如果依据“潜在共有理论”，则与例 3 相同，股票是甲男的个人财产，涨跌对夫妻共同财产分割没有影响，离婚时甲男可以继续保有股票并分得 10 万元个人存款，乙女也可以分得 10 万元存款。如果依据“净益共同制”，甲男的初始财产是股票，价值 100 万元，终止财产是股票和 10 万元存款，由于股票贬值为 90 万元，总价值还是 100 万元，净益是 0；乙女

① ［德］迪特尔·施瓦布. 德国家庭法. 王葆莳，译. 北京：法律出版社，2010：117.

没有初始财产，终止财产是10万元存款，净益是10万元；由于甲男的净收益比乙女少10万元，所以乙女应该补偿甲男5万元。由此可见，在“潜在共有理论”下，婚前财产的贬值风险由该财产的所有人自己承担；在“净益共同制”下，这一风险由夫妻双方共同承担。①

3. 我国采取潜在共有理论的必要性

首先，就夫妻内部关系而言，采取潜在共有理论可以彻底解放夫妻间的财产分配规则，避免受到财产权取得规则的不当干扰，有利于进行精确化的价值判断。如对于前述例1、例2，决定夫妻间财产分配时，只用考虑购房资金的来源，判断其中是否存在着配偶可推定的贡献（或者协力），而不用考虑房屋所有权的取得时间。并且，潜在共有理论不仅可以起到“做减法”的功能，将表面上在夫妻关系存续期间取得但却不符合婚后所得共同制本旨的内容排除出共同财产的范围；还可以起到“做加法”的功能，将表面上不在夫妻关系存续期间取得但却符合婚后所得共同制本旨的内容纳入共同财产的范围：

例5：甲男婚前和公司签订股权激励计划，约定未来10年内每年基本工资为1元，且没有现金奖励，公司授予甲男股票期权，行权期在10年之后。倘若甲男和乙女结婚5年后离婚，10年后甲男通过行权获得收益10亿元，乙女能否主张分割该收益?

如果按照财产权的取得时间判断是否共同财产，由于甲男获得股票期权的时间在结婚之前，所以期权应该认定为甲男的个人财产；由于甲男行权时间是在婚姻关系结束之后，所以行权取得的10亿元也应该认定为甲男的个人财产。那么岂不是说能够评价进夫妻共同财产的只有甲男每年的1元工资?假如乙女在婚姻关系存续期间通过工资挣得了收入，离婚时还要“倒贴”给甲男?这显然是不公平的。但是如果按照潜在共有理论，则不论具体财产权的取得时间如何，也不论财产的具体表现形式如何，只用考虑取得财产的对价来源。上例中，甲男之所以10年后可以通过行权获得10亿元的收益，

① 当然，由于德国法上计算增益的时候，最小值是0，所以这一风险是有限度的，负有补偿义务的一方补偿的额度不可能超过自身增益的1/2。参见［德］迪特尔·施瓦布. 德国家庭法. 王葆莳，译. 北京：法律出版社，2010：139.

是因为这10年他努力工作让公司升值，这10亿元的收益相当于他10年工作的真正对价。而这10年中有5年在夫妻关系存续期间，应推定这5年中妻子对甲男取得前述收益有一半的贡献。因此，应该认定这10亿元收益有一半（5亿元）属于夫妻潜在共有，甲男行权后乙女可以主张分得潜在共有财产的一半（2.5亿元）。显而易见，这种处理方式更加公平，也更加贴合夫妻共同财产制的本旨。

其次，就夫妻外部关系而言，采取潜在共有理论可以避免夫妻财产关系的复杂化危害交易安全。正如上文所述，不能用财产权的规则判断夫妻关系内部的财产归属，必须考虑到亲属法的特殊性；但是如果我们将这种考虑了亲属法特殊性的“财产取得规则”直接当成“财产权取得规则”，结果将是灾难性的——整个民法的财产权规则体系将由此崩溃。

如前述例1，我们在判断房屋是否属于夫妻共同财产时，必须考虑购房资金的来源，分别对应婚前首付款部分、婚后共同偿还部分、离婚时尚未偿还部分，其中只有婚后共同偿还部分属于夫妻共同财产。如果将这种对应仅仅看成是夫妻离婚时的内部清算依据，不会发生什么问题；但是如果认为这种对应直接指的就是所有权的归属，那么该房屋的所有权究竟是什么状态？单独所有？按份共有？共同共有？还是说这么多种状态的混合？即使我们强行解释出这样一种复杂的所有权状态，仍然绕不开的问题是：这种复杂权利状态没有反映在登记簿上怎么办？是否认定为真实权利状态与登记簿记载不一致？果真如此，那么实践中恐怕大多数涉及自然人的不动产登记记载内容都是失真的。[①] 于是在不动产交易中，不仅要查阅不动产登记簿，还必须调查交易对手的婚姻状况。[②] 而且何止仅仅是不动产交易，债权让与、股权让与等凡是涉及财产处分的行为，都需要调查交易对手的婚姻状况。即使是未婚的也必须证明自己是未婚的。这将带来不可估量的交易成本。正是看到了这一问题，民政部出台了民函〔2015〕266号：“为落实国务院简政放权、方便群众办事创业的有关要求……自文件发布之日起，除对涉台和本通知附件

① 因为从我国的社会结构来看，大多数财产都在已婚人士手中。

② 上海市第一中级人民法院就曾经要求银行必须审查抵押人的婚姻状况。参见上海市第一中级人民法院（2012）沪一中民二（民）终字第1127号民事判决书。

所列清单中已列出国家的公证事项仍可继续出具证明外，各地民政部门不再向任何部门和个人出具（无）婚姻登记记录证明。”① 当然，有人可能会将该文件看成是民政部不作为的表现，认为只要民政部进行信息化建设，并与登记部门实现信息共享，问题就解决了。但是哪有这么简单？提供了婚姻状况证明、证明了无婚姻关系当然解脱了，但是如果证明了有婚姻关系，则万里长征才走出了第一步。婚姻中的财产权既可能是共同共有，也可能是单独所有，还有可能是更加复杂的形态，而且这些权利形态都不取决于公示，而是取决于对价来源。那么是不是当事人在交易时不仅要披露婚姻关系，还要披露取得该财产的对价来源？更加致命的是，我国亲属法不仅存在法定财产制，还存在约定财产制。实践中有人认为这种约定可以直接发生“非基于法律行为的物权变动”效果。② 而且与德国采取选择性的约定财产制且必须登记不同，我国采取的是自由约定制且不用登记。③ 这样岂不是仅仅依据夫妻双方的约定就可以直接发生物权变动的效果？那么交易中是不是除了考察婚姻关系、财产对价，还要看当事人有没有特别财产约定？更有甚者，我国实践中采取约定财产制的，常常将之与“夫妻忠诚协议”相结合，约定财产的分配取决于有没有外遇等情节。难道我们在一般的财产交易中还要调查相对方的这些情节？

其实，对于夫妻任何一方而言，只要能够确保离婚时能够公平地分得足够的财产就可以了，至于在婚姻关系正常存续期间则无所谓具体财产权归属于谁。④ 毕竟生活在同一屋檐下，即使是所有权归对方也完全不影响自己的使用。当然，这里可能存在一个风险：如果所有权在对方，自己只有“潜在共有”，对方单独处分标的物导致家庭总财产减少怎么办？其实，这

---

① 参见《民政部关于进一步规范（无）婚姻登记记录证明相关工作的通知》（民函〔2015〕266号）。

② 唐某诉李某某、唐某乙法定继承纠纷案. 中华人民共和国最高人民法院公报. 2014（12）：31－35. 对于本案二审判决，笔者和程啸教授均持批评意见，参见程啸. 婚内财产分割协议、夫妻财产制契约的效力与不动产物权变动：“唐某诉李某某、唐某乙法定继承纠纷案”评释. 暨南学报，2015（3）：49－59.

③ 我国《民法典》第1065条第1款（《婚姻法》第19条第1款）规定：“男女双方可以约定婚姻关系存续期间所得的财产以及婚前财产归各自所有、共同所有或者部分各自所有、部分共同所有。”该规定表面上给出了几个选择项，但是这几个选择项可以说囊括了一切可能性，所以说其就夫妻共同财产采取的是自由约定制。

④ 同旨参见贺剑. 论婚姻法回归民法的基本思路：以法定夫妻财产制为重点. 中外法学，2014（6）：1500－1521；薛宁兰. 离婚法的诉讼实践及其评析. 法学论坛，2014（4）：15－23.

种担心是没有必要的，潜在共有下仍然存在财产转让限制规则。[①] 当然，如果仍然不放心，最好的方法自然是按照财产法规则，将自己的“潜在共有”表彰出来，转化为“显在共有”（即所有权的共有或者定限物权、债权的准共有等）。毕竟“两口子”的事情，自己公示出来总比让全社会来猜成本小得多。

由上述分析可知，既然我们在夫妻内部关系上必须考虑亲属法的特殊性，不按照物权法等财产权法的规则确定夫妻间财产的归属，那么与之相应，在对外关系上为了保护交易安全，我们就不能认定这些“财产归属”具有确定物权归属、股权归属等财产权的效力。简言之，既然在财产取得规则上，亲属法需要和财产权法脱钩，那么在财产效力规则上，亲属法也必须和财产权法脱钩。从比较法上看，大陆法系的主流法域莫不如是。不仅笔者主张的潜在共有理论如此构造，德国的“净益共同制”、瑞士的“所得分配制”也是如此构造。[②] 即使是一向被看成是采取物权性共有模式代表的法国[③]，由于其物权变动模式采取的是登记对抗主义，而且其对抗理论模型采取的是“法定得权失权说”，不登记不能对抗的第三人范围极其广泛，不限于“善意第三人”[④]，所以法国的夫妻共同财产名义上是“物权性共有”，实际上也没有多少对外效力。

最后，正如前文所述，在内外效力区分这一点上，德国的“净益共同制”也能达到相同的效果，我国近来也有学者主张这一模式。[⑤] 那么为何笔者主张“潜在共有制”而非“净益共同制”呢？这是因为“潜在共有模式”与我

---

① 如我国《民法典》第1092条（《婚姻法》第47条）规定：“夫妻一方隐藏、转移、变卖、毁损、挥霍夫妻共同财产，或者伪造夫妻共同债务企图侵占另一方财产的，在离婚分割夫妻共同财产时，对该方可以少分或者不分。离婚后，另一方发现有上述行为的，可以向人民法院提起诉讼，请求再次分割夫妻共同财产。”

② 关于德国、瑞士的“所得分配制”的构造可以参见贺剑．论婚姻法回归民法的基本思路：以法定夫妻财产制为重点．中外法学，2014（6）：1500－1521．

③ 日本学者一般认为法国是“显在共有”（物权性共有）的典型。内田贵．民法Ⅳ親族·相続．有斐阁，2004：38；犬伏由子．フランスにおける夫婦財産関係法と夫婦の平等（5）1965年法から1985年法への歩み．山形大学紀要．社会科学．22卷（2）．

④ 龙俊．中国物权法上的登记对抗主义．法学研究，2012（5）：136－153．

⑤ 贺剑．论婚姻法回归民法的基本思路：以法定夫妻财产制为重点．中外法学，2014（6）：1500－1521；贺剑．夫妻个人财产的婚后增值归属——兼论我国婚后所得共同制的精神．法学家，2015（4）：95－115．

国的立法、司法以及社会现状更加契合。

前文已述，潜在共有模式和净益共同模式的实质性区别在于婚前个人财产的被动增值收益或者贬值风险是否计算进共同财产中。这一区别背后折射出对夫妻财产制价值基础的不同理解。“潜在共有理论”的价值基础是推定夫妻双方对家庭的贡献相等，也可称为“协力理论”；而“净益共同制”的价值基础尽管德国学者自己一般称也是“协力理论”[①]，但是实质上“协力理论”无法解释婚前财产的被动增值或者贬值为什么要计算进去，正如贺剑教授所言“净益共同制”的价值基础恐怕应该是“协力理论+运气共同理论”[②]。需要指出的是，这里的“运气”并非指的诸如婚姻期间中彩票、共有的房屋升值等当然可以评价为夫妻双方运气的内容，而是指的婚前财产的增值、贬值这种与另一方看不出有何直接关联的运气。将这一运气也共同，虽然说不上错误，但是至少看不出很强的正当性。德国的学说和判例也在对其进行目的解释加以限缩，至少将因为通货膨胀导致的“伪增值”排除出“净益”的计算。[③] 如果在我国采取“净益共同制”，那么恐怕首先难以回答的一个问题就是我国现在的资产增值究竟有多少是通货膨胀导致的？并且我们不能只将目光聚焦在资产增值上，资产贬值的风险也必须考虑。在当今中国，资产价格暴涨暴跌的例子屡见不鲜，从全国范围看，是否每一对夫妻都做好了承受另一方婚前资产价格崩盘的心理准备？对于资产持有者而言，选择在资产高位时结婚，岂不是还能让婚姻起到风险对冲的功能？这些“功能”恐怕已经超出了我国夫妻采取共同财产制的初衷了吧。

从我国现行法规则看，明显将婚前个人财产的被动增值收益排除出了夫妻共同财产的考量范围。《民法典婚姻家庭编解释（一）》第 26 条明确规定：“夫妻一方个人财产在婚后产生的收益，除孳息和自然增值外，应认定为夫妻共同财产。”该条规定区分主动增值和被动增值，因通货膨胀或者市场行情变化导致的增值就是被动增值；如装修房屋使房屋升值就是典型的主动增值，

---

① ［德］迪特尔·施瓦布．德国家庭法．王葆莳，译．北京：法律出版社，2010：116.

② 贺剑．夫妻个人财产的婚后增值归属：兼论我国婚后所得共同制的精神．法学家，2015（4）：95－115.

③ 贺剑．夫妻个人财产的婚后增值归属：兼论我国婚后所得共同制的精神．法学家，2015（4）：95－115.

此外炒房、炒股等投资或者投机行为产生的收益也是主动增值。[①] 对这二者的区分，显然表明了最高人民法院对于共同财产制的价值基础采取“协力理论”的立场。因为主动增值行为无异于工作，增值的对价也就相当于工资或者奖金，自然可以视为存在配偶的一半贡献；而婚前财产因市场行情变化产生的增值，则纯属运气，且并非可以评价为夫妻双方的运气，自然不作为共同财产进行分配。需要指出的是，有学者认为我国《民法典婚姻家庭编解释（一）》第 78 条［源自《婚姻法解释（三）》第 10 条］将夫妻一方婚前买房，婚后夫妻共同还贷“相对应财产增值部分”规定为共同财产，是我国现行法承认“被动增值”属于夫妻共同财产的例证，所以他认为我国司法解释在这一问题上态度摇摆不定。[②] 笔者并不赞同该观点，考虑“主动增值”“被动增值”的前提是个人财产，而“夫妻共同还贷”部分本来就是夫妻共同财产，其增值部分无所谓“主动被动”，当然属于夫妻共同财产。也就是说我国现行法已经作出了明确的选择，并不存在摇摆不定。既然如此，那么在没有明显价值判断失衡的前提下，是否应该尊重这种选择呢？在与我国现行法的贴合度上，“潜在共有理论”较“净益共同制”显然具有优势。

4. 我国采取潜在共有理论的可行性

潜在共有理论与我国《民法典》婚姻家庭编的制度体系可谓是完美兼容，这体现在：纵观《民法典》婚姻家庭编，里面从来就没有出现过“财产权”“物权”“债权”等字样，相关表述一直是“财产”。尤其观察第 1062 条列举的具体财产类型：“（一）工资、奖金、劳务报酬；（二）生产、经营、投资的收益；（三）知识产权的收益……”关注的焦点从来都不是财产的具体形式，而是财产的取得原因。这不正好和潜在共有理论完美契合吗？在潜在共有的视角下，不用在乎共有的财产具体是什么，只要具有金钱价值就可以，因为这只是一个当事人内部的清算规则，关注的焦点只在于当事人取得该财产的对价是什么（即为什么会取得该财产）。可以说用潜在共有理论解释我国现行

---

① 最高人民法院民事审判第一庭. 最高人民法院婚姻法司法解释（三）理解与适用. 北京：人民法院出版社，2011：98.

② 贺剑. 夫妻个人财产的婚后增值归属：兼论我国婚后所得共同制的精神. 法学家，2015（4）：95－115.

夫妻财产制毫无违和感。此其一。

采取潜在共有理论之后，现行亲属法体系中原本晦涩难懂、常被诟病之处均豁然开朗：当初在《婚姻法解释（三）》第10条存在着激烈的争论，并且这一争论逐渐演变成婚姻法和物权法之争："如果按照婚姻法，判断财产归属，婚前婚后的区别很重要；如果按照物权法规则，登记在谁名下则最重要"。对此，司法解释制定者并未给出有力的理论化解婚姻法与物权法的上述紧张关系，只是说"司法解释以解决实际问题为目标，不追求逻辑体系的完美"①。《民法典》通过后，该条被《民法典婚姻家庭编解释（一）》第78条所承继，其理论基础仍然不甚明了。但是如果我们用潜在共有理论解释该条：正如前文所述，判断夫妻内部关系时，主要考察买房资金的来源，婚前婚后的区别很重要；在判断夫妻对外关系时，主要看登记，从而保护交易安全。可以说婚姻法和物权法所重视的价值诉求都得到了满足。此外，《婚姻法解释（三）》第10条中另外一个容易引发争议的表述是"人民法院可以判决该不动产归产权登记一方"，常被误解为"登记在谁名下，房子归谁"。在潜在共有理论下，这一句规定的既非财产的"内部归属"，也非"外部归属"，而是"最终归属"的问题。对于一项财产而言，无论是"潜在共有"还是"显在共有"，离婚之后都必定只会由夫或者妻一方拿走，取得该财产的一方则要给另一方货币补偿，那么究竟是谁拿财产谁拿钱呢？这取决于"最终归属"规则。如果说法律解决"内部归属"问题的核心思想是"公平"，解决"外部归属"问题的核心思想是"交易安全"，那么解决"最终归属"问题的核心思想就应该是"偏好"。由"偏好"该财产的人最终取得该财产最能"物尽其用"。那么如何判断谁更"偏好"该财产呢？《民法典婚姻家庭编解释（一）》第76条给出的一种解答是"竞价"②，肯为该财产出更高价的人应该更为"偏好"该财产。《民法典婚姻家庭编解释（一）》第78条则提出了另一种思路——"首

---

① 苏永通，房珊珊，童菲菲．婚姻法新规则的幕后斗争．南方周末，2011-08-25（A04）．

② 《民法典婚姻家庭编解释（一）》第76条［《婚姻法解释（二）》第20条］规定："双方对夫妻共同财产中的房屋价值及归属无法达成协议时，人民法院按以下情形分别处理：（一）双方均主张房屋所有权并且同意竞价取得的，应当准许；（二）一方主张房屋所有权的，由评估机构按市场价格对房屋作出评估，取得房屋所有权的一方应当给予另一方相应的补偿；（三）双方均不主张房屋所有权的，根据当事人的申请拍卖、变卖房屋，就所得价款进行分割。"

付+登记”，一个肯为房屋付首付并登记在自己名下的人可能更为“偏好”该房屋。也就是说登记只是起到了一个“偏好推定”的作用。我们需要注意，无论是“竞价规则”还是“首付+登记规则”，从条文表述上看用的都是“应当准许”“可以”这样的字眼，所以上述“偏好推定”都是可以推翻的，有时要让位于“优先保护妇女、儿童原则”。当然，无论判断财产最终归属于谁，前述依据潜在共有理论判断的夫妻内部关系都不会改变，最终取得财产的一方都要将本应属于对方的部分以货币的形式返还给对方。此其二。

考察我国的司法实践会发现，一个契合潜在共有理论的司法传统正在形成。正如前文所述，从《婚姻法解释（三）》开始，最高人民法院就夫妻共同财产采取了实质化的解释倾向，既然已有明文规定，法官会据此实质化地认定是否属于夫妻共同财产，自不待言。[①] 然而，对于司法解释中并未明文规定的内容，我国的法官也已经开始自觉地摆脱财产权的形式束缚，进行实质化的解释。如最高人民法院在指导案例中明确：判断存款是否属于夫妻共同财产时，既不是看存款的名义人，也不是看存款取得时间是否在婚姻关系存续期间，而是看存款的来源：“宋某某婚前房屋拆迁款转化的存款，应归宋某某个人所有，宋某某婚后所得养老保险金，应属夫妻共同财产。”[②]再如针对类似前述例 2 的案件，一审法院判决认为用出卖婚前房屋所得价款购买的新房是在婚姻关系存续期间取得的，所以属于夫妻共同财产，应该平均分割；二审法院改变了一审法院形式化的认定标准，改判属于个人财产不用分割。[③] 此其三。

《民法典》通过后，最高人民法院新出台的《民法典婚姻家庭编解释（二）》进一步强化了“内外有别”的夫妻财产制。例如关于股权的归属问题，第 9 条规定：“夫妻一方转让用夫妻共同财产出资但登记在自己名下的有限责任公司股权，另一方以未经其同意侵害夫妻共同财产利益为由请求确认股权转让合同无效的，人民法院不予支持，但有证据证明转让人与受让人恶意串通损害另一方合法权益的除外。”第 10 条规定：“夫妻以共同财产投资有限责

① 山东省日照市东港区人民法院（2012）日民一终字第 104 号民事判决书。

② 最高人民法院公布的“指导案例 66 号：雷某某诉宋某某离婚纠纷案”。

③ 韩玫．婚前个人财产在婚后发生形态变化不导致所有权发生变化//最高人民法院民事审判第一庭．民事审判指导与参考：总第 53 辑．北京：人民法院出版社，2013．

任公司，并均登记为股东，双方对相应股权的归属没有约定或者约定不明确，离婚时，一方请求按照股东名册或者公司章程记载的各自出资额确定股权分割比例的，人民法院不予支持；对当事人分割夫妻共同财产的请求，人民法院依照民法典第一千零八十七条规定处理。”也就是说，对内方面，关注点在于股权的权利归属，应强调婚姻关系存续期间夫妻对共同财产的平等处理权，离婚分割夫妻共同财产时注重保护未显名配偶一方的财产权益；对外方面，关注点在于股权的行使，应注重维护股权登记公信力、保护善意相对人的合理信赖。夫妻双方均登记为有限责任公司股东，公司章程或股东名册记载的持股比例不宜认定为夫妻约定财产制。[①] 再如关于夫妻一方为重婚、与他人同居以及其他违反夫妻忠实义务等目的，将夫妻共同财产赠与他人或者以明显不合理的价格处分夫妻共同财产的，依据《民法典婚姻家庭编解释（二）》第 7 条，另一方要求返还的理由是“该民事法律行为违背公序良俗无效的”。这改变了过去只要是夫妻共同财产，任何一方都无权单独处分的传统理论倾向，既然必须“违背公序良俗”才能要求返还，那么依据反对解释，没有“违背公序良俗”，就不能仅仅因为是单反处分就要求返还。此其四。

5. 潜在共有下夫妻财产的三重归属

我们在讨论离婚时夫妻财产应如何分割、夫妻分割财产的比例等问题时，谈到的都是财产的份额，但无论怎么确定份额和比例，最终都是夫妻一方取得房产，另一方取得相应的对价。如果夫妻双方达成了协议，自然就按协议内容确定，若没有协议则只能由人民法院裁判，根据《民法典》第 1087 条第 1 款，包括要按照照顾子女、女方和无过错方权益的原则处理。但这始终没有解决财产的最终归属问题。以房产为例。夫妻双方对财产的份额都已经确定好，夫妻双方也没有异议。但毕竟房产不能像切蛋糕那样按比例按份额分割，而此时夫妻双方都想要房产而不是相应的房款，这个时候法院应该如何处理呢？

对于一项财产而言，无论是“潜在共有”还是“显在共有”，离婚之后都必定只会由夫或者妻一方拿走，取得该财产的一方则要给另一方货币补偿，

---

① 王丹．婚姻关系中涉及有限责任公司股权的若干实践问题．法律适用，2024（12）：98．

那么究竟是谁拿财产谁拿钱呢？这取决于“最终归属”规则。如果说法律解决“内部归属”问题的核心思想是“公平”，解决“外部归属”问题的核心思想是“交易安全”，那么解决“最终归属”问题的核心思想就应该是“偏好”。由“偏好”该财产的人最终取得该财产最能“物尽其用”。那么如何判断谁更“偏好”该财产呢？

《民法典婚姻家庭编解释（一）》第 76 条［源自《婚姻法解释（二）》第 20 条］规定：“双方对夫妻共同财产中的房屋价值及归属无法达成协议时，人民法院按以下情形分别处理：（一）双方均主张房屋所有权并且同意竞价取得的，应当准许；（二）一方主张房屋所有权的，由评估机构按市场价格对房屋作出评估，取得房屋所有权的一方应当给予另一方相应的补偿；（三）双方均不主张房屋所有权的，根据当事人的申请拍卖、变卖房屋，就所得价款进行分割。”

第 2 项和第 3 项的情况其实问题不大，即便是都不需要房产，走司法程序拍卖后分割价款就可以了。但关于第 1 项的竞价很多人不理解。竞价意味着夫妻双方出价高的一方取得房产，但其也要按照自己的出价对对方进行补偿。之所以要竞价，是因为让出价高的一方获得房屋所有权意味着可以物尽其用，符合效率原则。并且该规定还兼顾了公平，因为价高者得房产，没得到房产的一方相当于获得了更多补偿。

当然，也有观点认为这个机制不利于夫妻之间处于现金流弱地位的一方，而且处于现金流强地位的一方可能故意压价造成对方的损失。这种观点确实有道理，但目前还没有比竞价更有优势的机制或者更公平的方案出现，相对而言，以竞价来确定财产的最终归属对双方是同时符合效率原则和公平原则的。

值得注意的是，与之相关，《民法典婚姻家庭编解释（一）》第 78 条［源自《婚姻法解释（三）》第 10 条］也有一个规定：

夫妻一方婚前签订不动产买卖合同，以个人财产支付首付款并在银行贷款，婚后用夫妻共同财产还贷，不动产登记于首付款支付方名下的，离婚时该不动产由双方协议处理。

依前款规定不能达成协议的，人民法院可以判决该不动产归登记一方，尚未归还的贷款为不动产登记一方的个人债务。双方婚后共同还贷支付的款项及其相对应财产增值部分，离婚时应根据民法典第一千零八十七条第一款规定的原则，由不动产登记一方对另一方进行补偿。

笔者认为这是司法解释依据效率原则提出的另一种思路——“首付＋登记”，一个肯为房屋付首付并登记在自己名下的人可能更为“偏好”该房屋。也就是说登记只是起到了一个“偏好推定”的作用。我们需要注意的是，无论是“竞价规则”还是“首付＋登记规则”，从条文表述上看用的都是“应当准许”“可以”这样的字眼，所以上述“偏好推定”都是可以推翻的，有时要让位于“优先保护妇女、儿童原则”。当然，无论判断财产最终归属于谁，前述依据潜在共有规则判断的夫妻内部关系都不会改变，最终取得财产的一方都要将本应属于对方的部分以货币的形式返还给对方。

到这里可以对这个问题做一个小结。在婚姻法中，原本物权法中单纯的房产归属问题变得非常复杂，需要从三个层次考虑：第一个层次是房产价值的内部份额划分问题。这一层次问题的解决路径可以简单地归纳为：有约定依约定，无约定看贡献。其中的问题难点是很多当事人表达意思的方式比较隐晦，是否有约定往往难以看出来。而关于这个问题的处理其实就涉及笔者介绍的“潜在共有理论”。第二层次是房产的对外转让的效力问题。这一层次问题的解决路径可以简单归纳为：优先保护善意第三人。但以哪种路径实现呢？是直接看房屋的登记人还是按照“无权处分—善意取得”规则？笔者认为前者的路径更具有优势，权利的结构也不至于过于复杂。第三层次的问题是离婚时房产的最终归属问题。这一层次问题的解决路径可以归纳为：（1）优先看协议。这是尊重当事人意思自治的体现。（2）看首付方和登记方是否一致。依据《民法典婚姻家庭编解释（一）》第 78 条的规定，通常首付方和登记方一致意味着他对财产的贡献较多、对财产的偏好也更高，让他取得财产往往更能体现财产的效用。（3）竞价。通过竞价的机制实现价高者得，符合物尽其用和财产的经济效益，而且没有得到房产的一方所获得的补偿也会更多。这是相对公平的财产分割方式。对于股权分割的问题也应如此。股权对直接经营企业的夫妻一方的经济效用肯定高于另一方，为了更有利于企业的经营，应当尽量由直接经营的一方取得股权，并作价对另一方进行补偿。（4）根据具体情况，上述（2）（3）两点有时会被照顾子女方和照顾女方原则突破。但这种突破的情况非常少见，一般是夫妻双方经济状况相差悬殊等情况下，法院需要做一些适当的调整。其实，离婚财产分割问题的背后体现的是一种经济的理念，法官需要判断谁获得财产可以使财产实现更高的效用，最终达到最为经济的结果。

难点问题 17：夫妻一方以自己的婚前财产实际出资买房，但是房产登记在双方名下或者只登记在另一方名下的情形，离婚时如何确定房产归属

现代社会，财产的实际出资人和财产的名义所有人时常是分离的，具体包括夫妻间实际出资人与名义所有人的分离和父母实际出资、子女一方或者双方成为财产的名义所有人。其中第一种，夫妻间实际出资人与名义所有人的分离包括一方以自己的个人财产实际付款，但是房产登记在双方名下或者只登记在另一方名下等情形。尤其复杂的是，这一问题还会与前一问题相交错。那么处理此类问题的核心规则又是什么？

学界和司法实务界在夫妻财产的“名实不符”问题上存在很多争议。比如夫妻一方全款买的房屋登记在双方名下或对方名下的，一种观点认为，接受财产的一方取得财产是在婚姻关系存续期间，该房屋属于夫妻共同财产；另一种观点则认为，房屋登记在谁名下就是谁的个人财产，而不能作为夫妻共同财产。就第二种观点而言，按物权法“物权公示”的原则是没问题的，但放在婚姻关系中似乎又有问题了。你能说离婚时谁名下的财产就归谁吗？在实际生活中，很多家庭中的财产都是只登记在夫妻一方名下的，那是不是没有登记的一方就丧失了财产权利？显然不是如此。那是不是属于夫妻共同财产呢？好像也不是，因为在取得房屋所有权问题上另一方并没有贡献或协力。对此该如何理解？

解决这个问题的关键在于如何解释给予财产的夫妻一方的意思表示，即财产处分者的意思表示解释问题。当然，如果财产处分者的意思表示非常明确，比如他直接表明他的行为是赠与或代持等，自然没有解释的必要。但如果他什么都没说，直接就将房屋变更登记给另一方了，就要对他这一行为所想表达的意思进行分析。比如，该行为有可能只是表达爱意的情谊行为，也有可能是赠与，而这些意思表示的法律后果是完全不同的。若是欠缺法律效果意思的情谊行为，离婚时财产需要返还；若是赠与，那么这种赠与是否是附条件的赠与，是否需要类推适用彩礼返还规则；等等。

针对此问题，《民法典婚姻家庭编解释（二）》第5条作了特别规定：

婚前或者婚姻关系存续期间，当事人约定将一方所有的房屋转移登记至另一方或者双方名下，离婚诉讼时房屋所有权尚未转移登记，双方对房屋归属或者分割有争议且协商不成的，人民法院可以根据当事人诉讼请求，结合给予目的，综合考虑婚姻关系存续时间、共同生活及孕育共同子女情况、离婚过错、对家庭的贡献大小以及离婚时房屋市场价格等因素，判决房屋归其中一方所有，并确定是否由获得房屋一方对另一方予以补偿以及补偿的具体数额。

婚前或者婚姻关系存续期间，一方将其所有的房屋转移登记至另一方或者双方名下，离婚诉讼中，双方对房屋归属或者分割有争议且协商不成的，如果婚姻关系存续时间较短且给予方无重大过错，人民法院可以根据当事人诉讼请求，判决该房屋归给予方所有，并结合给予目的，综合考虑共同生活及孕育共同子女情况、离婚过错、对家庭的贡献大小以及离婚时房屋市场价格等因素，确定是否由获得房屋一方对另一方予以补偿以及补偿的具体数额。

给予方有证据证明另一方存在欺诈、胁迫、严重侵害给予方或者其近亲属合法权益、对给予方有扶养义务而不履行等情形，请求撤销前两款规定的民事法律行为的，人民法院依法予以支持。

《民法典婚姻家庭编解释（二）》第5条的规定改变了传统观点，否定了赠与合同的性质，而认为该约定应属于“广义的夫妻一般财产约定”，并认为当事人不能依据赠与合同规则，以财产权利未转移为由行使任意撤销权。[①]因为该交易基础通常是为了建立或者维系、巩固婚姻家庭关系，增进双方感情和婚姻家庭凝聚力。[②]

这种“广义的夫妻一般财产约定”说，有其优势：（1）将婚姻的维系作为了当事人形成合意的交易基础，避免了闪婚闪离前提下的以婚骗财风险。（2）结婚时在房产上加名将不再具有那么大的经济效益，有助于淳化社会风

---

① 陈宜芳，王丹．民法典婚姻家庭编法律适用中的价值理念和思维方法：以《民法典婚姻家庭编解释（二）》为视角．法律适用，2025（1）：37.

② 王丹．夫妻间给予房产问题研究．法律适用，2004（11）：54.

尚。(3) 否定了赠与合同的可能性，也就不用再区分当事人给予财产的意思是赠与合同还是夫妻财产约定，可以化解司法实践中的判断难题。

但是笔者认为，完全否定赠与合同的解释路径，也可能会带来一个新问题——在没有形式要件的前提下，如何区分是具有法律效果意思的财产约定还是夫妻间的戏言？在过去采取赠与合同解释路径的前提下，形式要件并不具有特别意义，反正赠与财产的一方有任意撤销权，完成财产权移转公示前，可以随时撤销赠与合同。但是按照如今的规定，夫妻间也将“一言既出，驷马难追”，有可能走向另一个极端，赋予了夫妻一方欠缺审慎思考的允诺以法律效力。有鉴于此，笔者认为在解释上宜增加“夫妻财产约定”的形式要件，即使不要求如很多国家那般对夫妻财产约定进行登记，也至少需要采取书面形式。

难点问题 18：父母出资为子女买房，夫妻离婚房产如何确定归属

接下来是另一个难点，即父母实际出资，子女一方或者双方成为财产的名义所有人时的财产名实分离。这种财产究竟应该按照“谁实际出资归谁的原则”，还是应该按照“夫妻关系存续期间取得的财产为夫妻共同财产”处理？

1.《婚姻法解释（二）》时代

《婚姻法解释（二）》第 22 条规定：当事人结婚前，父母为双方购置房屋出资的，该出资应当认定为对自己子女的个人赠与，但父母明确表示赠与双方的除外。当事人结婚后，父母为双方购置房屋出资的，该出资应当认定为对夫妻双方的赠与，但父母明确表示赠与一方的除外。从其规定可以看出，它是从赠与的角度解释父母为子女出资购房的行为，即婚前视为对自己子女的赠与，婚后则视为对夫妻双方的赠与。

2.《婚姻法解释（三）》时代

《婚姻法解释（三）》似乎改变了《婚姻法解释（二）》第 22 条的路线，《婚姻法解释（三）》第 7 条规定：婚后由一方父母出资为子女购买的不动产，产权登记在出资人子女名下的，可按照《婚姻法》第 18 条第 3 项的规定，视为只对自己子女一方的赠与，该不动产应认定为夫妻一方的个人财产。由双方父母出资购买的不动产，产权登记在一方子女名下的，该不动产可认定为双方按照各自父母的出资份额按份共有，但当事人另有约定的除外。这一规定与《婚姻法解释（二）》第22条的最大区别在于，它改变了后者关于婚后父母出资为子女购房是对夫妻双方的赠与的规定，而认为若登记在自己子女名下则是对自己子女一方的赠与，如果双方父母都出资但只登记在夫妻一方名下，则夫妻双方按其父母出资的比例按份额享有财产权利。换言之，《婚姻法解释（三）》不再认为父母在子女婚后出资购房是对夫妻双方的赠与，很大程度上仍然认为是对自己子女的赠与，这一转变在学界和司法实务界引发了激烈的讨论，也遭到了很多学者的批判，甚至有学者认为，父母与子女之间的财产流转根本不能解释为民法意义上的赠与，因为这些财产仍属于整体意义上的家庭财产，把父母对子女财产的给予简单地以赠与理解，无视血缘亲情，简直就是肢解中国社会的“家本位”。那么我们又该如何理解这两条规定的含义呢？

首先，试图以家产制来理解现代中国的夫妻财产制度显然是不合适的，也不符合人格独立、婚姻自由的基本价值。在传统的家产制下，家族的财产由家长掌控，由家长决定是否以及如何向家族成员分配财产，子女并没有自由处分财产的权利，也没有真正意义上的独立财产。某种程度而言，家产制是建立在家长对其他家庭成员的压迫和剥削之上的。

其次，在家产制下，整个大家族内部每个小家庭之间的界限非常模糊，甚至不存在。这意味着，所有家族成员都可以参与每一个小家庭的财产分配。比如，家族中几个兄弟都结婚生子，其中大哥因病去世留下一些财产，于是弟弟们带着他们的家人都来参与大哥遗产的分配，最终留给大哥遗孀及子女的只是一些仅能维持基本生活的物品。这也是伴随着家产制产生的“吃绝户”现象，因为在传统中国社会，寡妇和孤儿是最容易受到歧视的群体，他们的利益也最容易遭受侵害。

最后，家产制与现代社会深入人心的男女平等、家庭成员平等等观念格格不入。如今，以父母子女为核心的家庭形态是主流，大多数子女成年或结婚后就不再与父母共同居住；即便是在核心家庭内部，家庭成员之间也是平等的，平等地参与家庭事务和财产分配。尽管有些学者对于家产制念念不忘，但现实是再也回不去了。当然，诚如很多学者所指出，现代婚姻制度也有着这样那样的问题，比如婚姻结构不稳固、离婚太容易而且经常会引起诉讼案件等，或者正是出于对这些现象的不满，他们才无比怀念过去的家产制以及它背后的家族制度。但在笔者看来，以民法上的赠与解释父母出资为子女购房未尝不可，至少应该用现代的民法思路寻求解决办法。

以上是从思路上探讨是否可以通过赠与解释父母出资为子女购房的问题，接下来从技术层面进一步分析论证。那么，《婚姻法解释（二）》第 22 条之规定与《婚姻法解释（三）》第 7 条之规定之间是否存在不可调和的矛盾，或者说，哪一个是正确的，而哪一个又存在问题？

在婚姻法学界，大多数学者对《婚姻法解释（二）》第 22 条持赞成态度，但对《婚姻法解释（三）》第 7 条表现出了激烈的反对。他们认为，前者的规定贯彻了《婚姻法》第 18 条（《民法典》第 1063 条）第 3 项规定的要旨，即只有明确表示为对夫妻一方的赠与才属于该方的个人财产，否则属于夫妻共同财产。但《婚姻法解释（三）》第 7 条显然违背了这一要旨，将登记在出资人子女名下的房屋视为对该子女一方的赠与，而不是对夫妻双方的赠与。不过笔者认为，仅从《婚姻法解释（三）》第 7 条第 1 款的规定尚看不出其与《婚姻法解释（二）》第 22 条或《婚姻法》第 18 条第 3 项有什么矛盾之处，因为他们都规定了“确定只归一方”的赠与是对夫妻一方的赠与，而将房屋登记在自己子女名下，显然是“确定只归一方”，这是没问题的。

问题在于《婚姻法解释（三）》第 7 条第 2 款。根据该款规定，双方父母出资购买的房屋产权登记在一方子女名下，该房屋可以认定为双方按照各自父母的出资份额按份共有，但当事人另有约定的除外，这里所说的按份共有指的是夫妻双方对房屋的按份共有，他们各自的份额是以各自父母的出资比例确定的。比如，甲男和乙女结婚，甲男父母出资 700 万元，乙女父母出资 300 万元，共同购买房屋并登记在甲男名下。按照《婚姻法解释（三）》第 7 条第 2 款的规定，甲男和乙女分别对房屋享有 70%和 30%的份额。那么问题就来了，乙女父母出资 300 万元购房却将房屋的产权登记在甲男名下，该如何解释他们的行为性质？在《婚姻法解释（三）》第 7 条第 2 款的理解下，乙女父母的出资仍然是对乙女的赠与，这就与《婚姻法解释（二）》第 22 条存在冲突了，因为按照后者理解，乙女父母的出资行为应该是对甲男和乙女双方的赠与。当然，从《婚姻法解释（三）》第 7 条第 1 款的反对解释似乎还可以得出“乙女父母的出资是对甲男的赠与”这一结论。如此多矛盾的解释导致了学界和司法实务界的混乱局面。那么，《婚姻法解释（三）》第7条第2款的含义究竟是什么？

在笔者看来，《婚姻法解释（三）》第7条第2款所表达的是双方父母出资为子女购房时，登记在谁名下都不重要，因为都视为是对自己子女的赠与；而不论房屋登记在哪一方名下，夫妻双方都只是根据其父母的出资份额对房屋按份共有。也就是这一款才是真正意义上对《婚姻法解释（二）》第22条所确立的规则进行了逆反性的改变，甚至与《婚姻法》第18条的立法意图也相左。但我们不能简单地认为《婚姻法解释（三）》第7条第2款的规定违背了民法原理或婚姻法原则。最高人民法院在制定《婚姻法解释（三）》时专门针对第7条第2款的内容进行了调研，对此类案件中那些出资的父母进行了调查了解，发现绝大多数父母都认为自己的出资行为只是对自己子女的赠与，这也的确符合常理。可以说，《婚姻法解释（三）》第7条第2款实际上就是对父母的出资行为背后的意思表示作了一个符合常理的推定。

有观点认为，既然我国采取了“婚后所得共同制”，只要是婚姻关系存续期间取得的财产均应该先推定为夫妻共有①，除非当事人“明确约定”只归一方。但是仔细思考我们可能就会疑惑：父母的财产难道不是父母想给谁就给谁吗？与“婚后所得共同制”有什么关系呢？以上理解恐怕是将“婚后所得共同制”进行了形式逻辑化的理解，而忽略了其价值基础。正如前文所述，“婚后所得共同制”的理论基础是“协力理论”，即推定夫妻二人对家庭的贡献或者协力相等，但是再怎么推定，也只能将存在协力的对象限于夫妻之间，对于父母的财产的取得，我们怎么可能认定儿媳或者女婿存在协力呢？那么为什么现行法保留了父母财产成为子女夫妻共同财产的通道呢？唯一的解释是这是父母自己的意愿。实际上我国现行法也反复表明了这一态度。笔者认为，判断一项财产是基于“婚后所得共同制”成为夫妻共同财产，还是基于财产给予人的意志变为夫妻共同财产，关键在于财产的取得是否符合“协力

---

① 薛宁兰，许莉．我国夫妻财产制立法若干问题探讨．法学论坛，2011（2）：21-29；汪家元．婚姻法司法解释中夫妻财产“赠与”规定之反思．上海政法学院学报（法治论丛），2014（1）：59-65；吕春娟．坚持婚后夫妻共有：对《婚姻法司法解释（三）》第5条和第7条的质疑．广西政法管理干部学院学报，2012（4）：43-47．

理论”。我们试想一下，如果一项财产是因为可以推定的夫妻二人的贡献而成为夫妻共同财产，怎么可能因为财产给予人的意思而发生改变呢？比如丈夫的公司给丈夫发奖金，倘若公司明确说“奖金只发给丈夫，妻子不得拥有”，那么该奖金就不计入夫妻共同财产吗？显然不会。此时应该推定妻子对奖金的取得有贡献，所以资金成为共同财产是理所当然的，与财产给予人的意思无关。因此，既然法律中明确规定判断“继承或赠与所得的财产”归属的首要因素是财产给予人的意思，那么“继承或赠与所得的财产”成为夫妻共同财产的进路就并非法定夫妻财产制，而只能是意思表示的解释规则。

当然，这里还涉及夫妻一方的合理期待问题：对方父母出资购房，也的确登记在自己名下，但不能认定为是对自己的赠与（也许正是因为房屋登记在自己名下才在某种程度上促使双方结婚），《婚姻法解释（三）》第 7 条第 2 款的规定会不会破坏这种期待？在笔者看来，从婚姻法或婚姻制度来看，并没有保护子女对取得父母财产的期待，因为父母对自己财产的处分是完全自由的，法律没有强制他们必须把财产留给子女。法律规定子女有赡养父母的义务，但没有规定父母有将财产留给子女的义务，也就是说子女对父母财产的期待是没有法律根据的。连亲生子女对父母的财产都没有法律承认的合理期待，更何况子女的配偶？因此，《婚姻法解释（三）》第 7 条第 2 款并没有侵害夫妻一方的合理期待。

由上述分析可知，《婚姻法解释（三）》在父母与子女之间财产问题的处理上，考虑的主要是父母给予财产的意思表示，而不用考虑子女以及子女配偶的期待。综合而言，《婚姻法解释（三）》第 7 条第 2 款的规定其实是符合我国法律结构和社会现实的。但需要注意的是，《婚姻法解释（三）》第 7 条第 1 款和第 2 款之间确实隐藏着一些可能会影响判断的矛盾。如前所述，第 1 款规定的是父母出资购房登记在自己子女名下视为对子女一方的赠与，那么其反对解释应当是登记在子女配偶名下是对子女配偶一方的赠与，这样一来显然与第 2 款规定的意思完全相反了。

综上所述，尽管《婚姻法解释（三）》第 7 条在表述上有些模糊，第 1 款和第 2 款似乎还存在解释上的矛盾，导致该条备受争议，但是笔者认为其价值判断的大方向没有问题：解决父母出资为子女买房的难题，归根结底是找出一个尽可能符合父母真实意思的解释规则。

3.《民法典婚姻家庭编解释（一）》时代

《民法典》通过后，最高人民法院再对既有的婚姻法司法解释进行整理时，因为《婚姻法解释（三）》第7条备受争议而删除了该条，但是又回避了这一棘手的问题，在存在争议时“按照民法典第一千零六十二条第一款第四项规定的原则处理”，相当于没有提供具体规则，还是要回到对《民法典》基本规则的解读上来。

《民法典》第1062条第1款第4项规定了“继承或者受赠的财产”归夫妻共同所有，但是依据第1063条第3项“遗嘱或者赠与合同中确定只归一方的财产”的除外。那么什么叫作“遗嘱或者赠与合同中确定只归一方的财产”？必须要求当事人明确约定吗？还是可以对当事人的意思表述进行推测？推测的标准是什么？不动产登记算吗？当事人在赠与合同中是否附了隐藏的条件？比如是否以婚姻存续为条件？……问题相当于又回到了原点。

4.《民法典婚姻家庭编解释（二）》时代

为了最终解决这一问题，《民法典婚姻家庭编解释（二）》出台了新规则，即第8条规定：

婚姻关系存续期间，夫妻购置房屋由一方父母全额出资，如果赠与合同明确约定只赠与自己子女一方的，按照约定处理；没有约定或者约定不明确的，离婚分割夫妻共同财产时，人民法院可以判决该房屋归出资人子女一方所有，并综合考虑共同生活及孕育共同子女情况、离婚过错、对家庭的贡献大小以及离婚时房屋市场价格等因素，确定是否由获得房屋一方对另一方予以补偿以及补偿的具体数额。

婚姻关系存续期间，夫妻购置房屋由一方父母部分出资或者双方父母出资，如果赠与合同明确约定相应出资只赠与自己子女一方的，按照约定处理；没有约定或者约定不明确的，离婚分割夫妻共同财产时，人民法院可以根据当事人诉讼请求，以出资来源及比例为基础，综合考虑共同生活及孕育共同子女情况、离婚过错、对家庭的贡献大小以及离婚时房屋市场价格等因素，判决房屋归其中一方所有，并由获得房屋一方对另一方予以合理补偿。

最高人民法院如此规定，是在个人主义与婚姻家庭团体主义之间进行平衡：保护出资父母一方权益体现的是对个人财产权利的尊重；而维护子女配偶一方合法权益，有助于增强其对家庭的认同，鼓励其对家庭的投入和付出，并协助另 一方更好地赡养父母，实际上蕴含着对婚姻家庭的保护，且从根本和长远上有利于保护出资父母一方权益。[①] 笔者赞同最高人民法院在此条所做的价值判断，但是关键是如何将该条纳入教义学体系中。

笔者认为，在解释上应该认为该条是对父母意思表示的合理推定。首先，当父母有明确的约定时，无论是全额出资还是部分出资抑或双方出资，按照当事人之间明确的约定处理。值得注意的是，与夫妻间的财产给予不同，最高人民法院在这里并没有排斥赠与合同的意思。正如笔者前文所述原因，父母在这个问题上对子女实际上没有任何义务，所以父母对子女的财产给予解释为赠与没有问题。其次，在父母没有明确约定时，要首先遵循父母原则上为自己子女出资的原则，确定房屋的基本归属：当房屋由一方父母全额出资时，房屋应该归出资方子女一方所有；当房屋由双方父母出资时，房屋应该原则上按照双方出资比例划分夫妻内部份额比例，当然此时该条没有明确规定房产最终归属于哪一方，笔者认为此时应该按照最终归属规则填补此漏洞，即可以由双方竞价确定归属。以上的内容恐怕符合绝大多数父母出资时可推知的意思。最后，完成前述基础归属问题后，再进行综合考虑，考虑“共同生活及孕育共同子女情况、离婚过错、对家庭的贡献大小以及离婚时房屋市场价格等因素”，由获得房屋一方对另一方进行补偿。笔者认为，最后一步是最高人民法院对出资父母意思的善良推定，即父母虽然更疼爱自己的子女，但是如果子女的配偶对家庭的贡献足够多，父母也愿意拿出部分财产对子女的配偶进行补偿。这是隐藏在父母赠与意思中的内容。

第三节　财产和债务归属的具体规则

一、一方财产在婚后的孳息和收益的归属

一项财产会产生多方面的收益。比如，就土地而言，其自身的升值也产

① 陈宜芳，王丹. 民法典婚姻家庭编法律适用中的价值理念和思维方法：以《民法典婚姻家庭编解释（二）》为视角. 法律适用，2025（1）：30.

生升值收益，将土地出租可以产生租金收益，而在土地上种植农作物还会由此产生收成的收益等。那么这些收益中哪些属于夫妻个人、哪些属于夫妻共有，是一个争议颇多的问题。

有观点认为，只要是婚姻关系存续期间的财产收益都应当是夫妻共同财产。但如本书之前的分析，这一观点与我国婚姻法确立的夫妻财产婚后所得共同制并不是那么契合。因为婚后所得共同制的逻辑前提是法律推定夫妻间对财产的贡献相同，但在一方财产的收益上面，很多情况下是没办法推定另一方具有相同贡献的。比如，夫妻一方婚前存在银行里的存款婚后产生了利息，你能说另一方对这笔利息有贡献吗？因为我们所说的婚后所得的共有，一般指的是夫妻双方对一方从事某种劳动所产生的收益所得共有，而正是由于另一方的某种支持或协助，从事劳动的夫妻一方能有时间和精力去通过劳动实现对婚前个人财产的增值。正是基于这一理念，《民法典婚姻家庭编解释（一）》第 26 条［源自《婚姻法解释（三）》第 5 条］规定："夫妻一方个人财产在婚后产生的收益，除孳息和自然增值外，应认定为夫妻共同财产。"

就自然增值的收益而言，无法推定出配偶的贡献，因此其仍属于夫妻一方的个人财产在理论上完全自洽。但这条规定中的"孳息"需要进一步明确。根据《民法典》第 321 条的规定，孳息包括自然孳息和法定孳息。就自然孳息而言，既包括完全天然获得的孳息，如承包的荒山上生长的野果，也包括凝结了劳动的人工孳息，如人工种植的果树上落下的果实。前者作为一方个人财产没有问题，但是后者明显应该作为夫妻共同财产才符合协力理论。就法定孳息而言，将法定孳息作为一方个人财产的理由和依据并不充分。比如，夫妻一方将其所有的房屋出租，婚后定期向租客收取租金，这相当于夫妻的共同经营行为，租金既可以看成一方财产的法定孳息，也可以看成一方的经营收益，应作为夫妻共同财产。因此，《民法典婚姻家庭编解释（一）》第 26 条中的"孳息"其实应该限缩在一个非常小的范围内，即天然孳息或法定孳息中无须任何经营的部分。

二、特殊房产的归属

前面讨论基础理论问题时所举的与房产有关的例子针对的都是商品房，

那么这些规则对一些特殊的房产，比如一些福利房、“房改”房、“两限房”等是否也适用？这类特殊房产的核心问题在于如何评价其中的福利因素。

所谓的福利因素本质上就是当事人劳动付出的对价，或者说是工资、奖金的另外一种表现形式，而且通常带有延期支付的特点。比如，一些单位为职工提供的福利分房，其价格可能低于市场价很多，但我们也要看到，这些职工本身的收入也往往不如其他行业。如果把房屋的市场价值与他们平时的工资收入合算一下会发现，其实并不存在什么特别的福利，也没有什么所谓的人身专属性。既然工资奖金属于夫妻共同财产，那么这些特殊房产同样也属于夫妻共同财产，离婚时都需要按照夫妻共同财产进行分割。

当然，有人会提出质疑：这种特殊房产一般都是由单位向它的职工分配，登记的名字也往往只是职工一方，如何认定为夫妻共同财产呢？很显然，特殊房产中所包含的福利因素就是对夫妻一方在工作单位付出劳动所支付的对价，而这种凝结了劳动的收入当然属于夫妻共同财产，而不是夫妻一方所独有的利益。而且，通常情况下单位的职工享有福利分房资格有一个重要前提——已婚。单身的职工往往不享受福利分房，而且如果夫妻双方都是单位职工，也仅能分得一套房屋。可以说，这种福利因素是以家庭为单位分配的，而非以一个人为单位。之所以房屋一般只登记在职工一方名下，是因为要防止单位财产的流失，比如职工以假结婚假离婚的方式不断地获取福利分房，再将这些房屋转卖。

关于特殊房产属于夫妻共同财产，相关司法解释也有规定，比如《民法典婚姻家庭编解释（一）》第 27 条［源自《婚姻法解释（二）》第 19 条］规定：“由一方婚前承租、婚后用共同财产购买的房屋，登记在一方名下的，应当认定为夫妻共同财产。”这种“婚前承租、婚后用共同财产购买的房屋”指的就是比较常见的福利分房，市场化租赁的房屋完全没有规范必要。

特别需要说明的是，《民法典婚姻家庭编解释（一）》第 79 条［源自《婚姻法解释（三）》第 12 条］规定：“婚姻关系存续期间，双方用夫妻共同财产出资购买以一方父母名义参加房改的房屋，登记在一方父母名下，离婚时另一方主张按照夫妻共同财产对该房屋进行分割的，人民法院不予支持。购买该房屋时的出资，可以作为债权处理。”之所以如此规定，是因为一方父母的福利分房（也就是其工资收入）本质是父母辈的福利，不能归属于夫妻，故不能作为夫妻的共同财产，离婚时自然也不能进行分割。

三、知识产权的归属

《民法典婚姻家庭编解释（一）》第 24 条［源自《婚姻法解释（二）》第 12 条］规定：作为夫妻共同财产的“知识产权的收益”，是指婚姻关系存续期间，实际取得或者已经明确可以取得的财产性收益。“实际取得”容易理解，那什么是“已经明确可以取得”呢？比如，夫妻一方在婚姻关系存续期间申请专利并与某企业签订了专利许可使用合同，合同约定了在未来某一时间将支付许可费用。这就是“已经明确可以取得”的财产性收益。

关于知识产权的收益问题，理论界存在一些争议。比如余延满教授认为，该规定以知识产权收益的时间判断是否为夫妻共同财产不合理，因为按照“协力理论”，认定某一财产为夫妻共同财产的前提是可以推定配偶对财产的取得有相同的贡献，推定配偶作出贡献的节点应该是知识产权创作的过程以及其创作出的时间，而不是知识产权产生财产性收益的时间。假设甲有两次婚姻，在前婚期间创作了一部小说，但在后婚期间这部小说发表并成为畅销作品，使甲收获了巨额收益。按照余延满教授的观点，对甲创作有贡献的是其前任配偶，但按照司法解释的规定，创作的收益却由没有任何贡献的后任配偶坐享，极不公平，故应该将该条改为“在婚姻关系存续期间产生的知识产权可获得的收益”①。

这个观点确实有道理，但也存在一个非常棘手的问题：怎么判断知识产权的产生呢？以写小说为例，其产生时间到底是产生这个创作灵感的时间还是着手下笔的时间，抑或是完成的时间呢？可以说是非常模糊，极难判断。相较之下，财产性收益取得的时间则是客观而明确的。而且，如果允许在离婚很久以后仍可以向前夫或前妻主张财产权利，对现存的婚姻是极不利的。《民法典婚姻家庭编解释（一）》第 24 条的规定虽然和“协力理论”存在些许偏差，但胜在好操作、有利于维护婚姻家庭的稳定，并不无道理。

---

① 余延满. 亲属法原论. 北京：法律出版社，2007：268.

四、企业权益的归属

在夫妻间企业权益的归属问题上，股票、债权、投资基金等有价证券以及未上市股份有限公司股份等权益的分割相对好处理，一般是按比例分割。因为这类权益不涉及过多的人身专属性或人合性问题，通常也都可以用等价的财产折抵。因此《民法典婚姻家庭编解释（一）》第 72 条［源自《婚姻法解释（二）》第 15 条］也规定："夫妻双方分割共同财产中的股票、债券、投资基金份额等有价证券以及未上市股份有限公司股份时，协商不成或者按市价分配有困难的，人民法院可以根据数量按比例分配。"

但如果涉及人合性较强的有限责任公司的情形，情况就复杂得多。《民法典婚姻家庭编解释（一）》第 73 条［源自《婚姻法解释（二）》第 16 条］规定："人民法院审理离婚案件，涉及分割夫妻共同财产中以一方名义在有限责任公司的出资额，另一方不是该公司股东的，按以下情形分别处理：（一）夫妻双方协商一致将出资额部分或者全部转让给该股东的配偶，其他股东过半数同意，并且其他股东均明确表示放弃优先购买权的，该股东的配偶可以成为该公司股东；（二）夫妻双方就出资额转让份额和转让价格等事项协商一致后，其他股东半数以上不同意转让，但愿意以同等条件购买该出资额的，人民法院可以对转让出资所得财产进行分割。其他股东半数以上不同意转让，也不愿意以同等条件购买该出资额的，视为其同意转让，该股东的配偶可以成为该公司股东。用于证明前款规定的股东同意的证据，可以是股东会议材料，也可以是当事人通过其他合法途径取得的股东的书面声明材料。"然而，2023 年 12 月 29 日修订的《公司法》删除了对外转让股权"应当经其他股东过半数同意"的规定，不再赋予其他股东是否同意的权利，只需答复是否行使优先购买权，若其他股东放弃，股东可直接出售股权（公司章程另有规定的除外），这对防范股东恶意阻挠股权转让，提高股东对外转让股权的效率意义重大。因此在解释上也宜对《民法典婚姻家庭编解释（一）》第 73 条的内容进行更新，离婚案件中夫妻双方协商一致将出资额部分或者全部转让给该股东的配偶，只要其他股东明确表示放弃优先购买权的，该股东的配偶可以成为该公司股东。值得说明的问题是，如何确定其他股东行使优先购买权时的

“同等条件”？由于《民法典婚姻家庭编解释（一）》第73条讨论问题的前提是“夫妻双方协商一致”，那么夫妻双方在分割夫妻共同财产时对股权必然有一个定价，所以将夫妻双方协商的定价作为“同等条件”即可。可能有人会担心：如果夫妻二人为了排斥公司其他股东的优先购买权而故意抬高定价，怎么办？笔者认为这样想可能多虑了，对公司人合性的保护本来也有一个度，有限责任公司本来也不可能绝对性地排斥股东的近亲属加入公司，比如股东死亡，其近亲属成为公司股东就没有任何门槛要件。在股权本来就是夫妻共同财产的前提下，“夫妻双方协商一致”让原本不显名的配偶成为公司股东，直接以夫妻声明的作价作为“同等条件”即可。当然，以上讨论的都是“夫妻双方协商一致”的情形，如果双方没有协商一致，股权如何分割，其他股东的优先购买权如何保护等等才是真正棘手的问题。对此后文“难点问题”部分集中讨论。

涉及合伙企业的，也存在类似于有限责任公司的人合性问题，因此《民法典婚姻家庭编解释（一）》第74条［源自《婚姻法解释（二）》第17条］作了类似规定：“人民法院审理离婚案件，涉及分割夫妻共同财产中以一方名义在合伙企业中的出资，另一方不是该企业合伙人的，当夫妻双方协商一致，将其合伙企业中的财产份额全部或者部分转让给对方时，按以下情形分别处理：（一）其他合伙人一致同意的，该配偶依法取得合伙人地位；（二）其他合伙人不同意转让，在同等条件下行使优先购买权的，可以对转让所得的财产进行分割；（三）其他合伙人不同意转让，也不行使优先购买权，但同意该合伙人退伙或者削减部分财产份额的，可以对结算后的财产进行分割；（四）其他合伙人既不同意转让，也不行使优先购买权，又不同意该合伙人退伙或者削减部分财产份额的，视为全体合伙人同意转让，该配偶依法取得合伙人地位。”

涉及夫妻一方的个人独资企业的，《民法典婚姻家庭编解释（一）》第75条［源自《婚姻法解释（二）》第18条］规定：“夫妻以一方名义投资设立个人独资企业的，人民法院分割夫妻在该个人独资企业中的共同财产时，应当按照以下情形分别处理：（一）一方主张经营该企业的，对企业资产进行评估后，由取得企业资产所有权一方给予另一方相应的补偿；（二）双方均主张经营该企业的，在双方竞价基础上，由取得企业资产所有权的一方给予另一方相应的补偿；（三）双方均不愿意经营该企业的，按照《中华人民共和国个人独资企业法》等有关规定办理。”

难点问题 19：夫妻离婚就具有人合性的企业权益分割无法达成协议的情形

正如前文所述，在涉及股票、债权、投资基金等有价证券以及未上市股份有限公司股份等权益的分割，以及个人独资企业中的共同财产归属时，《民法典婚姻家庭编解释（一）》第 72 条和第 75 条预设的前提是夫妻二人存在争议的情形，然而在涉及有限责任公司的股权归属以及合伙企业财产归属时，《民法典婚姻家庭编解释（一）》第 73 条和第 74 条预设的前提是夫妻二人协商一致的情形，将讨论的重点仅仅集中在夫妻的合意与组织的人合性二者之间的冲突上。然而司法解释的这一规定就产生了一个明显的规则漏洞，在涉及有限责任公司的股权归属以及合伙企业财产归属时，如果夫妻二人达不成协议如何处理？此时既存在夫妻二人就共同财产最终归属的纠纷问题，也可能同时存在夫妻一方权益保障与组织人合性之间的冲突问题。

对此法律漏洞，笔者认为可以用潜在共有理论分析，最终归属规则最关键的思考要素是效率，需要考察如何确定归属能够实现整体效率最优化。

由于企业权益不像房屋所有权是一个整体，其是可以进行数量划分的，所以即便是有限责任公司的股权或者合伙企业的出资额，从逻辑上看也可以根据数量在夫妻二人之间划分。如果企业是夫妻婚后才创办，那么所有股权或者出资额可能都构成了夫妻共同财产，于是夫妻各一半在形式上似乎最为公平。如果其他股东或者合伙人有异议，行使优先购买权即可。问题好像解决了。然而笔者认为这种方案实际上是下下策，因为按照这种方案，离婚后夫妻二人就都成了公司股东或者企业合伙人，而且大概率二人所持份额相等，这二人在离婚时连协议都达不成，现在还成了同一企业的重要决策者，可想而知到时候公司开股东会、董事会时是如何一个场景……恐怕即便是效益不错的企业也经不起这么折腾。因此笔者认为在夫妻二人不能达成协议的前提下，不到万不得已不宜对有限责任公司的股权或者合伙企业的出资进行数量分配（除非其他财产不够夫妻二人分配），而应该尽可能进行整体归属判断。

在对企业权益进行整体归属判断时，无外乎两种方案：一是考虑到有限责任公司的人合性因素，直接判决股权归显名配偶一方所有，另一方获得折价补偿；二是类比房产、个人独资企业的归属规则，采取竞价方案，由价高者得，并按照其出价对另一方进行补偿。那么哪种方案更加合理呢？

纯从企业发展的角度看，直接判决股权归显名配偶一方所有更加有利于公司经营，公司内部治理结构不用发生任何变化。然而这一方案最大的问题在于，如何合理确定配偶另一方获得多少折价补偿？恐怕非常容易产生争议。

笔者认为最合理的方案还是竞价规则。一方面，对有争议的企业权益采取竞价方案，也和《民法典婚姻家庭编解释（一）》第 72 条和第 75 条的规则形成了统一；另一方面，价高者得也就意味着该财产在出价高的这一方心目中的价值大，符合效率原则。且夫妻双方均参与了财产最终归属的博弈，形式上也较为公平。

在采取了竞价规则的前提下，如果是显名配偶一方出价高，获得了公司股权或者合伙出资，自然没有问题；然而如果是非显名配偶一方出价高，获得了公司股权或者合伙出资，那么就又出现了与人合性冲突的问题，如何化解这一冲突呢？笔者认为，这里可以直接将胜出的竞价作为“同等条件”，让其他股东或者合伙人决定是否行使优先购买权。如果其他股东或者合伙人决定行使优先购买权，固然非显名配偶没有最终获得企业权益，但是其获得了完全符合其心理价位的补偿。非显名配偶原本就没有经营该企业，得到这样的结果应该是完全公平合理的。

综上所述，笔者认为最兼顾效率和公平的最终归属方案是：对有争议的具有人合性的企业权益采取整体竞价方案，由出价高一方获得该权益并按照其出价对另一方进行补偿，其他股东或者合伙人有权按照胜出的出价行使优先购买权。

难点问题 20：股票期权如何分割

除前述司法解释涉及的企业权益的分割问题外，本书在开篇导论部分谈到了一个非常有争议的问题：夫妻间股票期权的分割。当然，如果夫妻一方在婚姻关系存续期间取得了股票期权并在婚姻关系存续期间行权，期权收益自然应作为夫妻共同财产进行分割。但问题是，从股票期权取得到行权之间往往有很长的期限，如果夫妻一方股票期权和行权的时间点完美地避开了婚姻关系存续期间，该如何处理呢？其配偶能否主张分割行权之后的收益？比如，某公司董事长甲在婚前获得了 1 万份股票期权，行权价是 100 元，行权期为 10 年，这期间甲不领取工资。获得股票期权的第二天甲与乙登记结婚，但婚姻只持续了六年双方就离婚了。婚姻关系存续期间，甲没有工资收入，乙全职照顾家庭，故离婚时几乎没有可分配的共同财产。十年后，公司经营得非常顺利，股票涨至每股 1 100 元，甲按约定行权获得了 1 000 万元的收益。那么乙能否主张分割这 1 000 万元的股权收益？如果可以，可以分得多少？

这个问题其实可以联系前面分析的特殊房产的归属问题一起思考。表面上看，甲获得期权的时间在结婚前，获得行权受益的时间在离婚后，似乎无论是期权本身还是行权受益都与夫妻共同财产无关。但是仔细思考就会发现，甲十年后的行权，行的究竟是什么权？应该如何认定其取得的股权收益的性质？这难道不是甲的工资奖金收入吗？甲所行的权不正是获取劳动报酬的权利吗？长达十年的行权期限不过是延迟了甲获取劳动报酬的时间，以此激励甲更努力地为公司发展做贡献，而甲的生产经营劳动也凝结在其所获得的股票期权行权收益中，并最终以行权收益这么一种“对价”形式呈现。因此，乙可以主张分割甲获取的行权收益。那么，乙可以分得多少呢？是按照共有财产对半分，得 500 万元吗？

首先，甲获取的 1 000 万元行权收益肯定不能对半分，因为甲为公司工作的十年期间婚姻关系只持续了六年，以“协力理论”分析乙怎么都达不到一半的贡献。有学者认为，应按离婚时的股票行权价来计算乙可分得的收益。但我们都知道，股票价值的增长往往不是呈简单的线形趋势，一般开始时增长很平缓，达到某一点后就以几何倍数猛增。比如，甲和乙在结婚后第六年离婚，而公司股价恰恰从第七年才开始上涨，也就是说，即使甲得到了 1 000 万元行权收益，乙却无法分割。这显然很不合理，也不公平。笔者认为，应按年限计算乙可分得的份额。十年间，甲的收益增加了 1 000 万元，平均每年有 100 万元的收益。而甲与乙婚姻存续期间占此期间的十分之六，故乙可主张分割的部分为 600 万元，按“协力理论”乙对此收益有同等的贡献，因此可以分得300万元。这一方案比前一种方案更为合理，也符合婚姻法的基本精神。司法实践中已经出现了多例这类案件，各地的法院处理方式和尺度都不一样，当然也有一些法院的处理思路与笔者的观点相近。但无论是理论界还是司法实务界，对这个问题并没有达成统一，至于有无更好的处理方案也可以拭目以待。

五、基本养老金期待利益的归属

基本养老金常常被称为“隐性收入”，因为它在职工工作期间由职工和工作单位共同缴存但并不能支取，只在退休时定期或一次性支付给职工。离婚时夫妻一方尚未退休，对于基本养老金的期待利益是否属于夫妻共同财产？《民法典婚姻家庭编解释（一）》第25条［源自《婚姻法解释（二）》第11条］规定：“婚姻关系存续期间，下列财产属于民法典第一千零六十二条规定的‘其他应当归共同所有的财产’：……（三）男女双方实际取得或者应当取得的基本养老金、破产安置补偿费。”

该规定里出现了一个很有意思的表述，即“应当取得的基本养老金”。关于如何为“应当”，出现了不同理解。有的人认为仅指达到退休年龄、符合领取基本养老金条件时对基本养老金享有的利益，比如这个月退休下个月领基本养老金，这才叫“应当取得的基本养老金”。这一观点被称为“狭义说”。而有的人认为，应笼统地指任何时点对基本养老金的期待利益，即哪怕刚刚参加工作离退休还有三四十年，只要能无灾无恙地挨到退休就一定能得到基本养老金，这也可以是“应当取得的基本养老金”。这一观点又被称为“广义说”。“狭义说”的问题是，如果夫妻退休后马上离婚，一方只能要求分下一个月即将领取的养老金，那么一辈子付出只得到这么点补偿吗？与之相反，“广义说”的问题是：如果夫妻在年轻时就离婚了，那么如何分割配偶几十年后退休才能获得的养老金？

显然，仅仅依靠《民法典婚姻家庭编解释（一）》第25条［源自《婚姻法解释（二）》第11条］的规则并不能妥善地解决基本养老金期待利益的归属问题。最高人民法院为了解决此问题，转换了思路，在后来的《婚姻法解释（三）》第13条中改变了《婚姻法解释（二）》的态度，将分割财产的重心从基本养老金调整为基本养老金账户中缴纳的养老保险费。《婚姻法解释（三）》第13条也被《民法典婚姻家庭编解释（一）》第80条所承继："离婚时夫妻一方尚未退休、不符合领取基本养老金条件，另一方请求按照夫妻共同财产分割基本养老金的，人民法院不予支持；婚后以夫妻共同财产缴纳基本养老保险费，离婚时一方主张将养老金账户中婚姻关系存续期间个人实际缴纳部分及利息作为夫妻共同财产分割的，人民法院应予支持。"

笔者认为上述规定完美符合"协力理论"。缴纳的养老保险费实际上是工资的一部分，既然婚后的工资属于夫妻共同财产，自然夫妻个人养老保险账户里的资金也是夫妻共同财产，离婚时需要进行分割。通常情况下，夫妻双方都有工作，也就各从对方的养老保险账户资金中分割一半。这似乎意味着挣钱多的一方"吃亏"，但此举是为了尽量在夫妻之间达到一种平衡，不至于使一方因离婚而陷入经济上的困境。

六、尚未分割的遗产的处理

根据《民法典》继承编的规定，继承从被继承人死亡时开始，婚姻关系存续期间，夫妻一方继承的遗产，在没有遗嘱确定只归于夫妻一方的情况下，应该属于夫妻共同财产。问题在于如果被继承人死亡后，遗产分割前离婚，其对于遗产的份额利益是否属于夫妻共同财产？可能有人会说，为什么这么急着离婚，不干脆等到继承完毕再离。但在现实生活中，从继承开始到遗产分配之间往往会相隔非常长的时间，有的甚至长达数十年。比如，夫妻一方的父亲去世，理论上继承从父亲死亡时开始，但由于母亲尚在人世，一般并不对父亲的遗产进行分配，或者即便分配也会有相当一部分遗产仍由母亲实际控制。即便是像一些国家和地区法律规定的在被继承人死亡后须由遗产管理人或信托人立即召集继承人分配遗产，这个过程也可能因为涉及债务、纠纷、子女份额等问题变得非常长。因此夫妻在一方取得遗产之前离婚是非常多见的。

于是问题就产生了。夫妻一方对取得遗产的期待利益，能否作为夫妻共同财产进行分割呢？如果夫妻在继承开始后遗产分配前离婚，夫妻一方能否要求立即对遗产进行分配呢？《民法典婚姻家庭编解释（一）》第81条［源自《婚姻法解释（三）》第15条］规定："婚姻关系存续期间，夫妻一方作为继承人依法可以继承的遗产，在继承人之间尚未实际分割，起诉离婚时另一方请求分割的，人民法院应当告知当事人在继承人之间实际分割遗产后另行起诉。”

根据这一规定，夫妻一方不能要求对遗产进行提前分割，只能等到真正开始分割后才可以要求对前夫或前妻取得的遗产按夫妻共同财产进行分割。

难点问题21：能否“以退为进”，以放弃继承的方式避免离婚时配偶分得遗产

现实中离异的配偶成功分割对方继承的财产的情况非常少，因为很多时候对方会采取一种“以退为进”的方式：放弃继承财产。比如，甲乙为夫妻，甲的父亲去世留下大笔遗产，为了防止这些财产成为夫妻共同财产，甲声明放弃继承权，遗产全部由其母继承。其母在有充分考虑和准备的情况下，提前拟好遗嘱或赠与合同，言明其死后财产只作为对甲个人的赠与。这样一来，就完美地绕过了婚姻法关于“婚姻关系存续期间一方继承的财产属于夫妻共同财产”的规定。对于这种做法是否应予禁止，学界存在不同声音。在《民法典》编纂过程中，也有很多学者提出要对被继承人的财产处分权进行限制。当然，《民法典》并未采纳这一建议，而且在司法实践中这种“以退为进”的做法也没有被认为是规避法律的行为。

笔者认为，即便当事人是通过“以退为进”绕开婚姻法的规定，也并没有与夫妻共同财产制相背离。夫妻共同财产制最核心的问题是什么财产才当然的属于夫妻共同财产，而根据“协力理论”来看，将夫妻一方继承取得的财产作为夫妻共同财产的正当性非常弱，它不像工资奖金等收益凝结了劳动和配偶的贡献，而且缺乏一定的必然性。在编纂《民法典》婚姻家庭编时，很多学者甚至提出应把夫妻共同财产里“夫妻一方继承的财产”删掉，作为夫妻一方的个人财产（继承的财产作为夫妻共同财产并不符合“协力理论”，只能勉强解释为对被继承人真实意思的推定）。其实，夫妻一方受赠的财产也与此类似，都很难推定出配偶的贡献，因此作为夫妻共同财产的理由并不充分。从司法实践的做法来看，对被继承人意思自由、继承人的处分自由的保护高于对遗产作为夫妻共同财产的保护，因此即便是继承人通过“以退为进”的方式“剥夺”了其配偶对取得遗产的期待权，只要不影响原夫妻关系一方当事人履行其对子女、原配偶的法定义务，其放弃继承，对于配偶来说，一般不构成权利滥用。当然，如果被继承人没有任何其他表示，继承人与其配偶之间也没有纠纷或争议，继承的财产作为夫妻共同财产自然也不生问题，且具有一定积极意义，可以增加家庭财产、延续家族情感等。

正因如此，《民法典婚姻家庭编解释（二）》新增第11条明确规定："夫妻一方以另一方可继承的财产为夫妻共同财产、放弃继承侵害夫妻共同财产利益为由主张另一方放弃继承无效的，人民法院不予支持，但有证据证明放弃继承导致放弃一方不能履行法定扶养义务的除外。"

七、夫妻间借款的处理

《民法典婚姻家庭编解释（一）》第82条［源自《婚姻法解释（三）》第16条］规定："夫妻之间订立借款协议，以夫妻共同财产出借给一方从事个人经营活动或者用于其他个人事务的，应视为双方约定处分夫妻共同财产的行为，离婚时可以按照借款协议的约定处理。"

该规定体现了最高人民法院对夫妻间财产关系的态度的转变：从不分彼此到可以进行交易行为。毕竟我国法律规定的法定夫妻财产制不是一般共同制，即便在婚姻关系存续期间实行婚后所得共有制的夫妻仍保有各自的财产，包括婚前的个人财产和婚姻关系存续期间接受的明确归夫妻一方的赠与等。因此，夫妻之间是完全可能发生借款行为的，而且其形式多种多样，有可能是把一方的个人财产借给另一方，也有可能是把夫妻共同财产借给另一方。而司法解释规定的情形就是把夫妻共同财产借给一方的情形，亦说明了夫妻之间的借款是可行的。

八、夫妻的共同债务和个人债务

夫妻任何一方在婚姻关系存续期间都有可能因为各种原因对外负债，那么这些债务是认定为夫妻共同债务还是个人债务呢？前者意味着夫妻二人要共同偿还，在我国还往往直接认定为构成"连带债务"；后者意味着由直接负债的一方个人偿还。无论对于债权人还是对于夫妻双方，债务定性为共同债务还是个人债务的影响都极其巨大。那么共同债务和个人债务的区分标准是什么呢？这是困扰了我国学界和实务界十多年的难题，也是《民法典》编纂过程中争议最大的问题之一。

经过反复的权衡和探讨，最终《民法典》第 1064 条规定：“夫妻双方共同签名或者夫妻一方事后追认等共同意思表示所负的债务，以及夫妻一方在婚姻关系存续期间以个人名义为家庭日常生活需要所负的债务，属于夫妻共同债务。夫妻一方在婚姻关系存续期间以个人名义超出家庭日常生活需要所负的债务，不属于夫妻共同债务；但是，债权人能够证明该债务用于夫妻共同生活、共同生产经营或者基于夫妻双方共同意思表示的除外。”

该条原则上将当然的夫妻共同债务范围限定于共同意思表示债务和家事代理债务这两种情形，而在其他情形若要成立夫妻共同债务，就必须由债权人举证证明一些非常难以证明的内容，实际上在大多数情形下都会否定共同债务的成立。这种限缩夫妻共同债务范围的规定有利于保护家庭中的弱势方，但是对债权人提出了更高的要求。在价值取舍上，由于家庭中的弱势方难以保护自己，所以法律设计的默认规则优先保护他无可厚非，至于债权人作为交易中的强势方应该自己想办法保护自己。这种价值判断有其合理性。

然而这一规定也留下了非常多的难题：（1）如果被预设的强势方债权人在交易中没有提前做安排，导致不能构成夫妻共同债务，债权人还能否主张执行夫妻共同财产？尤其是直接负债方没有独立的个人财产时如何处理？（2）如果是夫妻一方单方经营行为所负债务，但是从负债中夫妻双方都有获益的情形（如增加了夫妻共同财产），此时也机械地认定为单方债务是否合理？（3）因一方侵权行为所负债务，通常不可能是共同意思表示，也不可能“以个人名义为家庭日常生活需要所负”，那么恐怕要认定为个人债务。但是这些债务都认定为个人债务，有可能发生个人财产不足以偿债的情形，如何保护受害人的权益，等等。

即便是在《民法典》正式实施之后，上述系列问题仍然没有完全得到解决。下文的“难点问题”部分将在回顾我国夫妻共同债务规则流变史的基础上，集中讨论这一系列问题。

难点问题 22：夫妻共同债务的认定与责任财产的执行难题

1. 我国夫妻共同债务规则设计“两难”局面的形成

我国 2001 年修订的《婚姻法》第 41 条规定：“离婚时，原为夫妻共同生活所负的债务，应当共同偿还。共同财产不足清偿的，或财产归各自所有的，由双方协议清偿；协议不成时，由人民法院判决。”这一规定确立了夫妻共同债务认定的“用途规则”，即只有为夫妻共同生活所负的债务才属于夫妻共同债务。但这个规则最大的问题是如何能够知道债务是否被用于夫妻共同生活。根据“谁主张谁举证”的证据规则，债权人需要对债务被用于夫妻共同生活承担证明责任，然而现实中债权人又不可能监控债务人资金的具体使用情况。即便借来的钱用于了夫妻共同生活，只要夫妻双方否认，债权人也会一筹莫展。因此在《婚姻法》修订之后，司法实践中出现了大量的“假离婚真逃债”案件。

2003 年《婚姻法解释（二）》就是在这个背景之下出台的，其第 23 条规定：“债权人就一方婚前所负个人债务向债务人的配偶主张权利的，人民法院不予支持。但债权人能够证明所负债务用于婚后家庭共同生活的除外。”第 24 条规定：“债权人就婚姻关系存续期间夫妻一方以个人名义所负债务主张权利的，应当按夫妻共同债务处理。但夫妻一方能够证明债权人与债务人明确约定为个人债务，或者能够证明属于婚姻法第十九条第三款规定情形的除外。”

《婚姻法解释（二）》第 24 条改变了之前的“用途规则”，不管债务是否用于夫妻共同生活，只要是在婚姻关系存续期间所举之债都被推定为夫妻共同债务。第 24 条但书中虽然也设计了两项“除外情形”，但这两个除外规则几乎没有任何意义：（1）对于“夫妻一方能够证明债权人与债务人明确约定为个人债务”的规定，当事人没有特别约定还情有可原，一旦有特别约定，没有哪个债权人会“傻”到在合同中明确约定“只由债务人一方负责清偿，该债务与其配偶无关”的内容，这显然也不符合债权人自身的利益。（2）“证明属于婚姻法第十九条第三款规定情形的除外”，所指的情形是当第三人知道夫妻对婚姻关系存续期间所得的财产约定归各自所有时，债务由夫妻一方的个人财产清偿。但很显然，由于缺乏一定的公示手段，夫妻间财产约定能为第三人所知悉的情况极其少见；即便其知道，为了实现债权，债权人也完全可以声称不知，因此这一例外也很难实现。可以说，《婚姻法解释（二）》第 24 条虽然作了两个但书规定，但其实只具有“装饰意义”，仍无法动摇其

“婚姻关系存续=夫妻共同债务”的逻辑。这意味着只要是在婚姻关系存续期间的债务都属于夫妻共同债务，夫妻另一方都必须承担无限连带责任。

《婚姻法解释（二）》第24条对“假离婚真逃债”的抑制效果可谓是“立竿见影”，因为无论离不离婚夫妻都要承担连带责任，假离婚已经毫无意义。但这一规定也产生了新的问题。随着民间资本的活跃和国家对民间借贷的管控放开，出现了大量夫妻一方与债权人合谋侵吞配偶财产的案件。

例：甲男与乙女离婚后，丙、丁、戊等均对乙女主张自己是甲男的债权人，甲男也承认他们的债权，于是他们都要求乙女承担偿还义务。

在上例中，由于《婚姻法解释（二）》第24条的存在，即使债务完全是以甲男个人名义负担，乙女对此毫不知情，也会被推定为夫妻共同债务，由夫妻共同偿还。同时由于债权债务关系的设定无须公示，所以上述债权债务关系究竟是真是假实务中很难分辨，于是现实中出现了大量离婚后却“被负债”的案件。正是在这一背景下，很多人呼吁废除《婚姻法解释（二）》第24条，以至于成立了“反24条联盟”。

既然《婚姻法解释（二）》第24条存在这么明显的问题，那么为什么最高人民法院不废除该条呢？这是因为如果没有这一条，那么就又会出现“夫妻合谋以离婚为手段，将共同财产分配给一方，将债务分给另一方，借以达到逃避债务、损害债权人利益目的的情形”[①]。也就是说，在这个问题上最高人民法院陷入了两难境地，如果不规定第24条，那么就会出现“夫妻合谋坑害债权人”情形；如果规定第24条，那么就会出现“夫妻一方和第三人合谋坑害另一方”的情形。

2.《民法典》第1064条规则的诞生

为了解决前述两难问题，2017年最高人民法院出台了《最高人民法院关于适用〈中华人民共和国婚姻法〉若干问题的解释（二）的补充规定》，在《婚姻法解释（二）》第24条的基础上增加两款，分别作为该条第2款和第3款：夫妻一方与第三人串通，虚构债务，第三人主张权利的，人民法院不予支持。夫妻一方在从事赌博、吸毒等违法犯罪活动中所负债务，第三人主张

---

① 最高人民法院《关于“撤销婚姻法司法解释（二）第24条的建议”的答复》.[2017-03-09]. http://www.court.gov.cn/zixun-xiangqing-18292.html.

权利的，人民法院不予支持。

这个补充规定的初衷自然是好的，但仔细分析会发现这两个补充规定完全是“正确的废话”，因为与第三人串通虚构债务也好，赌博、吸毒等违法犯罪活动中所负债务也好，本身就不受法律保护，“债权人”根本不能要求对方偿还债务。显然，这个补充规定并没有解决问题。

2018 年，最高人民法院终于下定决心完全改变《婚姻法解释（二）》第 24 条的思路，出台《最高人民法院关于审理涉及夫妻债务纠纷案件适用法律有关问题的解释》（法释〔2018〕2 号），具体规定为：

第一条 夫妻双方共同签字或者夫妻一方事后追认等共同意思表示所负的债务，应当认定为夫妻共同债务。

第二条 夫妻一方在婚姻关系存续期间以个人名义为家庭日常生活需要所负的债务，债权人以属于夫妻共同债务为由主张权利的，人民法院应予支持。

第三条 夫妻一方在婚姻关系存续期间以个人名义超出家庭日常生活需要所负的债务，债权人以属于夫妻共同债务为由主张权利的，人民法院不予支持，但债权人能够证明该债务用于夫妻共同生活、共同生产经营或者基于夫妻双方共同意思表示的除外。

从上述规定可以看出，“婚姻关系存续=夫妻共同债务”的规则基本被抛弃，取而代之的是“共债共签”和“日常家事代理”所负债务才能作为夫妻共同债务的规则。除了这两种情形，根据该司法解释的第 3 条，夫妻一方在婚姻关系存续期间，以个人名义超出家庭日常生活需要所负的债务不作为夫妻共同债务，除非债权人可以证明其用于夫妻共同生活、共同生产经营或夫妻双方都认可。由于债权人证明债务实际用途的难度非常大，所以这里的第 3 条让债权人承担证明责任，相当于让债权人承担极高的败诉风险。所以实际上该条的宗旨就是极大地“限缩”夫妻共同债务的范围。

该司法解释也成了《民法典》第 1064 条的雏形。《民法典》第 1064 条就是在保留上述三条核心内容的基础上，进行了文字修饰，合并为了一条。

显而易见，这种“限缩”夫妻共同债务范围的立法思路，必然会使“假离婚真逃债”再次抬头，那么为什么最高人民法院和法工委都做了这一选择呢？这是因为经过长时间的讨论，决策者认为这一两难问题很难“两全其美”地解决，所以只能“两害相权取其轻”。利益平衡的两端一头是家庭中的弱势方，另一头是债权人，相较起来显然前者是弱势群体。那么法律制度在设计时应该优先保护弱势群体，因为强势方一般自己有办法保护自己。

事实也确实如此，规则颁布后，懂法的债权人在与自然人交易时，一般会要求自然人提供其配偶同意负债的证明，从而达成“共同意思表示”，形成《民法典》认可的共同债务。而对于直接举债方的配偶而言，因为他在事前就进行了意思表示，自然对该债务的形成知情，也就不可能说这个债务是“虚构”的。《民法典》第 1064 条的规定在这个意义上确实起到了平衡债权人利益和举债方配偶利益的作用。

3.《民法典》第 1064 条规则的两大失衡问题

笔者认为，《民法典》第 1064 条尽管在某些情况下确实可以起到平衡债权人利益和举债方配偶利益的作用，但是并非最均衡、最合理的方案。笔者在作为《民法典》编纂专班成员参与相关条款讨论时，也表达过不同的意见，并提出了其他解决方案，并且笔者提出的方案也在很长一段时间内作为备选方案与最高人民法院法释〔2018〕2 号司法解释并列作为探讨取舍的对象。但由于法释〔2018〕2 号司法解释在《民法典》编纂时已经在我国实践中实际运行，对于抑制“夫妻一方与债权人合谋坑害另一方”的效果是立竿见影的，于是最终司法解释的方案被《民法典》吸收。但在笔者看来，这一方案最大的问题在于“两个不均衡”：一是引发夫妻内部关系的不均衡，二是引发夫妻一方和债权人外部关系的不均衡。

就第一个不均衡而言：(1) 该方案遗漏了“单方经营，双方受益”的情形，而这一情形恰恰是司法实践中最集中引发矛盾和纠纷的问题所在。比如，夫妻一方从事经营活动，其经营收益毫无疑问属于夫妻共同财产。但问题是，从事经营的一方对外开展经营活动所签署的合同都是以其个人名义，如果按照该方案的规定应属其个人债务，就出现了一方挣的钱是夫妻双方的，但所负债务是其个人债务的情形，显然属于利益上的不均衡。夫妻一方若要避免出现这种情形，就需要早做准备，比如提前签署夫妻财产协议对双方的财产和债务问题进行约定。而这又会加剧夫妻间的不信任。(2) 该方案没有考虑

“为了家庭生活奔波而过失侵权”的情形。例如夫妻一方的工作是长途司机，疲劳驾驶导致交通肇事。司机本人对受害方的损害赔偿之债很难依据《民法典》第1064条归入夫妻共同债务，但是这一结论显然违反大多数人的法感情。

第二个不均衡则更为突出和严重：(1)《民法典》第1064条虽然给了两条当然构成夫妻共同债务的路径，但是因家事代理形成的小额债务本来争议就不大，所以实际上有价值的路径只有“共债共签”。“共债共签”乍看非常有道理，每个人只对自己签字的债务负责，符合意思自治原则。但是实际上这一方案的意思是，如果夫妻没有双方都在合同上签字，则债权人的债权根本不受法律保护。如果这一方案得到实施，那么债权人为了保护自己的债权必然要求债务人必须和配偶一起签字合同才生效。这就意味着，在签署合同时，债权人必须首先知道对方是否已婚，如果已婚还必须要求其带着配偶一起来签字，如果不愿签字也得提供担保或抵押等。这就会产生一个非常滑稽的现象：大量的交易主体带着配偶进行交易，配偶成为交易必备的“公章”。而对于那些的确没有结婚的自然人主体来说，也非常麻烦。因为现在没有所谓的“单身证明”等文件了，一个人在进行交易时想要证明自己没有结婚其实也挺难，很可能会影响他的正常交易活动。另外，也不排除有的人在签署合同时信誓旦旦声称自己没有结婚，但要承担债务时就把配偶拉出来，配偶又拒不认可其债务为夫妻共同债务。并且这里我们一定要注意的是，在民法中所谓的“负债”是什么意思，并不是简单的“找人借钱”而已，而是几乎所有的合同中都有“负债”，所以限制负债的能力就相当于是限制行为能力，意味着任何人一旦结婚就降格为“限制行为能力人”，除了日常消费行为，没有配偶的授权几乎不能签订任何合同。(2)如果债权人疏于防范，没有做到“共债共签”，那么依据《民法典》第1064条的规定，债权人还想举证证明构成共同债务的难度就非常高，十有八九会认定为“个人债务”。而一旦认定为“个人债务”，马上面临的问题又是个人债务的责任财产是什么？是仅限于债务人的个人财产，还是也可以执行其夫妻共同财产？此时如果再来个坚持传统“共同共有”说的观点，则更是雪上加霜。依据“共同共有”说，夫妻二人对共同财产的享有不分份额，离婚前不能分割共有物。那么债权人执行债务人的纯个人财产后得不到清偿，岂不是只能对着夫妻共同财产干瞪眼？此时明明债务人并不缺钱，却成了“合法的老赖”。

4. 破局方案一：立法论

正如前文所述，笔者在《民法典》编纂时曾经提出过一个备选方案——“证明责任错位分配＋有限责任”，该方案虽然没被采纳，但是笔者在这里仍然向大家简要介绍一下该方案的核心内容：

（1）证明责任错位分配。

目前的主流思路都是希望“毕其功于一役”，在债权人向夫妻一方主张债权时就否定债权人的权利。但是正如前文所述，我国夫妻共同债务的规则是区分对外关系和对内关系的，二者的判断标准并不相同，因此完全有可能发生这样的情形，在对外关系上属于夫妻共同债务，在对内关系上属于个人债务。那么此时如果债权人向非举债一方要求偿还债务，履行了义务的一方相当于为他人偿还债务，应有权向另一方请求追偿。[①]

区分对外关系和对内关系最大的好处在于：在判断对外关系时，为了保护交易安全，不可能给债权人附加过多的证明责任；但是在判断对内关系时，则无此顾忌。依据“证据的偏在性”，由举债方承担债务用途的证明责任较为合理。如果这种证明责任的分配方案能够实现，那么对于举债方而言，他想与第三人串通伪造债务，不仅要伪造一个合同关系，还要伪造资金的流向、用途等，无疑极大地增加了造假成本和造假风险。

当然，在判断债务用途时，也不能对“为夫妻共同生活所负的债务”进行文义解释，否则将虽未直接用于夫妻共同生活，但是为了增加夫妻共同财产而负担的债务都当成“个人债务”显然不公平。应该将之扩大解释为“夫妻从中受益的债务”。实践中已有判决如此认定，应予肯定。[②]

（2）有限责任。

正如前文所述，举债人的配偶承担债务的原因并非基于自己的意思，而是为了满足保全共同财产的需求。那么依据比例原则，让举债人的配偶承担

① 吴晓芳.《婚姻法》司法解释（三）适用中的疑难问题探析. 法律适用，2014（1）：70－76.

② 如有法院将投资经营的债务也从用途上认定为共同债务。参见浙江省宁波市中级人民法院（2016）浙02民终3122号民事判决书。

无限制的连带责任则显然超出了制度目的范围。既然制度目的在于保全共同财产，那么承担债务的责任财产范围也就应该限于共同财产以及离婚后从共同财产中分得的部分，而不应该及于配偶的婚前个人财产以及婚后新获得的财产。即使从债权人的角度来看，上述处理方案也是符合预期的。债权人订立合同的对象毕竟是债务人而非债务人的配偶，其合理预想的责任财产范围最多也就应该是债务人的个人财产以及夫妻共同财产，而不应该及于债务人配偶的个人财产。所以只要保障作为责任财产的共同财产不因为离婚而减少就可以了，没有必要为了保护债权人而进一步扩大责任财产范围。

上述方案中，“证明责任错位分配”解决了“夫妻一方与债权人合谋坑害另一方”的问题，“有限责任”解决了夫妻一方仅仅因为婚姻而承担超过合理限度风险的问题。因此笔者认为相较于《民法典》第 1064 条，这一方案更加均衡。

5. 破局方案二：解释论

当然因为《民法典》的编纂工作已经完成，尽管《民法典》第 1064 条并非最佳解决方案，但是遵从法教义学的精神，仍然应该对第 1064 条做解释，争取在既有的法律框架下解决前述两个不均衡的问题。具体而言，笔者认为可以基于历史解释和目的解释，对《民法典》第 1064 条的适用范围进行限缩，再通过法律漏洞填补的技术解释留下的空白。

(1)《民法典》第 1064 条仅适用于外部纠纷而不适用于夫妻内部争议。

正如前文所述，机械地适用《民法典》第 1064 条将导致夫妻内部权利义务不对等的问题。其实观察《民法典》第 1064 条的规则流变史就会发现，这么写是为了解决“夫妻一方与债权人合谋坑害另一方”的问题，主要面向的是夫妻之外的第三债权人。既然如此，如果是夫妻双方对于债务的性质存在纠纷，争议某一项债务是应该由举债方单方承担还是应该由夫妻双方共同承担时，就不应适用《民法典》第 1064 条，不应该将重点放在债务负担的名义上，而应该重点看债务的负担是否让夫妻双方都从中“受益”。并且这里的“受益”应该做广义解释：因为婚后挣得的每一分钱都属于夫妻共同财产，所以基于权利义务相对等的原则，夫妻任何一方对外所负债务，只要有让夫妻共同财产增加的可能性，就应该认定为夫妻都从中“受益”。不能因为夫妻一方负债经营，赚了就是夫妻共同财产，亏了就是个人债务。当然，“受益”这项事实应该由夫妻中的直接举债方承担证明责任。此外，夫妻任何一方都可以就内外部债务认定不同而导致的自己多承担的债务，在离婚财产分割时向另一方主张追偿。

(2)《民法典》第1064条仅适用于意定之债而不适用于法定之债。

正如前文所述，如果在侵权责任等法定之债的判定中也适用《民法典》第1064条，既有可能导致受害人无法获得有效赔偿，也有可能导致夫妻间的不公平。其实观察《民法典》第1064条的行文表述就会发现，该条预设的场景都是意定之债的情形，不然不可能要求“共同签名”抑或“共同意思表示”，法定之债根本就不在该条拟解决事项的射程范围之内。排除第1064条的适用后，就有必要基于民法原理进行漏洞填补：就外部关系而言，为了充分保护受害人，应类推适用共有财产致害应该共同负责的理论，该债务原则上应认定为夫妻共同债务。① 就内部关系而言，应该适用前文所述的“受益”规则，如果夫妻一方是因为家庭生活而造成了非故意侵权责任（包括过失侵权或者无过错侵权），在夫妻内部关系上这种侵权之债也应该认定为夫妻共同债务。当然，如果夫妻一方是故意侵权，如实施抢劫行为等，无论其动机是否为了家庭生活，在夫妻内部关系中都不应该构成共同债务。同样，因为侵权之债内外部判断标准不同，内部关系中不构成共同债务而在外部关系中构成共同债务的一方当事人，在离婚财产分割时可以向另一方主张追偿。

(3) 明确个人债务的责任财产范围。

正如前文所述，之所以夫妻共同债务的认定问题会成为争议的焦点，一个很重要的原因在于一旦被认定为个人债务，若该个人没有独立于夫妻共同财产的其他财产，则债权人的债权很有可能无法得到清偿。于是对于债权人而言胜负手就完全取决于夫妻共同债务的认定。然而问题在于，个人债务就真的不能用夫妻共同财产偿还吗？实际上，只有夫妻共同财产的基础理论采取传统的“共同共有”说，才会产生个人债务完全不能以共同财产偿还的局面。但是笔者认为我国《民法典》实际上没有采取“共同共有”说，而是采

---

① 叶名怡. 民法典视野下夫妻一方侵权之债的清偿. 法商研究，2021 (1)：23-31.

取了内外有别的夫妻财产理论。依据笔者所倡导的“潜在共有”理论，夫妻共同财产在婚姻关系存续期间没有外部效力，交易中完全遵循财产权的一般规则。基于此，实际上在婚姻关系存续期间，即便在夫妻内部构成共同财产，但是依据财产权一般规则该财产形式上属于夫妻一方（如登记在该方名下的房屋所有权、登记在该方名下的公司股权、该方个人账户中的存款等），那么该财产就应该作为该方的一般责任财产。只有在财产权形式上构成夫妻共有的，才能认定为物权法意义上的共同共有（如登记在夫妻双方名下的房屋所有权），从而排除执行。此外，如果在债务发生后、清偿前，夫妻之间改变财产权的名义归属从而排除执行的，债权人可以主张债权人撤销权。夫妻双方离婚协议中的财产分割条款影响债权人债权实现的，债权人也可以请求参照适用债权人撤销权。①

① 《民法典婚姻家庭编解释（二）》第3条规定：“夫妻一方的债权人有证据证明离婚协议中财产分割条款影响其债权实现，请求参照适用民法典第五百三十八条或者第五百三十九条规定撤销相关条款的，人民法院应当综合考虑夫妻共同财产整体分割及履行情况、子女抚养费负担、离婚过错等因素，依法予以支持。”

第六章　婚姻的终止

“白头偕老”“相伴终生”“恩爱美满”“情深不移”自然是很多步入婚姻殿堂的人对自己婚姻生活的美好期许。然而，随着社会的发展和个人生活、情感的变化，人们的婚姻关系也可能面临破裂的风险。婚姻的终止不仅是两个人关系的结束，更涉及财产分割、子女抚养等多方面的复杂问题。本章将深入探讨婚姻终止的原因，并以离婚作为重点，讨论离婚的要件、离婚的相关法律后果，旨在为读者提供全面而系统的关于婚姻终止的法律知识。

第一节　婚姻终止的原因

一、离婚的历史沿革

婚姻终止的原因有两个：一个是因为死亡而终止，另一个是因为离婚而终止。前者在第二章第三节已经详述，本节我们重点讨论因离婚而终止。

关于离婚，历史上有过不同的态度：第一是禁止离婚主义，中世纪的教会法就主张禁止离婚主义。当然我们知道离婚可以禁止，但人性无法禁止，所以中世纪文学作品里面就出现了大量的婚外情的故事。他们不能离婚，所以只能通过其他方法寻找爱情。这就是中世纪的禁止离婚主义。

第二是许可离婚主义，许可离婚主义具体又分为专权离婚主义、有因离婚主义和自由离婚主义。比如，中国古代的“七出”就是典型的专权离婚主义，只有丈夫可以休妻，有“七出”的事由，丈夫便可以休妻。有因离婚主义，就是一方有过错才能离婚。自由离婚主义，就是不限制离婚的各种事由，离婚属于公民可以自主决定的事项。

二、离婚的分类

离婚可以分为合议离婚与片意离婚。合议离婚是双方当事人意思表示一致，就是夫妻双方都愿意，那么就合议离婚。片意离婚就是夫妻一方愿意离婚，便准许离婚。

第二种分类是非诉讼离婚和涉诉离婚。非诉讼离婚是在诉讼程序之外进行离婚，比如双方协商一致直接到民政部门登记离婚。涉诉离婚是通过诉讼程序来离婚。片意离婚肯定是涉诉离婚，合议离婚在有的国家需要通过诉讼程序，在我国合议离婚可以通过非诉讼程序，直接到民政部门去办理离婚登记。

第三种分类是协议离婚与裁判离婚。裁判离婚并不完全等同于涉诉离婚。比如在诉讼过程中经过调解程序达成离婚合意的，仍然属于协议离婚，而非裁判离婚。

第二节　离婚的要件

一、登记离婚的要件

登记离婚的实质要件为：（1）夫妻双方自愿离婚；（2）就离婚的法律后果达成协议。

登记离婚的形式要件为：（1）符合结婚冷静期；（2）办理离婚登记。

难点问题 23：如何理解离婚冷静期制度？是否应当限制离婚自由？

《民法典》第 1077 条规定："自婚姻登记机关收到离婚登记申请之日起三十日内，任何一方不愿意离婚的，可以向婚姻登记机关撤回离婚登记申请。前款规定期限届满后三十日内，双方应当亲自到婚姻登记机关申请发给离婚证；未申请的，视为撤回离婚登记申请。"

该条第 1 款规定的 30 天时限，就是社会所热议的"离婚冷静期"。按照《婚姻法》第 31 条，夫妻二人如果达成一致想离婚，到了婚姻登记机关后，基本上当场就能领到离婚证。但是从 2021 年 1 月 1 日《民法典》正式施行后，同样的情况下是不能马上离婚的，婚姻登记机关会让两个人多等 30 天，这 30 天当中任何一方都可以撤回这个离婚申请。只有 30 天届满之后，双方再去一次婚姻登记机关，也就是说第二次去婚姻登记机关提出申请才有可能将这个婚离成，并且第二次去婚姻登记机关的时间还有一个除斥期间的限制，也就是《民法典》第 1077 条第 2 款所说的“期限届满后三十日”，即必须在第一次申请后的第 31—60 天之间第二次去婚姻登记机关。如果错过第 1077 条第 2 款的除斥期间，整个程序从头再来。

该条款曾引发了社会上的广泛热议，很多人认为离婚冷静期条文的增加给未来离婚造成了一个巨大负担，也有人说这个条款可能会造成一个问题，比如：30 天内发生家暴，发生一方伤害另一方的情形出现怎么办？甚至有人戏言，想离婚的得抓紧赶在 2021 年 1 月 1 日之前。

这个条款是否如大家议论的这样，会对离婚造成根本性的影响呢？真的有这么大威力吗？恐怕这个问题没那么简单。

正如前文所述，我国离婚包含两种：一种是合意离婚，另一种是片意离婚。《民法典》第 1077 条的离婚冷静期制度其实仅适用于合意离婚的情形，也就是夫妻双方都想离的情形，因为只有在这种情况下，夫妻双方才会一起到民政机关登记离婚。如果夫妻双方一方想离另一方不想离，则只能到法院通过诉讼程序离婚。离婚中的家暴主要是在夫妻一方想离，另一方不想离的情况下出现的。

那这个条款它规范的目的何在呢？总体来说，它主要针对的是社会上经常发生的所谓闪婚闪离的现象，尤其是“冲动离婚”现象，比如早上夫妻打完架下午就去离婚，为了减少这种现象，就从制度上设置了这么一个离婚冷静期的规定。

其实大家仔细想想，如果夫妻双方都是理智地想离婚，即使有了第 1077 条第 1 款的规定，除稍微麻烦点要跑两次婚姻登记机关以外，可能也没有真正实质性的影响，无非也就是等一等而已。所以说，这个制度还真没有像网络热炒的威力那么大。

二、诉讼离婚的要件

诉讼离婚一般是指夫妻不能对离婚问题达成合意，或者虽然就离婚问题达成合意但对子女抚养、财产分割等法定必要事项达不成合意时，通过诉讼程序离婚。

（一）诉讼离婚的消极要件

我国现行法对离婚诉权有消极的限制。一是对现役军人配偶离婚诉权的限制。《民法典》第 1081 条规定，现役军人的配偶要求离婚，应当征得军人同意，但是军人一方有重大过错的除外。二是对男方离婚诉权的限制。《民法典》第 1082 条规定：女方在怀孕期间、分娩后 1 年内或者终止妊娠后 6 个月内，男方不得提出离婚；但是，女方提出离婚或者人民法院认为确有必要受理男方离婚请求的除外。

对于第二点对离婚诉权的限制，一般并无争议。因为一般情况下，在女方怀孕期间，男方提出离婚，可能不利于女方正常的分娩以及怀孕期间的身心健康。比较有争议的一点是对现役军人配偶离婚诉权的限制。军人保家卫国十分辛苦，尤其是在偏远地带的军人，对家庭生活的牺牲真是非常大。如果不经军人同意，就允许配偶提出离婚，这可能对军人是不利的。但是笔者以为，首先，限制现役军人配偶离婚诉权的方式，未必是对现役军人利益保护的最佳方式。为了保护现役军人的利益，可以通过其他途径，例如提高待遇，扩大晋升途径，提高复员之后的再就业渠道这些方式。通过限制配偶的离婚诉权的方式对现役军人补偿，似乎不太合理。[①] 其次，现役军人的配偶要求离婚，必须军人同意，除非军人有重大过错。何谓这里的重大过错？如果是一般的过错，比如出轨或者有外遇，或者有些不良嗜好或者夫妻感情不和，这些都不能成为离婚的理由。这对于军人配偶来说牺牲也是挺大的，这

① 限制现役军人配偶的离婚诉权初衷可能是稳定军心。可以参酌的一则史料为《隋书·裴矩传》中裴矩所言：骁果之徒，尽无家口，人无匹合，则不能久安。《隋书·裴矩传》记载：及义兵入关，帝令虞世基就宅问矩方略。矩曰："太原有变，京畿不静，遥为处分，恐失事机。唯愿銮舆早还，方可平定。"矩复起视事。俄而骁卫大将军屈突通败问至，矩以闻，帝失色。时从驾骁果数有逃散，帝忧之，以问矩。矩答曰："方今车驾留此，已经二年。骁果之徒，尽无家口，人无匹合，则不能久安。臣请听兵士于此纳室。"帝大喜曰："公定多智，此奇计也。"因令矩检校，为将士等娶妻。矩召江都境内寡妇及未嫁女，皆集宫监，又召将帅及兵等恣其所取。由是骁果等悦，咸相谓曰："裴公之惠也。"大意为：义宁元年（617年），李渊在太原起兵反隋。屈突通驻守河东，但却兵败归降，隋炀帝向裴矩问策。裴矩趁机劝谏，建议炀帝返回关中平叛，炀帝不听。当时，骁果军思家心切，纷纷逃离江都。裴矩向炀帝进言，建议将江都寡妇和未嫁女子配给士卒，让他们在江都成家。骁果军都对裴矩非常感激，军心逐渐稳定。武德元年（618年），宇文化及发动江都之变，弑杀隋炀帝。裴矩当时正在上朝途中，也被叛乱的骁果军擒获，但因当初为骁果军娶妇之举，未被杀害。裴矩后来投唐，成为唐之名臣。

样会不会导致女性因为顾忌离婚诉权的限制而不愿意嫁给军人，这样会不会反而导致军人的婚恋权益受损?[①] 所以对现役军人配偶离婚诉权的限制是否合理，笔者认为值得讨论。

（二）诉讼离婚的积极要件

关于诉讼离婚的积极要件，《民法典》第1079条规定："夫妻一方要求离婚的，可以由有关组织进行调解或者直接向人民法院提起离婚诉讼。人民法院审理离婚案件，应当进行调解；如果感情确已破裂，调解无效的，应当准予离婚。有下列情形之一，调解无效的，应当准予离婚：（一）重婚或者与他人同居的；（二）实施家庭暴力或者虐待、遗弃家庭成员的；（三）有赌博、吸毒等恶习屡教不改的；（四）因感情不和分居满二年的；（五）其他导致夫妻感情破裂的情形。一方被宣告失踪，另一方提起离婚诉讼的，应当准予离婚。经人民法院判决不准离婚后，双方又分居满一年，一方再次提起离婚诉讼的，应当准予离婚。"

根据该条的第1款和第2款的规定，调解程序在离婚诉讼当中是一个前置程序，只有在调解无效的前提下才能进行离婚判决。该条第3款规定的是诉讼离婚的实质要件，如果光看第3款的前4项，可以认为我国采离婚有因主义，但是第5项作为兜底条款，其他导致感情破裂的情形可以包含很多情形。所以从这个条款来看，也可以认为我国是采离婚自由主义的制度设计。在立法过程中，有部分学者提出应当限制离婚自由，例如建议将《婚姻法》第32条中的"夫妻感情破裂"修改为"婚姻破裂"，并基于为子女成长考虑而限制离婚。笔者认为，为子女的成长并不一定需要限制父母的婚姻自由。如果父母的婚姻不幸福，子女同样能够感受到家庭的不和谐氛围，"破裂的镜子还必须捏合在一起"，强行维持这样的婚姻未必有利于子女的成长。子女利益的保护可以通过其他方式实现，例如确保抚养费的支付、保障探望权等。

① 但是军人有军纪约束，经过国家选拔，相貌及身体素质过关，在部队工作稳定，退伍有复员待遇，整体收入可以，在婚恋市场中的价值未必低于其他行业的男性。唯一的缺点在于其现役期间可能不能照顾家庭。对于收入低于军人的女性来说，军人的收入对于她们来说是一种经济补偿，另外军人职业给予她们和她们家庭的荣誉感，可能也可以弥补其不能照顾家庭的缺陷，所以她们还是会选择军人作为配偶。而且对于国内大部分女性来说，她们未必知道《民法典》对于嫁给军人的离婚诉权的限制。所以即使军人配偶的离婚诉权有所限制，也未必会导致女性不愿意嫁给军人。

因此，虽然我们应当尽力鼓励社会为子女创造一个完整的家庭环境，但不应以此为由限制那些感情确已破裂的夫妻的离婚自由。离婚自由的保障不仅尊重了个人的基本人权，而且有助于减轻不和谐家庭环境对子女造成的负面影响，最终这些没有被《民法典》采纳在诉讼离婚中。相较于《婚姻法》第 32 条，《民法典》在离婚程序方面有所修改，增加了一个重要的条款，即："经人民法院判决不准离婚后，双方又分居满一年，一方再次提起离婚诉讼的，应当准予离婚。"有人称该条款为"诉讼离婚中的冷静期"制度，那么这种理解正确吗？

难点问题 24：我国诉讼离婚中也规定了冷静期制度吗？

《民法典》在诉讼离婚中也作了一个比较有意思的修改。我国《婚姻法》第 32 规定："男女一方要求离婚的，可由有关部门进行调解或直接向人民法院提出离婚诉讼。人民法院审理离婚案件，应当进行调解；如果感情已破裂，调解无效，应准予离婚。有下列情形之一，调解无效的，应准予离婚：（一）重婚或有配偶者与他人同居的；（二）实施家庭暴力或虐待、遗弃家庭成员的；（三）有赌博、吸毒等恶习屡教不改的；（四）因感情不和分居满二年的；（五）其他导致夫妻感情破裂的情形。"在一方想离、一方不想离的情况下，调解无效的，法院就是根据这五种情况来判断是否可以离婚的。但是如果按照这个规定，夫妻一方想要主张离婚的话，是很不容易的：首先，现代社会中重婚已经比较罕见了，而对同居的要求也比较高，需要长期和稳定，因此一般的外遇或者嫖娼尚不构成同居；其次，实施家庭暴力、虐待、遗弃家庭成员也是比较严重的行为，赌博、吸毒屡教不改也是非常严重的恶习；最后，哪怕这里面看起来最简单的——因感情不和分居满两年，也是暗藏玄机，根据"谁主张谁举证"的原则，起诉离婚的一方要证明和对方从什么时候开始分居，而且这个分居还不能是因为工作原因的分居，还得是因感情不和而分居，这个举证难度就很大了。不仅如此，偏偏还有第五种情形，就是夫妻感情破裂。这是一个非常抽象的条款。什么叫夫妻感情破裂呢？达到什么程度算破裂呢？于是，我们看到了两种观点，它们之间呈现出一种完全相反的倾向，背后折射了我国《婚姻法》离婚制度到底是采过宽还是过严思路的一个争议。

第一种观点认为，在我国片意离婚太难了，举证难度大，希望对我国离婚制度进行一个宽松化的调整，以更加便捷。

另外一种观点认为，在我国片意离婚太容易了。有人把它类比成签合同，一份合同签订了，如果有一方想摆脱合同的束缚，怎么可能就以这一方的意思就能摆脱呢？原则上是不可以的，除非另一方有一些重大错误。因此，第五种情形即感情破裂了就可以离婚这个太宽松了，应该加以限制。

这两种观点的对立造成了我国司法实践中法院判离婚还是不离婚的时候，尺度完全不一样，各个地方有各个地方的把握。如果法院或者这个法官他是希望我们婚姻更加自由一些，那么可能他在判决离婚的时候会快一些，他会在更多的情形中认定感情破裂。相反，可能法官的尺度就非常严，他会经常奉行劝和不劝离、宁拆十座庙不拆一桩婚的原则，调解不成也会以感情还有修复的可能为由，拒绝判决离婚。

而《民法典》第1079条在《婚姻法》第32条的基础上又增加了一款："经人民法院判决不准离婚后，双方又分居满一年，一方再次提起离婚诉讼的，应当准予离婚。"对这个新增的内容应该怎么理解呢？有学者把这个条款称为诉讼离婚中的冷静期制度，认为这一条款增加了诉讼离婚的困难。真是这样吗？

笔者认为不能这么理解。我国《婚姻法》中，如果没有前面所说的那四种法定离婚事由的话，法院只能基于抽象感觉，判断是否感情破裂。这个时候在大部分案件里，尤其是在离婚标准收紧的大前提下，法院第一次往往都是不判离婚的，这是一种常态。按照我国现行的《民事诉讼法》规则，如果夫妻一方想再次提离婚诉讼的话，得跟第一次判决间隔6个月。问题是：过了6个月再提离婚诉讼的时候，法院会怎么判呢？既然已经起诉第二次了，大多数情况下，大部分法院会判离。这就是我国司法实践中常见的第一次判不离，第二次间隔6个月之后再起诉就判离的现象。于是有人就基于这个现象认为，《民法典》中把6个月变成一年，似乎是延长了期限。但是需要特别注意的是，所谓的6个月判离只是个司法现象，并不是规则。只是很多法院的法官，或者很多法院，在内部处理的时候认为，6个月之后再起诉看起来是感情破裂了。同样有很多法院或者很多法官不是这么看的。夸张一点说，在某些欠发达地区，有的法官甚至你起诉十几次，他都认为感情尚未破裂，还有修复可能，继续判决不准许离婚。甚至有的当事人都被逼得自杀了，这种情形也是有的。也就是说，我国当前的司法实践中并不存在一个第二次起诉必然判离婚的规则。因此，对《民法典》第 1079 条增加的第 5 款的正确解读是：对于那些真正已经“死亡”、没有挽救可能性的婚姻应该给予一个痛快，迅速地判决离婚。这就是这个条款增加内容的来历。也就是说，增加的内容本质上不是在增加离婚的难度，某种程度上可以说，它是在提高离婚判决的一个确定性。如果我们说夫妻感情破裂的判断是比较抽象的、比较难以理解的，那么这个经过一年第二次起诉就判决离婚的规则，可以说确定性就比较强了。

综合笔者前面所讲的离婚冷静期制度，以及一年以后起诉再判决离婚的制度来看，大家可以了解《民法典》在离婚这个问题上所秉持的态度。

第一，简单说，对于那种有挽救可能性的婚姻，给它多一次挽救的机会，虽然这个限制可能稍微增加了一些理性人离婚的成本，但是对挽救不理性离婚的人，可能多少会有一些作用。

第二，对于真正已经丧失挽救可能性的婚姻，该判离的时候就果断判离。这才是对《民法典》中离婚态度的更加准确的一个解读。单纯认为《民法典》出台之后，未来离婚的难度增加了，这可能是一种过度的解读。

当然，有这种过度解读也不完全是空穴来风。目前在我国的学界也好，在司法实务界也好，都有一种强有力的声音，这个声音是，希望能够在一定程度上限制婚姻自由，包括结婚自由、离婚自由，以增强家庭的稳定性，所以，在《民法典》的编纂过程中，很多人希望增加两种制度，即审查期制度与苛刻条款制度。这两个制度分别对应的是笔者前述的合意离婚和片意离婚。审查期制度，就是我们刚才讲的冷静期制度，最早在很多专家的建议稿里提的并不是“冷静期”，而是“审查期”，也就是说现在《民法典》里规定的条文，只要过了 30 天就可以离了，但是如果按照审查期制度，这 30 天不是白白让它过去的，是要由婚姻登记机关审查夫妻双方婚姻是否实质破裂，如果没有实质破裂是可以不给办的，两个人都想离也不一定离得成，这是审查期。针对片意离婚，专家建议稿又提出一个苛刻条款，即即使出现前面所说的各种情形，或者婚姻关系破裂的情形，但是为了孩子，法院也可以果断不判离，这叫苛刻条款，它的主要目的就是子女利益的最大化。无论是审查期制度也好，苛刻条款也好，这两个制度才是真正地、比较明显地、绝对性地增加了婚姻的稳定性，以家庭至上作为它的主要价值目标。

综上所述，《民法典》编纂中，确实存在婚姻自由和家庭至上这两种价值观的激烈碰撞。最终《民法典》作了一个相对温和的制度选择，总体上来说还是坚持了婚姻自由，仅仅只是对不理性离婚增加了一个程序性的小限制而已。

第三节　离婚的法律后果

一、离婚的人身效力

关于子女的抚养，即父母与子女间的关系，不因父母离婚而消除。离婚后，子女无论由父或母直接抚养，仍是父母双方的子女。离婚后，父母对子女仍有抚养和教育的权利和义务。离婚后，哺乳期内的子女，以随哺乳的母亲抚养为原则；哺乳期后的子女，如双方因抚养问题发生争执不能达成协议时，由人民法院根据子女的权益和双方的具体情况判决。之所以如此规定，是因为子女的抚养应以子女利益最大化为原则。一般子女 2 岁以下随母亲抚养，便于哺乳。如果 8 岁以上，一般就会问子女自己的意愿。但是在 2 岁到 8 岁之间，孩子自我意思的表达不是很清楚，这时候在司法实践中就会存在较多争议。为了统一裁判尺度，《民法典婚姻家庭编解释（二）》第 14 条特别规定："离婚诉讼中，父母均要求直接抚养已满两周岁的未成年子女，一方有下列情形之一的，人民法院应当按照最有利于未成年子女的原则，优先考虑由另一方直接抚养：（一）实施家庭暴力或者虐待、遗弃家庭成员；（二）有赌博、吸毒等恶习；（三）重婚、与他人同居或者其他严重违反夫妻忠实义务情形；（四）抢夺、藏匿未成年子女且另一方不存在本条第一项或者第二项等严重侵害未成年子女合法权益情形；（五）其他不利于未成年子女身心健康的情形。"

关于离婚之后抚养费的支付，即子女由一方直接抚养的，另一方应当负担部分或者全部抚养费。负担费用的多少和期限的长短，由双方协议；协议不成的，由人民法院判决，并且即便有协议或者判决，也不妨碍子女在必要时向父母任何一方提出超过协议或者判决原定数额的合理要求。

关于探望权，即离婚后，不直接抚养子女的父或者母，有探望子女的权利，另一方有协助的义务。行使探望权利的方式、时间由当事人协议；协议不成的，由人民法院判决。父或者母探望子女，不利于子女身心健康的，由人民法院依法中止探望；中止的事由消失后，应当恢复探望。

难点问题 25：祖父母、外祖父母是否有探望权

《民法典》制定过程中有一个比较有争议的地方就是关于祖父母、外祖父母探望权的规定。法律应否对“隔代探望权”，即夫妻离婚后，祖父母或外祖父母探望孙子女或外孙子女的权利作出具体规定？自《民法典》婚姻家庭编草案启动编纂以来，这一问题备受关注。2019 年 10 月 21 日，第十三届全国人大常委会第十四次会议三审民法典婚姻家庭编草案，三审稿删除了有关“隔代探望权”条款。最后颁布的《民法典》并未对隔代探望权作出规定。此前的一审稿第 846 条规定：祖父母、外祖父母探望孙子女、外孙子女的，参照适用父母探望子女的有关规定。

对此，有的法学教学研究机构和社会公众提出，为保障未成年人和抚养子女一方生活的稳定，隔代探望权的范围不宜规定过大。通常情况下，祖父母、外祖父母可以随同孙子女、外孙子女的父母一方探望孙子女、外孙子女，只有在特殊情况下，如其对孙子女、外孙子女尽了抚养义务或者孙子女、外孙子女的父母一方死亡的，才有必要赋予其单独的探望权。二审稿采纳了上述建议，将“隔代探望权”条款修改为：祖父母、外祖父母探望孙子女、外孙子女，如果其尽了抚养义务或者孙子女、外孙子女的父母一方死亡的，可以参照适用父母离婚后探望子女的有关规定。

可是二审稿草案审议过程中，有意见提出，不应当对祖父母、外祖父母探望孙子女、外孙子女的权利加以限制，建议删除二审稿中的上述条款。也有意见提出，法律不宜赋予祖父母、外祖父母探望权，也建议删除二审稿中的上述条款。还有的意见提出，隔代探望权的范围不宜过大，否则不利于保障未成年人和直接抚养子女一方生活的稳定，建议维持二审稿的稳定。

立法过程中经研究认为，隔代探望权是指父母离婚后，不直接抚养未成年子女一方的父母，即未成年子女的祖父母、外祖父母探望孙子女、外孙子女的权利。《婚姻法》没有规定隔代探望权，一审稿根据司法实践增加了有关隔代探望权的规定，二审稿又作了修改完善。鉴于目前各方面对此尚未形成共识，可以考虑暂不在《民法典》中规定，祖父母、外祖父母行使隔代探望权，如与直接抚养子女的一方不能协商一致，可以通过诉讼方式解决。据此，三审稿删除了隔代探望权条款。

一方面，祖父母或外祖父母行使探望权可能会给与子女共同生活的一方造成不当的干扰。理论上，如果孩子的父母健在，从孩子的最佳利益出发，完全可以通过父母行使探望权来进行探望。祖父母或外祖父母可以在父母行使探望权时一同探望孙辈，这似乎使单独授予祖父母或外祖父母探望权显得不太必要。只有在父母一方去世或无法履行探望义务的情况下，祖父母或外祖父母代为行使探望权才显得更为合理。

从我国《民法典》婚姻家庭编的制定过程来看，一审稿赋予了祖父母和外祖父母与父母同等的探望权。二审稿则对祖父母和外祖父母的探望权进行了限制，规定只有在祖父母或外祖父母尽了抚养义务或者孙子女、外孙子女的父母一方死亡的情况下，祖父母或外祖父母才能享有探望权。最终颁布的《民法典》则未明确规定祖父母或外祖父母的探望权，将这一问题留给了司法实践。

最高人民法院指导性案例229号“沙某某诉袁某某探望权纠纷案”的裁判意见则表明：法院似乎倾向于二审稿的立场，即赋予祖父母或外祖父母一定的探望权，特别是在子女一方去世的情况下。在该案中，沙某某的独生子丁某某去世后，沙某某希望探望她的孙子，但是被孩子的母亲拒绝。沙某某遂诉至法院。人民法院的裁判要点指出：未成年人的父、母一方死亡，祖父母或者外祖父母向人民法院提起诉讼请求探望孙子女或者外孙子女的，人民法院应当坚持最有利于未成年人、有利于家庭和谐的原则，在不影响未成年人正常生活和身心健康的情况下，依法予以支持。法院认为：祖父母的隔代探望权符合我国的传统家庭伦理观念，有利于未成年人获得更多的亲属关爱，有助于未成年人健康成长。但是同时需要注意：隔代探望应当在有利于未成年人成长和身心健康的前提下进行，确保不影响未成年人及其母亲的正常生活。

二、离婚的财产效力

离婚的财产效力中最重要的是共同财产的分割。上一章已经论述，这里不再赘述。本节主要讨论的是在已经按照夫妻财产制对共同财产进行分割的前提下，是否还要基于别的理由对财产进行再分配的问题。

对此，《民法典》第1088条规定："夫妻一方因抚育子女、照料老年人、协助另一方工作等负担较多义务的，离婚时有权向另一方请求补偿，另一方应当给予补偿……"第1090条规定："离婚时，如果一方生活困难，有负担能力的另一方应当给予适当帮助。具体办法由双方协议；协议不成的，由人民法院判决。"

这两条都是对离婚财产的再分配，前者一般被称为"离婚经济补偿"，后者一般被称为"离婚经济帮助"。二者的立法目的不同，离婚经济补偿补的是婚姻中家庭劳动承担更多的一方，离婚经济帮助帮的是离婚后生活困难的一方。可以形象地理解为，前者类似于奖学金，后者类似于助学金。

难点问题26：在共同财产制的基础上，离婚时是否应该对从事家务劳动较多的一方再次补偿？如果应该补偿，那么理由是什么？如何确定补偿额？

《民法典》第1088条规定在《婚姻法》中是有原型的，即《婚姻法》第40条："夫妻书面约定婚姻关系存续期间所得的财产归各自所有，一方因抚育子女、照料老人、协助另一方工作等付出较多义务的，离婚时有权向另一方请求补偿，另一方应当予以补偿。"

从这里可以看出，《民法典》和《婚姻法》的表述不同：在《婚姻法》里，一方给负担义务较多的另一方进行补偿，是以夫妻二人约定婚后所得财产归各自所有为前提的，也就是说，在夫妻二人采取分别财产制的情况下，才会出现一方对家庭付出较多的另一方进行补偿的问题，而《民法典》删除了此前提。那么为什么要这么改呢？

要理解修改原因，我们需要先了解《婚姻法》中为什么会有这个前提。这涉及我国夫妻财产制跟离婚经济补偿的协调问题。我国的夫妻财产制是共同财产制，它默认推定，只要结了婚，夫妻二人对家庭的贡献相等。既然夫妻二人对家庭的贡献相等，自然任何一方取得的财产我们都认为有另外一方的贡献在里面，即使一方在家里只做家庭主妇，只做家务劳动，另外一个人在外面叱咤风云，一年挣一亿元，我们也默认挣一亿元的一方，他挣的钱里有一半是有另一方的功劳在的。这是我们对夫妻财产制的一个理解。基于这一理解，大多数情况下，既然采取了共同财产制，就不存在谁对谁付出更多的问题，大家对家庭的贡献都相等，那么，在什么情况下才需要进行特别调整呢？如果夫妻二人约定采取分别财产制，同时在此情况下一方在外工作，另一方主要在家里做家务劳动、抚养子女、照料老人，才可能出现要对负担义务较多的人进行补偿这个问题，这是《婚姻法》时期规定离婚经济补偿的一个逻辑。

《民法典》里把这个前提删除了，意味着这一条的适用范围扩张了，不仅分别财产制下要适用这一条，即使在共同财产制的前提下也要适用这一条。那么问题来了：在共同财产制的前提下也适用这一条会不会出现一个双重计算的问题？我们不是已经推定了夫妻二人对家庭的贡献相等吗，这个时候为什么还要对负担家务劳动这一方再多补偿一份呢？这就要说到《民法典》立法过程中，不少学者提出的两种论证思路了。

第一种论证思路为：有学者认为，在当今中国社会，男女双方都在外工作，他们从经济方面对家庭的贡献是相等的。但是在大多数家庭里，女方不仅在外工作，而且要回家照顾家庭，照顾老人，所以，自然而然需要对她多补偿一份。

第二种论证思路为：即使夫妻二人对家庭贡献相等，一方做家务劳动，另一方在外工作，但是平等里仍然隐藏着一个不平等，就是在外工作或者在外工作多的这一方，他的未来性是有保障的，假如离婚，他在外获得的身份地位，在未来还是可以利用的。但是，对家庭付出较多的一方，是以牺牲了未来性为代价的，所以，离婚的时候即使把一半财产分给付出较多的那个人，仍然不足以弥补这一方对家庭所做的贡献，因为这一方丧失了未来性。为了对这一方的未来性进行补偿，离婚时还要再补偿一份。

这两种思路都是论证第 1088 条的逻辑前提，这两种思路的结论也都是一致的，即付出家务劳动多的这一方应获得更多补偿。但是，有学者认为，虽然条文里面没有直接指向女性，但背后隐藏着的对家庭劳动付出较多一方的大部分假定可能是女性。这两种思路它们背后获取补偿一方的画像是完全不一样的：第一种思路背后的画像更像一个女强人，第二种思路背后的画像更像一个弱女子。有意思的是，不管是女强人还是弱女子，最终论证出来的结果，都是应该在离婚时对她多补偿。这可能反映了《婚姻法》发展过程中的一个思潮，之前强调的一直是男女平等，但是现在从一定程度上强调对女性的优先保护。

另外，这一条也有利于化解我国婚姻家庭中很重要的矛盾，即谁做家务劳动的问题。这是现在离婚里很常见的一个理由，因为家务劳动分担不公所引起的离婚。《民法典》第 1088 条修改了《婚姻法》的制度，相当于赋予了负担家务劳动一方在夫妻共同财产中更优先的分配权，可能在一定程度上能缓解家务劳动问题引起的争议。

但是这种争议的延续也带来了司法实践中的难题，即离婚经济补偿的标准如何确定？对照前文两种理论基础，自然形成了两种截然不同的补偿标准：

第一种观点认为，补偿的内容是家务劳动的市场价值。其理论基础是，我国典型家庭中夫妻二人都会参加社会劳动，对家庭财产的增值贡献相等，所以形成夫妻共同财产制。在此基础上，家务劳动大多是女方在承担，所以一方面要均分共同财产，另一方面对于女方多付出的家务劳动要单独计算。

第二种观点认为，补偿的内容是再就业的启动资金。理由是，夫妻共同财产制的理论基础就是推定夫妻二人对家庭的贡献相等，既然如此，家务劳动已经被评价进了夫妻共同财产，不应该再重复评价。但是家庭内部分工不同还是会引发另一个层面的不公平，主要从事家务劳动的一方在离婚后可能再就业存在困难，所以需要再作特别补偿。

这两种观点之争最终会反映到补偿价额上。以北京为例，如果以家政服务业的价格来给家务劳动定价，那么大概是 7 000 元～8 000 元一个月，且这里的一个月只算 26 天，因此一年家务劳动的市场价大概是 10 万元左右。如果以此定价，那么也就意味着一段持续 10 年的婚姻，离婚时除了平分夫妻共同财产，还要给专门做家务的一方 100 万元的离婚经济补偿，这恐怕显然超出了大多数人的承受能力，且难谓公平。实际上，也不会有法院判决这个数量级的离婚经济补偿额，大多是判3万元～5万元。尽管法院不会明说，但是现在法院的判决结果更偏向再就业的启动资金标准。

从比较法上来看，以日本来举例，很多人老说日本人离婚时，家务劳动补偿做得很到位。但是，说这句话的人肯定没有看到，他们补偿做的到位是以分别财产制，而不是共同财产制为前提的。他们家务劳动补偿的结果最多是，在离婚的时候男女的财产实现一种平等。但是对于那些企业家、知名球星或者著名影星而言，做家务劳动这一方，其家务劳动的价值跟普通家庭的家务劳动价值也是同等计算的。也就是说，对于他们而言，离婚的时候，绝大部分是分不到半数财产的，有的甚至可能连10%的财产都拿不到。

综合我国国情和比较法上的经验，本书倾向于支持第二种观点。

值得说明的是，对此争议问题，《民法典婚姻家庭编解释（二）》也未作出表态，仅在第21条作出原则性规定："离婚诉讼中，夫妻一方有证据证明在婚姻关系存续期间因抚育子女、照料老年人、协助另一方工作等负担较多义务，依据民法典第一千零八十八条规定请求另一方给予补偿的，人民法院可以综合考虑负担相应义务投入的时间、精力和对双方的影响以及给付方负担能力、当地居民人均可支配收入等因素，确定补偿数额。"

难点问题27：离婚经济帮助的标准和范围如何确定

关于《民法典》第1090条有一个比较大的争议在于，对于"生活困难"这个定义到底要不要具体化。在《民法典》编纂的过程中，有不少学者提出，在我们现在的司法实践中，绝大部分情况下对"生活困难"的判定，是以绝对困难作为判断标准的，类似于以城市低保为判断标准。所以，一方可能在婚姻期间过着很优越的生活，结果离婚之后生活水平下降了，虽然没有下降到那种非常低的社会低保的程度，但是相较于他原有的生活水平肯定是有所下降的，那以绝对困难作为标准是不是太不合理了？于是，有人提出一个相对困难的标准，还有学者专家在建议稿中提议要保证另外一方在离婚之后生活水平不下降。这一点，虽然它没有说保护男方还是女方，但是隐含的意思大家也猜得出来，还是要向女方倾斜，采更加优先性保护的思路。但是，《民法典》最终没有采纳这个建议。因为如果真要保证达到离婚之后生活水平不下降这样一个标准，过于严苛。所以，在离婚经济帮助的标准问题上，我国《民法典》从以前的男女绝对平等稍稍向女士优先倾斜了一步，但是也没有走到特别激进的一步。

特别值得说明的是，在2024年4月7日发布的《最高人民法院关于适用〈中华人民共和国民法典〉婚姻家庭编的解释（二）（征求意见稿）》（以下简称《征求意见稿》）中，规定了引发重大争议的第20条："离婚时，夫妻一方依靠个人财产和离婚时分得的财产仍无法维持当地基本生活水平，请求有负担能力的另一方给予适当帮助的，人民法院应依法予以支持。一方因经济困难无房居住的，人民法院可以根据当事人请求，判决有负担能力的另一方采用下列方式予以帮助：（一）一定期限的房屋无偿使用权；（二）适当数额的房屋租金；（三）通过判决设立一定期限的居住权；（四）其他符合实际的方式。"

该条是征求意见中被舆论攻击最猛烈的一条。确实该条的表述含糊不清，引发了广泛关注与无限想象。很多人疑惑：该条中的"给予适当帮助"是多大的帮助？是不是离婚后还要养前妻（或者前夫）一辈子？尤其是，该条明确规定，离婚后一方因经济困难无房居住的，另一方的帮助形式包括："（一）一定期限的房屋无偿使用权；（二）适当数额的房屋租金；（三）通过判决设立一定期限的居住权；（四）其他符合实际的方式。"这里的"一定期限的房屋无偿使用权""一定期限的居住权"究竟是多久？按照居住权的一般规则，没有特别约定期限就意味着期限是直至居住权人死亡。如此行文难免让人揣测《征求意见稿》是不是在暗示，如果离婚后前配偶生活贫困，一方要养另一方一辈子，或者房屋给对方无偿使用一辈子。

尽管一些理解可能有些过头，很多"遐想"并不符合规则设计者的初衷，然而《征求意见稿》的表达方式确实给人以想象空间，并且一旦正式司法解释也按此内容颁布，恐怕各地法院的自由裁量也会变得不可测。

基于此，正式公布的《民法典婚姻家庭编解释（二）》删除了该条。

三、离婚损害赔偿

在离婚时，如果一方有过错，另一方可以要求损害赔偿。

《婚姻法》第 46 条规定："有下列情形之一，导致离婚的，无过错方有权请求损害赔偿：（一）重婚的；（二）有配偶者与他人同居的；（三）实施家庭暴力的；（四）虐待、遗弃家庭成员的。"该规定是指只有在这四种情况下才能要求离婚损害赔偿。但是在这种情况下，一方出轨或嫖娼的，另一方可能都不能主张损害赔偿。同居或者重婚，是某一方在婚外与另一方有长期稳定的关系。一方出轨或嫖娼，只能作为离婚感情破裂的证据，不能作为另一方主张离婚损害赔偿的理由。《婚姻法》如此规定，似乎对婚姻忠诚度的保护力度太小了。因此《民法典》在此基础上又增加了一个兜底的条款，《民法典》第 1091 条规定："有下列情形之一，导致离婚的，无过错方有权请求损害赔偿：（一）重婚；（二）与他人同居；（三）实施家庭暴力；（四）虐待、遗弃家庭成员；（五）有其他重大过错。"也即增加了第 5 项"有其他重大过错"的情形下也可以主张离婚损害赔偿。

难点问题 28：离婚损害赔偿制度与离婚财产分割中的照顾无过错方制度有何关系？能否基于对方的同一过错行为主张同时适用两项制度？

照顾无过错方制度与离婚损害赔偿制度虽然都是对无过错方的救济，体现填补损害、惩恶扬善、保护无过错方的价值取向，在我国立法史上，首次同时规定了照顾无过错方制度与离婚损害赔偿制度，实现了从单一的保护制度向完善的保护体系的转变，这本是好事。然而二者的关系成了难题：二者是可以并用还是只能择一适用？

如果认为两项制度可以并用，那么难以解释的问题就是：如果是基于同一过错行为，比如"与他人同居"，另一方已经在财产分割时依据《民法典》第 1054 条主张过"照顾无过错方"，并且得到了支持，那么还能否基于同一事实再依据《民法典》第 1091 条主张离婚损害赔偿？如果该主张可以得到支持，似乎就对"与他人同居"这一事实进行了双重评价。从这一角度看，这似乎是一个典型的竞合问题，两个条文只能择一适用。

但是如果认为这是制度的竞合，只能择一适用，那么难以解释的问题就是，这两项制度的设计似乎存在不均衡之处：从构成要件上看，《民法典》第 1091 条列举的过错都是"重大过错"，而《民法典》第 1054 条在文义上对于过错的门槛没有特别要求。虽然不至于解释成任何程度的过错都可以适用第

1054条，但是至少可以说明第1054条对过错的程度要求没有第1091条高。从法律效果上看，基于《民法典》第1091条虽然可以主张损害赔偿，但是我国司法实践中所肯定的赔偿额度并不高；相反，《民法典》第1054条在离婚财产分割时的照顾中却没有额度限制，往往会以夫妻共同财产价值总额为标准考虑倾斜，就算倾斜的比例只有一成，恐怕也会远远高于离婚损害赔偿额。于是比较这两个制度就会发现，明明是第1091条要求的过错程度更高，但是依据第1091条拿到的赔偿额可能远不如依据第1054条获得的。那么这种竞合意义何在？

基于以上讨论，笔者提出如下观点：两项制度可以并用，并且不构成双重评价。具体而言可以这么理解，《民法典》第1054条是对于一般过错的法律后果的评价，《民法典》第1091条是对重大过错行为的额外惩罚（对无过错方的额外补偿）。于是一般过错下只能适用第1054条，有重大过错的可以同时适用第1054条和第1091条。这样解释既有助于加强对婚姻中无过错方的保护，“树立优良家风，弘扬家庭美德，重视家庭文明建设”，也化解了第1054条和第1091条表面上的不均衡，并且既然《民法典》同时纳入了这两项制度，那么在解释上允许这两项制度同时适用，也似乎更加符合立法初衷。

《　　　　　　　》※任课教师调查问卷

为了能更好地为您提供优秀的教材及良好的服务，也为了进一步提高我社法学教材出版的质量，希望您能协助我们完成本次小问卷，完成后您可以在我社网站中选择与您教学相关的1本教材作为今后的备选教材，我们会及时为您邮寄送达！如果您不方便邮寄，也可以申请加入我社的**法学教师QQ群：436438859（申请时请注明法学教师）**，然后下载本问卷填写，并发往我们指定的邮箱（cruplaw@163.com）。

邮寄地址：北京市海淀区中关村大街59号文化大厦1202室收

邮　　编：100872

再次感谢您在百忙中抽出时间为我们填写这份调查问卷，您的举手之劳，将使我们获益匪浅！

基本信息及联系方式：※

姓名：________ 性别：________ 课程：________

任教学校：________________ 院系（所）：________

邮寄地址：________________ 邮编：________

电话（办公）：________ 手机：________ 电子邮件：________

调查问卷：※

1. 您认为图书的哪类特性对您选用教材最有影响力？（　　）（可多选，按重要性排序）

   A. 各级规划教材、获奖教材　　B. 知名作者教材

   C. 完善的配套资源　　D. 自编教材

   E. 行政命令

2. 在教材配套资源中，您最需要哪些？（　　）（可多选，按重要性排序）

   A. 电子教案　　B. 教学案例

   C. 教学视频　　D. 配套习题、模拟试卷

3. 您对于本书的评价如何？（　　）

   A. 该书目前仍符合教学要求，表现不错将继续采用

   B. 该书的配套资源需要改进，才会继续使用

   C. 该书需要在内容或实例更新再版后才能满足我的教学，才会继续使用

   D. 该书与同类教材差距很大，不准备继续采用了

4. 从您的教学出发，谈谈对本书的改进建议：________________

____

选题征集：如果您有好的选题或出版需求，欢迎您联系我们：

联系人：黄　强　联系电话：010-62515955

索取样书：书名：________________

书号：________________

备注：※ 为必填项。